本书系国家社会科学基金艺术学一般项目"文化艺术资助机制及政策研究"(项目批准号:15BH111)项目成果;国家社科基金艺术学重大项目"新兴城市文化流动与文化创新研究"(项目批准号:14ZD05)项目阶段性成果

深圳学派建设丛书（第七辑）

文化艺术资助机制及政策研究

Studies on Policy and Mechanism of Arts & Cultural Funding

任珺 著

中国社会科学出版社

图书在版编目（CIP）数据

文化艺术资助机制及政策研究 / 任珺著 . —北京：中国社会科学出版社，2020.9

（深圳学派建设丛书 . 第七辑）

ISBN 978 - 7 - 5203 - 7293 - 0

Ⅰ.①文… Ⅱ.①任… Ⅲ.①文化事业—政府补贴—政策—研究—中国 ②艺术事业—政府补贴—政策—研究—中国 Ⅳ.①G120②J120.0

中国版本图书馆 CIP 数据核字（2020）第 180209 号

出 版 人	赵剑英
责任编辑	孙砚文　马　明
责任校对	任晓晓
责任印制	王　超

出　　版	中国社会科学出版社
社　　址	北京鼓楼西大街甲 158 号
邮　　编	100720
网　　址	http://www.csspw.cn
发 行 部	010 - 84083685
门 市 部	010 - 84029450
经　　销	新华书店及其他书店
印　　刷	北京明恒达印务有限公司
装　　订	廊坊市广阳区广增装订厂
版　　次	2020 年 9 月第 1 版
印　　次	2020 年 9 月第 1 次印刷
开　　本	710×1000　1/16
印　　张	14
字　　数	208 千字
定　　价	79.00 元

凡购买中国社会科学出版社图书，如有质量问题请与本社营销中心联系调换
电话：010 - 84083683
版权所有　侵权必究

《深圳学派建设丛书》
编 委 会

顾　　问：王京生

主　　任：李小甘　吴以环

执行主任：陈金海　吴定海

总序：学派的魅力

王京生[*]

学派的星空

在世界学术思想史上，曾经出现过浩如繁星的学派，它们的光芒都不同程度地照亮人类思想的天空，像米利都学派、弗莱堡学派、法兰克福学派等，其人格精神、道德风范一直为后世所景仰，其学识与思想一直成为后人引以为据的经典。就中国学术史而言，不断崛起的学派连绵而成群山之势，并标志着不同时代的思想所能达到的高度。自晚明至晚清，是中国学术尤为昌盛的时代，而正是在这个时代，学派性的存在也尤为活跃，像陆王学派、吴学、皖学、扬州学派等。但是，学派辈出的时期还应该首推古希腊和春秋战国时期，古希腊出现的主要学派就有米利都学派、毕达哥拉斯学派、埃利亚学派、犬儒学派；而儒家学派、黄老学派、法家学派、墨家学派、稷下学派等，则是春秋战国时期学派鼎盛的表现，百家之中几乎每家就是一个学派。

综观世界学术思想史，学派一般都具有如下特征：

其一，有核心的代表人物，以及围绕着这些核心人物所形成的特定时空的学术思想群体。德国19世纪著名的历史学家兰克既是影响深远的兰克学派的创立者，也是该学派的精神领袖，他在柏林大学长期任教期间培养了大量的杰出学者，形成了声势浩大的学术势力，兰克本人也一度被尊为欧洲史学界的泰斗。

其二，拥有近似的学术精神与信仰，在此基础上形成某种特定的学术风气。清代的吴学、皖学、扬学等乾嘉诸派学术，以考据为

---

[*] 王京生，现任国务院参事。

治学方法，继承古文经学的训诂方法而加以条理发明，用于古籍整理和语言文字研究，以客观求证、科学求真为旨归，这一学术风气也因此成为清代朴学最为基本的精神特征。

其三，由学术精神衍生出相应的学术方法，给人们提供了观照世界的新的视野和新的认知可能。产生于20世纪60年代、代表着一种新型文化研究范式的英国伯明翰学派，对当代文化、边缘文化、青年亚文化的关注，尤其是对影视、广告、报刊等大众文化的有力分析，对意识形态、阶级、种族、性别等关键词的深入阐释，无不为我们认识瞬息万变的世界提供了丰富的分析手段与观照角度。

其四，由上述三点所产生的经典理论文献，体现其核心主张的著作是一个学派所必需的构成因素。作为精神分析学派的创始人，弗洛伊德所写的《梦的解析》等，不仅成为精神分析理论的经典著作，而且影响广泛并波及人文社科研究的众多领域。

其五，学派一般都有一定的依托空间，或是某个地域，或是像大学这样的研究机构，甚至是有着自身学术传统的家族。

学派的历史呈现出交替嬗变的特征，形成了自身发展规律：

其一，学派出现往往暗合了一定时代的历史语境及其"要求"，其学术思想主张因而也具有非常明显的时代性特征。一旦历史条件发生变化，学派的内部分化甚至衰落将不可避免，尽管其思想遗产的影响还会存在相当长的时间。

其二，学派出现与不同学术群体的争论、抗衡及其所形成的思想张力紧密相关，它们之间的"势力"此消彼长，共同勾勒出人类思想史波澜壮阔的画面。某一学派在某一历史时段"得势"，完全可能在另一历史时段"失势"。各领风骚若干年，既是学派本身的宿命，也是人类思想史发展的"大幸"：只有新的学派不断涌现，人类思想才会不断获得更为丰富、多元的发展。

其三，某一学派的形成，其思想主张都不是空穴来风，而有其内在理路。例如，宋明时期陆王心学的出现是对程朱理学的反动，但其思想来源却正是前者；清代乾嘉学派主张朴学，是为了反对陆王心学的空疏无物，但二者之间也建立了内在关联。古希腊思想作为欧洲思想发展的源头，使后来西方思想史的演进，几乎都可看作对它的解释与演绎,"西方哲学史都是对柏拉图思想的演绎"的极端说法,却也说出了部分的真实。

其四,强调内在理路,并不意味着对学派出现的外部条件重要性的否定;恰恰相反,外部条件有时对于学派的出现是至关重要的。政治的开明、社会经济的发展、科学技术的进步、交通的发达、移民的会聚等,都是促成学派产生的重要因素。名噪一时的扬州学派,就直接得益于富甲一方的扬州经济与悠久而发达的文化传统。综观中国学派出现最多的明清时期,无论是程朱理学、陆王心学,还是清代的吴学、皖学、扬州学派、浙东学派,无一例外都是地处江南(尤其是江浙地区)经济、文化、交通异常发达之地,这构成了学术流派得以出现的外部环境。

学派有大小之分,一些大学派又分为许多派别。学派影响越大分支也就越多,使得派中有派,形成一个学派内部、学派之间相互切磋与抗衡的学术群落,这可以说是纷纭繁复的学派现象的一个基本特点。尽管学派有大小之分,但在人类文明进程中发挥的作用却各不相同,有积极作用,也有消极作用。例如,法国百科全书派破除中世纪以来的宗教迷信和教会黑暗势力的统治,成为启蒙主义的前沿阵地与坚强堡垒;罗马俱乐部提出的"增长的极限""零增长"等理论,对后来的可持续发展、协调发展、绿色发展等理论与实践,以及联合国通过的一些决议,都产生了积极影响;而德国人文地理学家弗里德里希·拉采尔所创立的人类地理学理论,宣称国家为了生存必须不断扩充地域、争夺生存空间,后来为法西斯主义所利用,起了相当大的消极作用。

学派的出现与繁荣,预示着一个国家进入思想活跃的文化大发展时期。被司马迁盛赞为"盛处士之游,壮学者之居"的稷下学宫,之所以能成为著名的稷下学派之诞生地、战国时期百家争鸣的主要场所与最负盛名的文化中心,重要原因就是众多学术流派都活跃在稷门之下,各自的理论背景和学术主张尽管各有不同,却相映成趣,从而造就了稷下学派思想多元化的格局。这种"百氏争鸣、九流并列、各尊所闻、各行所知"的包容、宽松、自由的学术气氛,不仅推动了社会文化的进步,而且也引发了后世学者争论不休的话题，中国古代思想在这里得到了极大发展，迎来了中国思想文化史上的黄金时代。而从秦朝的"焚书坑儒"到汉代的"独尊儒术"，百家争鸣局面便不复存在，思想禁锢必然导致学派衰落，国家文化发展也必将受到极大的制约与影响。

深圳的追求

在中国打破思想的禁锢和改革开放30多年这样的历史背景下，随着中国经济的高速发展以及在国际上的和平崛起，中华民族伟大复兴的中国梦正在进行。文化是立国之根本，伟大的复兴需要伟大的文化。树立高度的文化自觉，促进文化大发展大繁荣，加快建设文化强国，中华文化的伟大复兴梦想正在逐步实现。可以预期的是，中国的学术文化走向进一步繁荣的过程中，具有中国特色的学派也将出现在世界学术文化的舞台上。

从20世纪70年代末真理标准问题的大讨论，到人生观、文化观的大讨论，再到90年代以来的人文精神大讨论，以及近年来各种思潮的争论，凡此种种新思想、新文化，已然展现出这个时代在百家争鸣中的思想解放历程。在与日俱新的文化转型中，探索与矫正的交替进行和反复推进，使学风日盛、文化昌明，在很多学科领域都出现了彼此论争和公开对话，促成着各有特色的学术阵营的形成与发展。

一个文化强国的崛起离不开学术文化建设，一座高品位文化城市的打造同样也离不开学术文化的发展。学术文化是一座城市最内在的精神生活，是城市智慧的积淀，是城市理性发展的向导，是文化创造力的基础和源泉。学术是不是昌明和发达，决定了城市的定位、影响力和辐射力，甚至决定了城市的发展走向和后劲。城市因文化而有内涵，文化因学术而有品位，学术文化已成为现代城市智慧、思想和精神高度的标志和"灯塔"。

凡工商发达之处，必文化兴盛之地。深圳作为我国改革开放的"窗口"和"排头兵"，是一个商业极为发达、市场化程度很高的城市，移民社会特征突出、创新包容氛围浓厚、民主平等思想活跃、信息交流的"桥头堡"地位明显，是具有形成学派可能性的地区之一。在创造工业化、城市化、现代化发展奇迹的同时,深圳也创造了文化跨越式发展的奇迹。文化的发展既引领着深圳的改革开放和现代化进程,激励着特区建设者艰苦创业,也丰富了广大市民的生活,提升了城市品位。

如果说之前的城市文化还处于自发性的积累期,那么进入21世纪以来,深圳文化发展则日益进入文化自觉的新阶段:创新文化发展理念,实施"文化立市"战略,推动"文化强市"建设,提升文化软实力,争当全国文化改革发展"领头羊"。自2003年以来,深圳文化发展亮点纷呈、硕果累累:荣获联合国教科文组织"设计之都""全球全民阅读典范城市"称号,原创大型合唱交响乐《人文颂》在联合国教科文组织巴黎总部成功演出,被国际知识界评为"杰出的发展中的知识城市",三次荣获"全国文明城市"称号,四次被评为"全国文化体制改革先进地区","深圳十大观念"影响全国,《走向复兴》《我们的信念》《中国之梦》《迎风飘扬的旗》《命运》等精品走向全国,深圳读书月、市民文化大讲堂、关爱行动、创意十二月等品牌引导市民追求真善美,图书馆之城、钢琴之城、设计之都等"两城一都"高品位文化城市正成为现实。

城市的最终意义在于文化。在特区发展中,"文化"的地位正发生着巨大而悄然的变化。这种变化首先还不在于大批文化设施的兴建、各类文化活动的开展与文化消费市场的繁荣,而在于整个城市文化地理和文化态度的改变,城市发展思路由"经济深圳"向"文化深圳"转变。这一切都源于文化自觉意识的逐渐苏醒与复活。文化自觉意味着文化上的成熟,未来深圳的发展,将因文化自觉意识的强化而获得新的发展路径与可能。

与国内外一些城市比起来,历史文化底蕴不够深厚、文化生态不够完善等仍是深圳文化发展中的弱点,特别是学术文化的滞后。近年来,深圳在学术文化上的反思与追求,从另一个层面构成了文化自觉的逻辑起点与外在表征。显然,文化自觉是学术反思的扩展与深化,从学术反思到文化自觉,再到文化自信、自强,无疑是文化主体意识不断深化乃至确立的过程。大到一个国家和小到一座城市的文化发展皆是如此。

从世界范围看，伦敦、巴黎、纽约等先进城市不仅云集大师级的学术人才，而且有活跃的学术机构、富有影响的学术成果和浓烈的学术氛围，正是学术文化的繁盛才使它们成为世界性文化中心。可以说，学术文化发达与否，是国际化城市不可或缺的指标，并将最终决定一个城市在全球化浪潮中的文化地位。城市发展必须在学术文化层面有所积累和突破，否则就缺少根基，缺少理念层面的影响，缺少自我反省的能力，就不会有强大的辐射力，即使有一定的辐射力，其影响也只是停留于表面。强大的学术文化，将最终确立一种文化类型的主导地位和城市的文化声誉。

近年来，深圳在实施"文化立市"战略、建设"文化强市"过程中鲜明提出：大力倡导和建设创新型、智慧型、力量型城市主流文化，并将其作为城市精神的主轴以及未来文化发展的明确导向和基本定位。其中，智慧型城市文化就是以追求知识和理性为旨归，人文气息浓郁，学术文化繁荣，智慧产出能力较强，学习型、知识型城市建设成效卓著。深圳要建成有国际影响力的智慧之城，提高文化软实力，学术文化建设是其最坚硬的内核。

经过 30 多年的积累，深圳学术文化建设初具气象，一批重要学科确立，大批学术成果问世，众多学科带头人涌现。在中国特色社会主义理论、经济特区研究、港澳台经济、文化发展、城市化等研究领域产生了一定影响；学术文化氛围已然形成，在国内较早创办以城市命名的"深圳学术年会"，举办了"世界知识城市峰会"等一系列理论研讨会。尤其是《深圳十大观念》等著作的出版，更是对城市人文精神的高度总结和提升，彰显和深化了深圳学术文化和理论创新的价值意义。

而"深圳学派"的鲜明提出，更是寄托了深圳学人的学术理想和学术追求。1996 年最早提出"深圳学派"的构想；2010 年《深圳市委市政府关于全面提升文化软实力的意见》将"推动'深圳学派'建设"载入官方文件；2012 年《关于深入实施文化立市战略建设文化强市的决定》明确提出"积极打造'深圳学派'"；2013 年出台实施《"深圳学派"建设推进方案》。一个开风气之先、引领思想潮流的"深圳学派"正在酝酿、构建之中，学术文化的春天正向这座城市走来。

"深圳学派"概念的提出，是中华文化伟大复兴和深圳高质量发展的重要组成部分。竖起这面旗帜，目的是激励深圳学人为自己的学术梦想而努力，昭示这座城市尊重学人、尊重学术创作的成果、尊重所有的文化创意。这是深圳30多年发展文化自觉和文化自信的表现，更是深圳文化流动的结果。因为只有各种文化充分流动碰撞，形成争鸣局面，才能形成丰富的思想土壤，为"深圳学派"的形成创造条件。

深圳学派的宗旨

构建"深圳学派"，表明深圳不甘于成为一般性城市，也不甘于仅在世俗文化层面上造成一点影响，而是要面向未来中华文明复兴的伟大理想，提升对中国文化转型的理论阐释能力。"深圳学派"从名称上看，是地域性的，体现城市个性和地缘特征；从内涵上看，是问题性的，反映深圳在前沿探索中遇到的主要问题；从来源上看，"深圳学派"没有明确的师承关系，易形成兼容并蓄、开放择优的学术风格。因而，"深圳学派"建设的宗旨是"全球视野，民族立场，时代精神，深圳表达"。它浓缩了深圳学术文化建设的时空定位，反映了对学界自身经纬坐标的全面审视和深入理解，体现了城市学术文化建设的总体要求和基本特色。

一是"全球视野"：反映了文化流动、文化选择的内在要求，体现了深圳学术文化的开放、流动、包容特色。它强调要树立世界眼光，尊重学术文化发展内在规律，贯彻学术文化转型、流动与选择辩证统一的内在要求，坚持"走出去"与"请进来"相结合，推动深圳与国内外先进学术文化不断交流、碰撞、融合，保持旺盛活力，构建开放、包容、创新的深圳学术文化。

文化的生命力在于流动，任何兴旺发达的城市和地区一定是流动文化最活跃、最激烈碰撞的地区，而没有流动文化或流动文化很少光顾的地区，一定是落后的地区。文化的流动不断催生着文化的分解和融合，推动着文化新旧形式的转换。在文化探索过程中，唯一需要坚持的就是敞开眼界、兼容并蓄、海纳百川，尊重不同文化的存在和发展，推动多元文化的融合发展。中国近现代史的经验反复证明，闭关锁国的文化是窒息的文化，对外开放的文化才是充满生机活力的文化。学术文化也是如此，只有体现"全球视野"，才能融入全球思想和话语体系。因此，"深圳学派"的研究对象不是局限于一国、一城、一地，而是在全球化背景下，密切关注国际学术前沿问题，并把中国尤其是深圳的改革发展置于人类社会变革和文化变迁的大背景下加以研究，具有宽广的国际视野和鲜明的民族特色，体现开放性甚至是国际化特色，也融合跨学科的交叉和开放。

二是"民族立场"：反映了深圳学术文化的代表性，体现了深圳在国家战略中的重要地位。它强调要从国家和民族未来发展的战略出发，树立深圳维护国家和民族文化主权的高度责任感、使命感、紧迫感。加快发展和繁荣学术文化，尽快使深圳在学术文化领域跻身全球先进城市行列，早日占领学术文化制高点，推动国家民族文化昌盛，助力中华民族早日实现伟大复兴。

任何一个大国的崛起，不仅伴随经济的强盛，而且伴随文化的昌盛。文化昌盛的一个核心就是学术思想的精彩绽放。学术的制高点，是民族尊严的标杆，是国家文化主权的脊梁；只有占领学术制高点，才能有效抵抗文化霸权。当前，中国的和平崛起已成为世界的最热门话题之一，中国已经成为世界第二大经济体，发展速度为世界刮目相看。但我们必须清醒地看到，在学术上，我们还远未进入世界前列，特别是还没有实现与第二大经济体相称的世界文化强国的地位。这样的学术境地不禁使我们扪心自问，如果思想学术得不到世界仰慕，中华民族何以实现伟大复兴？在这个意义上，深圳和全国其他地方一样，学术都是短板，与经济社会发展不相匹配。而深圳作为排头兵，肩负了为国家、为民族文化发展探路的光荣使命，尤感责任重大。深圳的学术立场不能仅限于一隅，而应站在全国、全民族的高度。

三是"时代精神"：反映了深圳学术文化的基本品格，体现了深圳学术发展的主要优势。它强调要发扬深圳一贯的"敢为天下先"的精神，突出创新性，强化学术攻关意识，按照解放思想、实事求是、求真务实、开拓创新的总要求，着眼人类发展重大前沿问题，特别是重大战略问题、复杂问题、疑难问题，着力创造学术文化新成果，以新思想、新观点、新理论、新方法、新体系引领时代学术文化思潮。

党的十八大提出了完整的社会主义核心价值观，这是当今中国时代精神的最权威、最凝练表达，是中华民族走向复兴的兴国之魂，是中国梦的核心和鲜明底色，也应该成为"深圳学派"进行研究和探索的价值准则和奋斗方向。其所熔铸的中华民族生生不息的家国情怀，无数仁人志士为之奋斗的伟大目标和每个中国人对幸福生活的向往，是"深圳学派"的思想之源和动力之源。

创新，是时代精神的集中表现，也是深圳这座先锋城市的第一标志。深圳的文化创新包含了观念创新，利用移民城市的优势，激发思想的力量，产生了一批引领时代发展的深圳观念；手段创新，通过技术手段创新文化发展模式，形成了"文化+科技""文化+金融""文化+旅游""文化+创意"等新型文化业态；内容创新，以"内容为王"提升文化产品和服务的价值，诞生了华强文化科技、腾讯、华侨城等一大批具有强大生命力的文化企业，形成了读书月等一大批文化品牌；制度创新，充分发挥市场的作用，不断创新体制机制，激发全社会的文化创造活力，从根本上提升城市文化的竞争力。"深圳学派"建设也应体现出强烈的时代精神，在学术课题、学术群体、学术资源、学术机制、学术环境方面迸发出崇尚创新、提倡包容、敢于担当的活力。"深圳学派"需要阐述和回答的是中国改革发展的现实问题，要为改革开放的伟大实践立论、立言，对时代发展作出富有特色的理论阐述。它以弘扬和表达时代精神为己任，以理论创新为基本追求，有着明确的文化理念和价值追求，不局限于某一学科领域的考据和论证，而要充分发挥深圳创新文化的客观优势，多视角、多维度、全方位地研究改革发展中的现实问题。

四是"深圳表达"：反映了深圳学术文化的个性和原创性，体现了深圳使命的文化担当。它强调关注现实需要和问题，立足深圳实际，着眼思想解放、提倡学术争鸣，注重学术个性、鼓励学术原创,不追求完美、不避讳瑕疵,敢于并善于用深圳视角研究重大前沿问题,用深圳话语表达原创性学术思想,用深圳体系发表个性化学术理论,构建具有深圳风格和气派的学术文化。

称为"学派"就必然有自己的个性、原创性,成一家之言,勇于创新、大胆超越,切忌人云亦云、没有反响。一般来说,学派的诞生都伴随着论争,在论争中学派的观点才能凸显出来,才能划出自己的阵营和边际,形成独此一家、与众不同的影响。"深圳学派"依托的是改革开放前沿,有着得天独厚的文化环境和文化氛围,因此不是一般地标新立异,也不会跟在别人后面,重复别人的研究课题和学术话语,而是要以改革创新实践中的现实问题研究作为理论创新的立足点,作出特色鲜明的理论表述,发出与众不同的声音,充分展现特区学者的理论勇气和思想活力。当然,"深圳学派"要把深圳的物质文明、精神文明和制度文明作为重要的研究对象,但不等于言必深圳,只囿于深圳的格局。思想无禁区、学术无边界,"深圳学派"应以开放心态面对所有学人,严谨执着,放胆争鸣,穷通真理。

狭义的"深圳学派"属于学术派别,当然要以学术研究为重要内容;而广义的"深圳学派"可看成"文化派别",体现深圳作为改革开放前沿阵地的地域文化特色,因此除了学术研究,还包含文学、美术、音乐、设计创意等各种流派。从这个意义上说,"深圳学派"尊重所有的学术创作成果,尊重所有的文化创意,不仅是哲学社会科学,还包括自然科学、文学艺术等。

"寄言燕雀莫相唣,自有云霄万里高。"学术文化是文化的核心,决定着文化的质量、厚度和发言权。我们坚信,在建设文化强国、实现文化复兴的进程中,植根于中华文明深厚沃土、立足于特区改革开放伟大实践、融汇于时代潮流的"深圳学派",一定能早日结出硕果,绽放出盎然生机!

前　言

　　政府如何有效支持文化艺术发展？这是每个国家/地区都会遇到的问题。当前国际社会尤为重视艺术在激活创意汇聚与多样性交流空间中所发挥的作用，视艺术为知识传递、创新创业发展的重要载体。许多国家在政策体系中将文化艺术的社会相关性及创造力作为优先政策选择。近年来，一些发达国家/地区对本国/本地区的文化艺术资助政策做了调整。不同类型文化艺术资助模式的趋同或变异是如何发生的，需要研究者对具体制度实践予以深入观察。通过考察现代国家/地区文化艺术资助政策变迁及机制调适路径，我们可以发现其中一些基本经验：从立法领域规范文化艺术管理机制，建立文化政策研究及文化数据多维信息收集及传递机制，不断创新文化资助资源整合协调机制，注重加强民众文化艺术参与机制，通过健全文化艺术资助的监督评价机制提高公共资助综合效益。任何一个国家/地区都不是孤立存在的，所以建立开放、灵活的机制因应国内国外环境变化是十分需要的。当前中国正在实施创新驱动发展战略，文化创新是全面深化改革的应有之义。我们通过考察深圳实践发现：文化创新的根本是价值观念的变革、创新。传统文化的继承需要与现代价值观念相连接，需要坚持有利于个体发展与有利于共同体发展相统一的原则，在社会实践中转化为促进人类社会发展的创造力。将推动中华优秀传统文化的创新发展，与借鉴吸收适合中国现代化发展的人类文明成果相结合，保持开放包容是深圳模式的重要经验。激发社会创造活力需要推动文化治理体系和治理能力现代化，坚持以人民为中心的发展理念，积极回应新时代国家发展与人民需求。本书针对如何完善中国文化艺术资助机制及政策，提出以下发展建议：增加对文化艺术的公共投入，创新社会支持文化发展机制；建立能充分回应社会需求及变化的文化资助机制；提高公共文化机构可持续发展能力，发挥其在创新孵化中的作用；推动国家艺术基金创新发展，丰富艺术资助机构的功能与角色等。

目 录

导 论 ……………………………………………………………（1）
　　一　问题的提出及研究方法 ………………………………（1）
　　二　研究设计及实施 ………………………………………（4）
　　三　各章概要 ………………………………………………（9）

第一章　文化艺术资助的理论与实践 ……………………（14）
　　第一节　艺术资助政策：关于资源配置及可持续性
　　　　　　发展议题 ………………………………………（14）
　　　一　"艺术赞助"和"机制" ……………………………（14）
　　　二　文化艺术资助的研究观点及理论探讨 ……………（22）
　　　三　西方国家艺术资助政策发展脉络及其启示 ………（35）
　　第二节　当代文化艺术资助制度现代转型及发展
　　　　　　趋势 ……………………………………………（44）
　　　一　多元主体合作伙伴模式 ……………………………（44）
　　　二　文化政策信息基础建设 ……………………………（50）
　　　三　文化艺术领域立法工作 ……………………………（55）
　　　四　艺术公共资助机构改革 ……………………………（60）

第二章　中国文化资助机制及政策研究 …………………（65）
　　第一节　改革开放40年中国文化资助机制的发展逻辑 …（65）
　　　一　中国文化政策40年改革与发展 ……………………（65）
　　　二　中国文化资助机制演变路径及发展思路 …………（72）
　　　三　对中国文化资助机制创新发展的思考 ……………（76）
　　第二节　中国公共财政资助文化的现状及前景 …………（80）

一　公共财政资助文化的范围、规模及成效分析 ……… (80)
　　二　文化类财政专项资金/政府性基金的发展与变革 …… (86)
　　三　文化治理现代化及多元多层次文化资助
　　　　体系建构 ……………………………………………… (93)

第三章　文化机制与文化实践 ………………………………… (100)
　第一节　文化的公共性与文化治理机制探讨 ……………… (100)
　　一　文化公共性特征及公共文化领域转型 ……………… (100)
　　二　公共文化领域的可治理性 …………………………… (104)
　　三　新兴城市文化治理机制探讨 ………………………… (108)
　第二节　文化流动与文化公共领域治理模式转型 ………… (112)
　　一　文化流动的内涵及其作为发展资源的视角 ………… (112)
　　二　地方全民阅读政策形成及社会组织参与
　　　　模式分析 ……………………………………………… (115)
　　三　文化治理研究及治理模式现代化转型的可能性 …… (120)
　第三节　流动与关联：新兴城市城中村社区遗产
　　　　价值重构 ……………………………………………… (124)
　　一　问题的提出及遗产价值重构的必要性 ……………… (124)
　　二　文氏宗祠功能及空间形态转型的可能性 …………… (127)
　　三　民俗等非物质文化遗产公共价值再认知 …………… (130)

第四章　研究结论及发展建议 ………………………………… (136)

附录一　中国艺术品公益捐赠政策法规及存在问题分析 …… (142)

附录二　"文化科学"如何帮我们理解文化演化系统 ……… (155)

附录三　新加坡文化艺术资助机制及政策实践 ……………… (163)

参考文献 ………………………………………………………… (189)

后　　记 ………………………………………………………… (202)

导　　论

一　问题的提出及研究方法

在本书中，我们不讨论什么是文化，什么是艺术？我们关注的是什么样的文化艺术内容被资助、生产，被社会接受和消费？回答这一问题不能单纯从审美评价角度介入。从艺术机制理论来看，艺术与非艺术的识别取决于某种授予其身份（予以界定）的社会生产、交换和分配机制，以及艺术界（Art world）[①] 系统内部成员普遍接受的主导性观念及审美判断。阐明艺术经验的客观价值始终是艺术机构/组织筹款者所面临的挑战。当然，艺术机制以外的国家制度、传统习俗等对此也会发生作用。有学者批评政策制定者往往根据艺术的经济价值和对既定政策目标的贡献来定义艺术的价值[②]，忽视了艺术的审美体验及其在改善人的"生活质量"方面更为广泛的人文价值。这的确需要政策制定者能够深入思考文化艺术与社会的关系。

文化艺术是如何被资助的？这里既有历时性的发展轨迹可寻，也有各个国家地区共时性的彼此影响。本书将集中探讨现代国家文化艺术资助机制的变迁，从学理到实践的关联性展开思考：文化艺

[①] 艺术界被认为是由艺术家、批评家、美术馆馆长、赞助人、代理商、经销商和收藏家等组成。在丹托"艺术体制论"看来，艺术界是由艺术史知识和理论所构成的，赋予某物以艺术资格的体制性环境。艺术体制是具有某种边界功能的社会规范体系，它规定着特定场域内艺术生产、接受、传播、消费、批评等各类艺术实践活动的特定方式。匡骁：《文化社会学视角下的艺术体制理论》，《文艺理论研究》2012年第6期。

[②] Abigail Gilmore, *Raising our quality of life: The importance of investment in arts and culture*, The Centre for Labour and Social Studies (Class), November 2014. www.classonline.org.uk.

术生产过程中的制度建立及其动力机制，行政上技术创新及效率提升的实现方式，多元价值在文化艺术政策中的体现等，最终目的是中国语境下文化艺术资助制度的完善。我们为什么要资助艺术，其目的为何，艺术能否促进产生更美好的社会？无论是人类历史早期的艺术赞助，还是现代国家艺术资助，艺术的社会功能始终被放置在重要地位，发挥工具层面或是符号象征层面的作用。当前国际社会尤其重视艺术在激活创意汇聚与多样性交流空间中所发挥的作用，并将艺术作为知识传递、创新创业发展的重要载体。[①] 许多国家文化政策亦明确将艺术社会相关性和文化创造力作为优先政策选择。今后我们也依然需要艺术在实现沟通情感、促进社会和谐中的积极作用。有人质疑文化艺术资助行为是否会形成路径依赖。建立良好的资助机制的目的是可以激发社会活力、激活更多资源，而不是对有限公共资源的争夺。因此，当今国际社会普遍会采用支援或支持来替代对文化艺术领域单一的经济上的资助。

"艺术资助"概念来源于艺术史中的"艺术赞助"概念，与起源概念一脉相承，其理论焦点是艺术创作、欣赏与社会生活的关系，指涉的是艺术创作背后围绕艺术资助发生的社会网络运作机制。资助机制的发展进程是各种利益相关者，及资源配置方式长期博弈的政策设计过程。在这里，话语的转换或内容的延伸反映了概念从古至今有机的生长过程——伴随人类观念的发展而丰富及改变。无论从历史角度还是现实角度来看，艺术资助作为支持艺术发展的资金来源机制，不仅渗透到艺术发展中，而且也是现代文化政策重要内容之一。[②] 本书的重点不在于历史综述，而是将历史变迁描述与实践阐释相结合，对既有理论研究、实践经验进行总结，并在此基础上面向当代现实问题，尝试在理论创新、指导中国文化实践上做出一些贡献。

---

① Arts Panorama: International overview of issues for public arts administration, IFACCA, December 2013, https://ifacca.org/en/what-we-do/knowledge-analysis/dart/arts-panorama-international-overview-issues-public，访问日期：2018年9月26日。

② 英国文化学派代表学者雷蒙德·威廉斯（Raymond Williams）认为公共经费资助艺术、文化身份协商建构及媒介调控属于文化政策"本身"（cultural policy "proper"）三种内涵。

本书在行文中有时会使用"艺术资助"或"艺术政策"概念，有时也会使用"文化资助"或"文化政策"概念。主要原因是：不同国家和地区对此的界定不同，采用的惯例用法也不同，但很多时候是相通的。众所周知，世界范围内均存在艺术被资助的范围扩大的趋向，现代国家不仅资助艺术，甚至将从前被视为流行文化、娱乐内容的文化形式也包括在内，诸如电影、音乐、日报和出版等文化产业也得到政府补贴。高级艺术与通俗艺术的界限日益模糊，有时也很难严格区分精英文化与大众文化。有学者指出，近现代以来艺术范畴的变化相当惊人，归因于技术革新或是观念发展，都不足以解释这一现象。[①] 可见，艺术范畴所包含的内容随时间推移而不断扩展。当人们发现艺术和现实在某些时候无法区分时，"艺术终结论"即提出。本书不分辨艺术的边界问题，但当我们谈艺术对象的社会关系时，通常不是狭义地理解艺术，而是将艺术放置于文化社会语境中去探讨。艺术政策同样也涉及文化政策内容，文化政策涵盖的领域比传统上与艺术政策相关的活动更为宽泛。为了便于艺术外部条件及运作机制的比较，本书忽略"艺术资助"与"文化资助"、"艺术政策"与"文化政策"之间的区别，将之等同对待。

传统艺术史学科的赞助人研究已经不足以阐释艺术制度化进程中的种种变革和其中的原因、基本模式及现代意义。而当前任何一个国家对艺术的支持不仅是对艺术发展的支持，还表现出一个国家或一个民族对于创造力及新的体验的持续需求。显然，创意的来源是艺术、文化，如何建立审美创新的社会支持机制显得尤为重要。本书通过理论与实践相结合的方式介入研究对象，分析不同文化艺术资助模式的发展特征及总体发展趋势，探讨中国语境下文化艺术资助模式的形成与发展及未来可行性改革，力图解决有效提高我国文化艺术资助政策的社会效益（创造力及文化艺术繁荣、凝聚社会等）和经济效益（创新力及经济发展动力等），培育促进文化艺术发展的竞争性环境，既要实现资源最大化使用效率，又要促进价值创新

---

① ［美］薇拉·佐尔伯格：《审美不确定：新标准？》，载［美］马克·D. 雅各布斯、南希·韦斯·汉拉恩编《文化社会学指南》，刘佳林译，南京大学出版社2012年版，第99页。

创造更大效率，让广大民众在文化参与、艺术创造过程中获得赋能。

本书在研究方法上，不同于人文学者对艺术自治性结构的强调及审美价值的关注，侧重跨学科视角。研究路径上一是要整合，二是要消解西方中心论，寻找适合于解释中国文化现代化进程的理论构架。本书借鉴艺术社会学、政策科学等多学科理论，注重于文化艺术生发的外部社会关系及文化艺术创造性的动力根源。许多历史性考察及经验研究表明，艺术创造性在不同的政治经济体制和制度安排下，其动力引擎是不同的，并受社会结构中多种因素综合影响。然而，无论是文艺复兴时期的私人赞助体系，后来的开放性艺术品市场体系，还是当前普遍采用的多元赞助者并存的文化艺术资助体系，维持局部系统内部及外部的竞争关系始终是文化艺术创新性发展的强大动力。本书立足跨学科、综合性应用研究，运用制度研究、案例研究、实地调研、文献分析和观察法相结合的方法，分析结构、组织、职责和功能，以及制度特征对文化政策产生了何种影响？中国香港、中国台湾地区和新加坡案例研究即是用制度分析反映艺术政策的区别，对文化艺术资助机制及政策进行跨时间、空间、组织和功能的比较分析，关注文化艺术资助机制置身的政策、制度环境和历史空间的影响。

二　研究设计及实施

国内关于文化资助机制及政策研究较多侧重于经济和财政理论视角，关注的重点是资源要素如何优化配置，以及如何界定政府作用和市场机制的范围和边界。在这一视角下，研究者对"文化艺术"持价值中立、价值无涉的态度，将其视为一个整体对象。本书增加了艺术文化价值视角，即在研究过程中一以贯之文化固有价值的发掘、传承和创新发展，并将之与机制运作相联系，探讨如何在具体政策措施及评估制度中接合并运用。文化艺术的资助问题不仅关涉经济价值，而且包含文化价值在内的多元价值。当前中国正在实施创新驱动发展战略，文化创新是全面深化改革的应有之义。文化创新的根本是价值观念的变革、创新。传统文化的传承需要与现代价值观念相连接，需要坚持有利于个体的发展与有利于共同体的存在发展相统一的原则。中国公共资源倾向固定性文化资助方式，因缺乏竞争、流动和宽容，从某种程度上制约了全社会范围内的文化创新；[①] 当前也较为缺少吸引公众积极参与文化事业的引导性政策设计，未来亟须培育全社会参与和支持文化艺术发展的意识。故政策设计需要把握资助机制及多元资助者不断嬗变的权力平衡，引导文化艺术生态系统的良性发展。在中央集中统一领导的国家管理体制下，文化艺术得到更多庇护抑或更多约束，导致发展僵化？脱离国家体制的保护和体制内资源，市场是否可以让文化艺术获得更多的自主权与自由？没有稳固的经济来源对于艺术自主创作有何影响？这些问题并不能简单回答。事实上，影响制度安排、政策设计的因素很复杂，与各民族国家历史传统、政治体制、法律制度，以及社会大众对文化、艺术的理解和相关习俗有关，并随着要素结构变化而变化，这种差异性导致了任何简单的制度照搬都是不可能获得成功的。中国发展中的问题，必须深入中国现实，根据中国实际的状况进行理性分析及改革探索工作，回应当今中国的发展与需求。

从艺术的外部条件对艺术发展的影响来看，对艺术体制机制完善具有启发意义。譬如我们从敦煌的艺术表现中可感受到中国传统文化在吸收外来文化之后创造了自己的艺术，在创造当中体现了一种开放、包容的精神。事实上，中华文化绵延至今，并成为唯一没有断代的文明，在很大程度上就是基于这种包容性。在敦煌石窟中我们很难找到两幅一模一样的经变画，每一幅都有自己的创造；文艺复兴时期意大利教堂内的宗教画也有类似的情况，因为这里存在竞争关系。由此可见，开放、包容精神与竞争关系是艺术创新发展的动力。这一决定性的影响因素是可以运用于政策设计层面的：在机制运作过程中吸纳开放、包容精神和竞争关系。

资助涉及经济结构，它与权力关系不可分离；政策效应与其运行方式关系密切，机制直接影响政策与实践效果。尽管文化艺术领域的投入资金量反映了政府和社会的重视程度，然而公共财政资金及社会支持资金如何使用，也决定了投入效率问题。因此，我们从

[①] 刘立明：《时代的选择，历史的责任——国家艺术基金治理体系的举措》，《艺术评论》2014年第7期。

经验中可以发现文化没有改变，但机制改变了、政策实践改变了，同样可以取得好的效果。好的机制可以激发更多的资源融合，可以激发新知识的生产和文化再造，这是文化政策应用型研究的意义所在。当前中国文化政策研究及相关的信息基础建设滞后于变革实践、创新实践。我们迫切需要积极思考如何介入实践，分析实践为制度创新带来的挑战，将知识服务于社会再生产，为决策者提供智力支持和可行性的政策建议。如果我们不跟踪、研究新的变化及种种创新方式，仅仅通过对技术和管理模式的模仿，是不够的；我们必须密切关注制度建设方面的种种挑战，保持对制度滞后的警惕。国际艺术理事会及文化机构联合会（IFACCA）发布的一份报告——《知识与战略：文化政策研究及其对长期政策规划的影响》显示，多数参与调查的机构均认为文化政策研究对于政策制定具有重要意义。研究有助于以事实为基础的决策机制，有助于增强决策者对于发展环境、趋势的认识，以及评估者对于政策设计初衷与实施效果之间差距的认知。更为重要的是，相关研究可以深入到民众文化需求并获得反馈，使政策出台符合民心民意。[1] 这也正是本书研究的学术价值及实践价值所在——推动制度创新从常识（观念）阶段走向探索及最终的实践经验。

　　本书主要内容及基本研究思路：（1）剖析西方学者基于不同理论对待艺术公共补贴问题及文化市场问题的不同见解，以及各种理论对艺术政策的影响；考察艺术政策对新趋势、新理论的适应和抵制。从理论上探讨经济全球化、信息化时代背景下，在工具理性与价值理性之间，艺术价值判断的变迁，以及文化艺术资助政策所面临的挑战等。（2）艺术资助政策从传统赞助人向现代变迁过程中，政策理念发生了变化：从强调服务权力发展到艺术民主化、艺术市场化；政策内容也获得了拓展：从艺术政策走向文化政策。[2] 比较

---

[1] *Knowledge and strategy: Cultural policy research and its impact on long-term policy planning*, the International Conference of Cultural Policy Research, in Hildesheim, Germany, 9 – 12 September 2014.

[2] 任珺：《艺术资助政策：关于资源配置及可持续性发展议题》，《福建论坛》（人文社会科学版）2017 年第 4 期。

研究不同国家和地区为艺术家、文化艺术项目及文化艺术机构提供资助的传统措施和现代措施，以及相应的政策立论基础的演变过程。同时研究这一过程中不同国家和地区是如何促进艺术创造和保存艺术传统的。（3）宏观考察和分析主要发达国家和地区文化艺术资助体制和政策发生变迁的表现特征及背后的原因，重点探讨现代文化艺术资助中的多元主体合作伙伴模式、文化政策信息基础建设、文化艺术资助的国家立法及艺术和文化公共资助机构改革等内容。（4）回顾历史，剖析中国当前文化艺术资助体制及相关政策发展现状，梳理改革开放40年中国公共文化领域发展经验，对中国文化艺术资助政策出现的问题及当前文化艺术资助环境提出针对性思考、展望及政策建议。（5）引入案例研究，通过归纳研究总结案例地区艺术资助政策历史变迁、政府艺术资助机制及模式的特点、慈善捐助和商业赞助实践以及面临的问题和挑战等。研究重点考察案例地区在向西方学习过程中，是如何将西方经验在地化，融入本地价值并改造为适合本地区发展的政策措施，以及其中的困境及解决的方案。这对于中国正在进行的文化体制改革具有重要的启示和借鉴意义。

　　文化艺术的公共性特征引发了公共政策对此的关注。在此视域下，对文化艺术资助的研究不是立足于"为艺术"研究资助机制，而是"为公众"研究资助机制。其实这里也引出了一系列问题，即文化艺术政策经常遇到的深层次困境：政府的公共政策支持应当倾向于创作者还是观众？公共支持的依据是什么？价值判断标准是文化艺术的品质——卓越（叫好）还是其受欢迎程度——普及（叫座）？市场能否作为检验的标准？艺术体制的评价机制——如全国美术作品展览——能否从学术上让新秀脱颖而出？创作者如果只关心观众的反应，是否会丧失艺术性和艺术功能？众所周知，不同文化背景下政策制定模式是不同的，对国家、市场和个人在社会运作中的角色及作用的认知也是不同的。这决定了文化艺术资助体制的多元性，各个国家对待艺术的公共补贴问题及文化市场化问题也有不同的见解。譬如，中国及传统的欧洲福利国家政府对文化艺术的公共支持较多（严格来说，欧洲不同国家在艺术资助制度设计上存在差异)。美国主要采纳政府与社会并举资助艺术的模式,呈现出分散化、间接资助的特征,税收减免激励政策是美国最重要的艺术支持形式。美国对艺术的资助较多依托私人捐赠支持,包括个人、私营公司和基金会。其中流向文化、艺术与人文的慈善捐赠中,个人捐赠占总慈善捐款的3/4,其余才是遗赠、基金会及企业捐赠。[①]英国采取建立中央政府和地方政府、企业以及行业之间的伙伴关系,分担资金压力;同时划拨彩票收入的20%,用于艺术资助等。[②]然而,差异之外的共性也是存在的。现代国家/政府不仅要为保障公民文化权利、促进艺术民主及培育民族创造力提供资金,而且亟须建构一个社会各界支持艺术发展的制度体系,这是发展趋势,也是各个国家可以达致的共识。

近年来,许多国家都对本国的文化艺术资助政策做了调整。不同类型文化艺术资助模式的趋同和变异是如何产生的?需要研究者对制度实践予以深入观察。由于经济危机,欧洲及其他受波及地区,艺术和文化方面的公共开支急剧削减。文化艺术组织以及主导艺术发展的公共部门发现自己正处于一个十字路口,需要探索新的管理模式和资助系统。当资金来源的结构性变化产生时,文化管理者的角色将会发生怎样的演变?不同艺术资助体系的发展及其局部变动,都是长期的文化和政治传统的体现。与人文学科内视艺术本体的角度不同,本书创新之处在于:借助社会科学外在论的方法,将艺术置于一个开放的社会语境中去观察,从文化政策研究跨学科视角,考察文化艺术资助机制及其社会环境。难点在于:如何处理文化艺术自身发展规律与制度化管理模式之间的关系。过多的建制约束及烦琐程序容易窒息原创力,压抑自由的思考及想象空间,正所谓过犹不及。可见,资金资源上投入多少很重要,但更重要的是运作机制。文化生态需要长期滋养,文化活力则需要社会各阶层的

---

① 2009年数据显示,大型基金会的捐款约占基金会艺术赞助总额接近一半比例,而近3/4的企业艺术赞助是来自于营收少于5000万美元的较小型公司。National Endowments for the Arts, *How the US Funds the Arts*, November 2012.

② Arts Council England, *This England: how Arts Council England uses its investment to shape a national cultural ecology*, February 2014.

协心共力。

三 各章概要

第一章 文化艺术资助的理论与实践，主要是对基本理论、发展历程及趋势的考察。包括"第一节 艺术资助政策：关于资源配置及可持续性发展议题"和"第二节 当代文化艺术资助制度现代转型及发展趋势"。这部分内容将基本理论和历史分析作为总体性的思考，这是进一步深入考察具体问题的必要理论准备和方法论。西方学界对艺术资助的研究主要立足社会科学理论分析及应用性政策研究，前者重在解释，后者旨在应用，它们共同推动了艺术资助政策理论与实践的发展。从历史变迁角度，当代西方艺术资助政策都有在范围上扩大艺术使用权的导向，建构了政府津贴结合慈善捐助、商业赞助的艺术资助体系。尽管文化艺术的重要性被公共政策普遍认知，但并不是所有国家都可以保证对文化艺术公共资助持续增加。通过更多样化的资金来源和更可持续的组织模式，补充对艺术的公共投资，成为大多数发达国家的选择。多元主体合作伙伴模式，成为当前文化艺术资助制度发展的重要趋势之一。有效的文化政策研究与信息基础建设对文化政策规划、项目事前评估及执行综合评价都非常重要，它也是制定长远政策及谋划如何应对未来挑战的基础。许多国家均开展了不同模式、不同层次的文化政策研究及信息基础建设，有的国家甚至以立法形式保障其有序开展。文化艺术领域的法律法规为文化艺术管理提供了法律依据。有的国家通过制定一系列文化领域专门法或相关的法律条款，建立文化法制体系；有的则通过整体文化立法，并以此布局文化艺术领域发展。无论何种形式的文化立法，均是现代法治国家提高文化领域治理能力现代化的必然手段。为了因应时代的机遇和变化，并对跨学科或新兴艺术实践做出更积极的回应，发达国家和地区传统意义上的艺术公共资助机构纷纷开始强调改革取向——由资助机构向发展机构或战略机构转变。当前许多国家开始将文化放置于战略性地位，文化政策从单一政策向综合政策发展成为趋势。

第二章 中国文化资助机制及政策研究，主要是立足中国文化政策实践经验的研究。包括"第一节 改革开放40年中国文化资助机制的发展逻辑"和"第二节 中国公共财政资助文化的现状及前景"。公共财政对公共文化只能进行有限度的投入，政府依据怎样的标准来使用公共财政资助文化艺术，如何平衡其中的供需矛盾？政府的责任应该是通过公共财政引导更多的社会资本投资。政府的角色是发挥适度调控功能，通过制度创新、政策规范、营造支持文化艺术发展的环境来起引导作用。改革开放以来，党和政府对文化建设在国家现代化发展布局中的地位和作用的认知在不断深化。国家宏观政治、经济制度对文化政策选择产生了影响，国家发展战略及其之下的文化发展战略决定了不同时期文化政策的定位及目标指向，并影响着文化资助机制的运行方式及特征。中国充分考虑国情特点和文化建设的价值取向，初步形成了有助于传承优秀传统文化、培育文化创造活力的文化资助制度体系。当前中国文化资助体制及分类资助模式，是以公共财政为主导，多渠道筹资、多种资助主体、多种资助方式的多元混合资助机制及资助模式。公共财政文化资助体系分布在文化公共性领域、艺术卓越性领域及文化市场准公共领域，三者之间的协同与整合是影响中国文化政策效能的关键。从中国公共财政资助文化的现状及前景看，政策设计方面还亟待完善。以人民为中心的价值理念还需进一步融入政策制定过程中；政府应逐步从公共文化产品的生产者、提供者角色向资助者及资源的调节者角色转换；文化资助机制也应具备适应市场竞争和全球环境变化的韧性。

第三章 文化机制与文化实践，主要是对文化治理机制的探讨并引入深圳两个案例研究。包括"第一节 文化的公共性与文化治理机制探讨""第二节 文化流动与文化公共领域治理模式转型"和"第三节 流动与关联：新兴城市城中村社区遗产价值重构"。该部分论证了文化运作机制的重要性，它不仅涉及文化管理问题，而且也与文化政策紧密相关的文化认同、情感认知等核心内容不可分割。基于文化公共性特征以及理论界对公共领域的探讨，本书提出当前公共文化领域转型应以文化公民权的保障为前提，文化治理机制的确立为关键，核心价值的共识为目标。公众对公共领域文化生活的充分参与，提供了一条形成公共秩序的文化途径；它将有助于在公共领域重构文化主体性价值并有效维护社会凝聚力。[①] 这部分内容考察了深圳文化实践中的两个案例。第一个是基于深圳社会参与阅读推广实践的研究，从发展性动态资源角度审视文化流动为城市所带来的机遇与挑战。探讨文化机制运作过程中如何通过文化流动引领城市向可持续，并更关注于人的生存和发展的方向前进；通过文化流动向文化创新的转化，实现社会活力和创造力涌现。既要尊重个体的创造价值与实践，又要注重共同体的社会整合力和包容力。这里也对地方性公共领域文化治理模式现代化转型的可能性、实现条件及当前存在的问题进行了探讨和展望。第二个是以深圳文氏聚居村落形成的城中村为例进行探讨，以延续城中村社区文脉及可持续性发展为目标。城中村社区遗产价值重构的核心是在流动性社群与原住民社群中建立关联，形成新的共同体和文化主体；遗产保护需要与社区经济发展、文化认同和社会整合共同发生作用，最终指向城中村社区文化、观念和治理制度的发育转型。全球与地方、现代与传统、流动与创新并不是二元对立的关系，如何处理好共生与对话对于社会和谐与可持续发展均具有重要意义。

附录部分，三篇文章从不同层面、角度介入相关议题的讨论。文化艺术捐赠是指通过融集社会资金实现文化艺术资助的过程，它既是慈善事业的重要组成部分，也是支持文化发展的动力来源之一。[②]《中国艺术品公益捐赠政策法规及存在问题分析》，梳理了中国关于艺术品公益捐赠的政策法规，涉及中国公益捐赠法及其相关执行细则、文物古董、美术品等市场管理、出入口海关管理等规定，并对其中存在的问题进行了集中深入分析，指出税收优惠、遗产税、关税设置等方面的不足，对中国各级政府进一步制定鼓励艺

---

① 任珺：《文化的公共性与新兴城市文化治理机制探讨》，《福建论坛》（人文社会科学版）2015年第2期。

② 黄梦航、孙雅南：《文化艺术捐赠激励体系：理论框架、国际经验与发展建议》，载于平、傅才武主编《中国文化创新报告（2015）》，社会科学文献出版社2015年版，第198页。

术品公益捐赠的政策法规具有参考价值。① 澳大利亚学者哈特利和波茨著的《文化科学：故事、亚部落、知识与革新的自然历史》一书，对文化发展的内在动力机制、演化逻辑、外部约束条件以及未来可能的发展方向做了深入探讨，是对文化自身发展规律的研究。《"文化科学"如何帮我们理解文化演化系统》对该书的思想体系做了学术述评。文化资助机制建立及相关政策制定，是不能脱离文化发展规律的。这就需要我们在探讨机制作用时，一定要以尊重事物发展的客观规律为基本出发点。《新加坡文化艺术资助机制及政策实践研究》是从以下视角展开：（1）新加坡政府艺术资助政策历史变迁；（2）新加坡政府文化艺术资助机制及资源的分配；（3）慈善捐助、商业赞助实践及社会对艺术的支持等。随着冷战的结束和全球化时代的到来，西方价值和艺术资助制度论述对新加坡文化政策产生了一定的影响和作用。比如，配额补助金（matching grants）是美国激励私人艺术支持的一项做法，新加坡也运用该方法，以财政资金带动社会资源支持艺术发展；管理架构上新加坡学习英国"一臂之距"模式，以体现形式上艺术自主和去政治化的观念等等。由于处于不同的政治体制、文化传统及艺术生产实践环境之中，新加坡艺术政策及资助机制在学习西方发展策略的同时，亦形成了自己独特的发展逻辑。当前中国的发展是在全球化的开放环境中进行的，国际环境的影响不可忽略。研究新加坡运用文化资源的机制或组织架构、发展理念转化政策工具的措施、政府价值选择的社会文化语境，以及政府资助艺术活动的行为模式、行政及改革过程中的博弈，乃至艺术资助实践过程中存在的困境等等。这些将有助于我们了解其他地区在受国际环境影响时，是如何作出政策调适的；同时也有助于我们学习如何将我们自己好的政策理念转化为可操作性的政策措施，形成我们自己的实践经验。

在新冠肺炎疫情全球肆虐的背景下，世界各地文化艺术界均遭受重创，复苏缓慢。一方面，文化艺术机构被迫走出舒适区谋求自救方式或适应"新常态"的发展；另一方面，政府如何资助文化艺

---

① 毛少莹、梁文婷：《我国艺术品公益捐赠政策法规及存在问题分析》，载王为理等主编《深圳蓝皮书：深圳文化发展报告2017》，社会科学文献出版社2017年版。

术再次进入公共政策议题。老问题和新问题在危机时刻一触即发。当前形势下，短期内急需政府财政援助以推动行业纾困振兴、创新发展；长期来说还是要推动社会资源进入文化艺术领域，同时也要让文化承载的传统及艺术激发的活力扩散到全社会，使文化艺术能够发挥对更美好未来的贡献能力。

第一章

文化艺术资助的理论与实践

第一节 艺术资助政策：关于资源配置及可持续性发展议题

一 "艺术赞助"和"机制"

（一）关键词的丰富与发展

关键词（Key Word），从内容上理解，它是指各门学科的专业术语或重要专用概念的载体。有学者认为关键词是一门学科得以成立的基本支点、关键概念。[①] 近年来，关键词研究方法成为学术界的热点，研究路径即围绕关键词的诞生、成长、更新、再生过程的考察与探究，或讨论词汇所承载的文化与社会发展进程，或寻求学科建设路径。需要注意的是，关键词研究并不是要对关键词展开文献述评，而是以当代意义为中心，关注其历时性、生长性及与社会的联系。作为一种研究方法，张政文指出，关键词具有建构功能和衍生能力，故立足于当代中国文艺实践的国内形势和国际背景，对关键词进行清理、激活、重构与创造，是推动理论知识形态建构与发展的重要环节和阶梯。尽管他是从当代中国文论关键词建设视角探讨发展途径，但对于本书所探讨的关键词及其文化生产、艺术实践也不无启发意义：研究路径上应综合运用中西文化比较方法，挖掘传统资源厘清关键词基本范畴，注重本土化实践经验及当下发生

[①] 张洪玲：《艺术学关键词的多维呈现》，《大学出版》2007年第4期。

的问题。① 从研究方法来看，张一兵等提出"在面对西方马克思主义大师及其文本研究时，任何一种同质性的假设都是非法的"②，这一异质性方法提醒我们在对待关键词的概念上，也应关注到不同社会历史发展阶段，其包含的内容及理论话语可能是异质的，它所面对并需要解决的社会问题也是不同的。伴随着历史变迁，关键词的内涵及与社会的关系并不是停滞的、稳固的，而是在不断被人们丰富与发展。本书在这里提出关键词，重点并不在于对其进行梳理或作为一种方法论，而是以此为起点明晰文化艺术资助相关理论与发展的背景。以下笔者将探讨的关键词是——"艺术赞助"和"机制"。

艺术社会学研究的焦点之一在于艺术行为背后的权力及关系网络的运作，艺术赞助即是其中的关键概念。艺术赞助（patronage）的概念来自欧洲，《牛津英语词典》对赞助人（patron）的界定是："提供恩惠和保护的人，或是为增进某人、某事业、某机构、某艺术家或某行动的利益而提供财富或运用权势的人。"③ 李铸晋等学者认为，在中国古代亦存在宫廷、寺观和文庙赞助画家的现象，其他赞助人还包括皇亲贵胄，及来自士绅阶层和商贾阶层的收藏家。④ 这与欧洲皇家或教廷为艺术和艺术家提供资助和保护，商业/手工业行会、宗教团体委托定制，以及家族或私人赞助等西方传统艺术赞助机制有相似之处。因此，高居翰⑤等西方学者及国内一些学者，将"艺术赞助人"直接引入中国艺术史研究，用于分析传统中国画家与赞助人的互动关系。然而支撑这一社会行为背后的中西文化观念是存在巨大差异的，赞助行为的动机及其社会基础也不完全相同。譬如，欧洲传统艺术家很少会在没有订制的情况下自发创作，

---

① 张政文：《当代中国文论"关键词"构建的基本途径》，《文艺争鸣》2017年第1期。
② 张一兵等：《当代国外马克思主义研究》，北京师范大学出版集团2017年版，第16页。
③ ［美］玛乔丽·嘉伯：《赞助艺术》，张志超译，中国青年出版社2013年版，第10页。
④ ［美］李铸晋编：《中国画家与赞助人——中国绘画中的社会及经济因素》，石莉译，天津人民美术出版社2013年版，第2页。
⑤ James Cahill, *The Painters Practice: How Artists Lived and Worked in Traditional China*, New York: Columbia University Press, 1994.

他们所采用的物质材料通常很贵；中国传统文人画家的创作则带有明显的自娱性、日常性，并将创作视为修身养性的佳径之一。①

机制（Institution），有时被翻译成制度、体制、建制等，在不同的语境中也有不同的含义和用法。周计武等人认为，在经济学和文化研究领域，该词用来表达社会系统内部成员约定俗成的习性（usage）、习俗（custom）、惯例（convention）和强制性的规约（formal rules, regulations, law, charters, constitution）；在哲学领域，则用于表达规则、秩序的人为建构性。②作为"机制"使用时，它通常指系统的运作过程及构成系统的诸要素之间，以及与外部环境之间的相互作用、相互影响的运行方式。艺术赞助在各个社会历史时期中的内涵是不同的，运行机制的性质和方式也受时代政治经济的制约和主导。对其进行历史回顾及梳理将有助于我们对现实问题的观察与思考：艺术赞助怎么样实现现代化的转换；当代艺术资助机制如何对艺术及艺术家群体产生良性影响和推动作用，如何促进文化艺术创新发展；哪些资助机制对艺术的自律发展存在制约作用。

（二）艺术赞助的历史梳理及考察

在乔治奥·瓦萨里眼中，文艺复兴时期绘画领域获得的成就，不仅是艺术内部的发展，也来自外部需求的动力——赞助者的委托。布拉姆·克姆佩斯指出，这一时期赞助机制的核心特征是：做出委托的赞助人具有突出的决定性地位，他们对艺术家的委托会有创作内容的特定指示及确定的完工日期。譬如为礼拜室订制绘画，其图像通常被要求传达道德原则和行为规范，恪守传统摹本或"典范"。早期赞助人并不是无私地促进艺术发展，他们对所委托绘制的图画，与其说关注审美欣赏，不如说关注艺术以外的功能发挥。直到16世纪的宫廷，画家中最受敬重的人物才对所要描绘的画像的设计拥有发言权。③这种审美以外的功能性目的在不同阶段的艺术赞助

---

① 任珺：《艺术赞助研究的当代转向》，《中国社会科学报》2016年11月14日。
② ［英］奥斯汀·哈灵顿：《艺术与社会理论——美学中的社会学争论》，周计武、周雪娉译，南京大学出版社2010年版，导论第1页。
③ ［荷］布拉姆·克姆佩斯：《绘画权力与赞助机制：文艺复兴时期意大利职业艺术家的兴起》，杨震译，北京大学出版社2018年版，第2、5、152、164页。

实践中均普遍存在。

艺术赞助机制如何运作？布拉姆·克姆佩斯认为：画家的职业化过程应视为赞助机制的核心起点，及后来更为广阔社会历史背景下艺术和赞助机制运作的长期影响因素。"职业化"与艺术家的独立地位、专业化发展相关，也涉及新技术的开发、组织机构的建立以及史料编纂学和理论的发展。国家形成与文明进程则影响着艺术表达的内容，诸多价值理念通过文字和图像传播，冲击着民众的认知和意识；历史经验及观念系统映射在国家政治结构中，并融入社会整体发展进程。对行为规范视觉化传达的持续要求，深深嵌入不断更替的政治权力体系中，成为赞助活动发展的动力。[①] 欧洲绘画职业的巩固和发展进一步通过各种新的组织，尤其是美术学院得以实现。

尼古拉斯·佩夫斯纳的《美术学院的历史》也是围绕艺术家的社会地位，侧重从美术学院建制历史角度考察艺术家与社会的关系，从某种程度上也反映了艺术赞助机制的变迁。佩夫斯纳指出，在中世纪艺术供求体系中，鉴赏家是不存在的，艺术家必须遵照赞助人的要求行事。16世纪以后，艺术家日益期望提高其社会地位，并努力将艺术与手工艺相脱离，将艺术从行会制度的羁绊下解放出来。这就产生了建立新的组织形式——美术学院的诉求。早期美术学院从事艺术教育，其目的并不是促成一种共同的文化价值判断，很大程度上它是作为对行会的反击而展开的，无形中也打破了艺术家依靠公众的关系。要求鉴赏家跟着艺术家的直觉走，具有鉴赏审美价值必备的辨别力。这种艺术家与公众关系的变化至今影响着艺术与社会生活的关系。事实上，不同国家、不同历史阶段社会生活的政治结构最终决定了艺术赞助人的构成。譬如17世纪在法国赞助人是国王、宫廷、贵族和公务员，而在荷兰赞助人则是商人。他们对艺术的需求是不一样的，艺术家的社会地位也不同，从而影响了艺术创作的风格，相应的美术学院的教学体系也随之各有侧重。到了18世纪，欧洲大多数国家决定美术学院机构是否得到资助的一个

---

① ［荷］布拉姆·克姆佩斯：《绘画权力与赞助机制：文艺复兴时期意大利职业艺术家的兴起》，杨震译，北京大学出版社2018年版，第269、274页。

重要观念，不仅仅出于学院理论的发展，更多的考虑放置于工艺美术对商贸的促进方面。19世纪，政府支持学院艺术家，使得学院得以发展，学院出身的艺术家越来越供过于求，艺术界也出现了无产者，他们中既有一大群平庸之辈，也有一些卓越的艺术家。法国大革命、拿破仑时代、工业革命将有大量闲暇时间享受与欣赏艺术的阶层清除掉以后，传统赞助人的消失迫切需要新的艺术保护人的出现。兴起于19世纪80年代的工艺美术运动，回应了时代的需要，重建了艺术服务于公众及社会生产的关系。随后一股创新精神引入艺术教育领域，发挥个体的主动精神与创造活力纳入教学改革中。[1] 这与后来市场经济兴起的创意经济的精神是一脉相承的。

19世纪民族国家以"国家赞助人"（patron state）角色保证艺术及其赞助机制的传统延续，艺术市场所发挥的作用在不断增长，艺术及作品在创作、传播与体制化方面也发生了种种变化。这些新的动向给艺术家的政治、经济，以及社会地位均带来了彻底的改变。门罗·C. 比厄斯利在《美学史：从古希腊到当代》一书中以一章的篇幅探讨了这一时期艺术家与社会的关系。艺术家意识到若想在新的供求关系中获得自己的位置，在竞争中获得发展，就必须在自身领域之中建立权威性。"为艺术而艺术"体现的是艺术家想摆脱社会束缚（无论是来自宗教教条，还是世俗势力的艺术标准）的一种抗争，对艺术独特性与独立性地位、对艺术家自由创作的权利乃至对职业伦理规范的追求。[2] 当艺术处境日益走向复杂时，艺术赞助行为也成了争论的焦点——阻碍艺术发展抑或促进艺术发展？20世纪，曾经影响绘画职业600多年的艺术委托机制逐步走向衰落，现代国家纷纷建立多方合作、制度化的艺术支持体系来维护艺术发展。总体上，国家在艺术领域的作用逐渐上升。克姆佩斯认为，当今时代现代民主国家奉行的诸多理念均鼓励人们从一种基于权力直接显现的赞助机制转移到一种用基本原

---

[1] [英] 尼古拉斯·佩夫斯纳：《美术学院的历史》，陈平译，商务印书馆2016年版，第35、104、128、147、212、252页。

[2] [美] 门罗·C. 比厄斯利：《美学史：从古希腊到当代》，高建平译，高等教育出版社2018年版，第481、483页。

则表达的艺术政策。① 譬如，传承、创新及人人参与的理念被纳入公共政策运作体系中，成为艺术资助评判的依据之一。

以上对西方艺术赞助制度历史情况的分析，只是在有限文本基础上进行的概观式回溯，尚未涉及市场经济体制下与之相关的当代艺术展览制度、策划人制度、基金会制度等。② 尽管如此，这里还是较为明晰地反映了传统艺术赞助体制如何一步一步走向现代国家的艺术资助体制。纵观历史我们可以发现：精神观念（包括美学思想）的时代转变在艺术及社会关系上产生了微妙反应，它不仅主导了艺术风格的变化，而且相应的组织建制（包括赞助机制）也随之变迁。较为单一的赞助机制转向了复杂的资助机制，这里包含了补助、奖助、投资、融资等行为。

（三）艺术赞助研究的当代转向③

艺术赞助研究的当代转向，与研究对象的变化密切相连。在西方艺术史上，传统研究对象"大艺术"，即把艺术界定为建筑、雕塑和绘画。克里斯特勒描述 18 世纪中叶欧洲大部分地区已确立"现代艺术体系"，其艺术范畴的核心也只纳入了五种艺术形式：绘画、雕塑、建筑、音乐、纯文学——诗歌和雄辩术。④ 显然如今的艺术的分类范畴已获得扩展，囊括了文学、音乐、戏剧、舞蹈、电影、摄影、设计及其他新媒体艺术、跨界艺术等⑤。尽管审美领域

---

① ［荷］布拉姆·克姆佩斯：《绘画权力与赞助机制：文艺复兴时期意大利职业艺术家的兴起》，杨震译，北京大学出版社 2018 年版，第 281 页。

② 当代新的艺术制度还涉及画廊、艺术空间、美术馆/博物馆、艺术博览会、拍卖机构以及市场化运行的艺术媒体等。

③ 任珺：《艺术赞助研究的当代转向》，《中国社会科学报》2016 年 11 月 14 日。

④ Kristeller, P. O., "The modern system of the arts", *Journal of the History of Ideas*, Vol. 12, 1951, p. 497. 转引自［美］薇拉·佐尔伯格《审美不确定：新标准?》，载［美］马克·D. 雅各布斯、南希·韦斯·汉拉恩编《文化社会学指南》，刘佳林译，南京大学出版社 2012 年版，第 98 页。

⑤ 在美国《国家艺术及人文事业基金法》里，对"艺术"的定义为：应当包括，但并不只限于音乐、舞蹈、戏剧、民间艺术、文学创作、建筑学及相近领域、绘画、雕塑、摄影、形象艺术和手工艺术、工艺设计、服装设计、电影、电视、无线电广播和唱片。其实，不同国家艺术政策中对象范围均不同，在《新加坡国家艺术理事会法》中"艺术"仅包括文学、表演和视觉艺术。王椽：《美国政府艺术资助机制的演变轨迹——以美国国家艺术基金会为探讨中心》，《吉林艺术学院学报》2012 年第 4 期；李竞爽、李妍主编：《国外促进文化艺术繁荣政策法规读本》，中国文联出版社 2016 年版，第 527 页。

一直存在变化,但艺术永存,艺术始终都与赞助、资本、基金以及各种形式的艺术机构有着密切的关系。传统的艺术赞助人研究主要侧重于:在艺术社会学范畴内,通过关注赞助人与艺术家之间的社会关系史,考察社会文化因素对艺术作品及艺术流派发展的影响。艺术赞助行为——随着经济观念的转型及现代国家体制的建立——与传统的艺术赞助行为相比,则更为多元化、复杂和丰富。"艺术赞助"的内涵也不断延伸,通常把对艺术的一切支持形式均视为艺术赞助的一种方式,它既来自于政府,也来自于市场、各类第三部门及公民个体。譬如,邵宏在《美术史的观念》一书中认为:"当代艺术的个人和集团赞助,博物馆、美术馆在当代艺术中的展示与收藏活动,以及政府对当代艺术的经费资助",均为当代艺术赞助的表现。[①] 因此,我们可以看到在艺术发展背后支持或控制其发展方向及价值取向的,不再只取决于艺术家及其赞助人的审美趣味,支持艺术发展的赞助机制及资助政策,更是日益发挥着举足轻重的作用。以往艺术赞助行为大多仅涉及艺术生产的个体,随着多样种类的"艺术赞助人"乃至目标多元化的"国家赞助人"的出现,艺术赞助行为延伸至艺术发展的整个生态链系统——艺术生产(创造)、艺术传播、艺术消费(鉴赏)、艺术教育。

　　艺术赞助研究的当代转向,与理论依据拓展及应用研究需求有关。艺术史中研究"赞助人"的目的在于揭示艺术是怎样在不断变化的物质和赞助条件下产生的。[②] 尽管艺术赞助研究仍在讨论影响艺术过程的其他外在力量,但是研究范围的扩大迫使传统艺术赞助研究要突破艺术社会史的语境转向更宽广的理论视野。当代研究需要分析艺术赞助行为的变化并强调跨学科知识(如艺术学、政治学、经济学、管理学及传播学等)与应用领域的结合。什么样的艺术赞助机制及资助政策将有助于艺术自身的持续发展?艺术如何反作用于赞助机制及资助政策,突破体制桎梏,达致合作方的共赢?有组织的赞助体系是否会限制艺术创作的自由及个性?当代艺术的运作模式、赞助机制及资助政策面

---

① 邵宏:《美术史的观念》,中国美术学院出版社2003年版,第247页。
② 董峰:《当下艺术筹资的学理建构框架》,《南京艺术学院学报》(美术与设计版)2014年第1期。

临怎样的困境？当前研究需要以问题导向推动艺术赞助研究更为关注现实，并向跨学科领域寻求新的研究方向。

当我们以问题导向作为研究起点时，就会发现艺术赞助研究所关注的问题域（提问范围、问题之间的内在逻辑关系等）正在发生变化。传统领域内的研究会侧重辨析外在于作品的重要条件。譬如，赞助人的赞助动机及审美趣味是如何影响所委托的作品内容及风格样式的？研究方法上可以看到研究者往往是借助对合同及往来书信等文本研究，来重现画家与赞助人的关系，或突出材料与经济因素在作品制作中的地位，等等。

艺术赞助研究的当代转向突出表现在研究视角及方法随着社会变迁发生了改变。例如，公众和私人收藏——以往较为单一的赞助形式，如今也日益边界模糊，与其他艺术支持形式相互交融。公众和私人收藏的重要载体是作为支持艺术家并与艺术家合作的公共服务机构：公立博物馆、美术馆及私人美术馆。这些艺术机构如何建立适应本地区发展的法律框架及运营模式，及未来如何融合公共和私人美术馆的发展是当前亟须解决的一个命题。在任何地区投资兴建美术馆都需要大量资金，建成后如何形成有效的资金链，以保证其正常运营，是资金问题的重中之重。[1] 有些公立艺术机构完全依靠国家/政府财政拨款来维持运营；有些依赖政府津贴或政府陪同投入获取稳固资金来源；还有些则通过签订协议的契约形式，促进跨部门及公私间的伙伴合作，分担资金压力。私人美术馆在运营资金方面相对灵活一些，但也有资金瓶颈问题。民间众筹参与收购艺术品[2]或赞助艺术项目[3]，这类创新做法近年来也频频发生。此外，政府通过制定艺术税收优惠政策、购买艺术品的鼓励政策等举措，对艺术市场进行扶持；设立公益性"艺术银行"扶持青年艺术家及

---

[1] 雅昌艺术市场监测中心（AMMA）& Larry's List Ltd. 编撰：《私人美术馆报告》，Modern Arts Publishing，2016 年 1 月版，第 66 页。

[2] 譬如，2007 年民间筹集 1700 万欧元将法国浪漫派时期画家尼古拉·普桑的名作《逃亡埃及》收为里昂美术馆藏品。

[3] 譬如，2015 年 8 月英国皇家艺术学院发起名为"把艾未未的《树》带到伦敦"的艺术众筹项目，自发起日不到两星期，筹齐项目所需的 10 万英镑。众筹在这个项目中不仅成为一种有效的融资模式，而且也是一个"吸睛"的营销方式。

艺术推广①；等等，均被视为有助于支持艺术发展。多元模式的探索无疑可增加当地艺术创造的活力。然而，无论何种模式，其适用性及对艺术持续发展的影响仍需要地区性研究做具体论证和评估。

新自由主义主张以文化经济模式替代国家艺术补助模式，从经验出发，这并不能有效解决艺术的创新性、持续性发展；以国家为主导的多元支持体系有助于平衡各方利益，是文化艺术发展的制度保证。艺术赞助研究的当代转向，不仅需要解决当代艺术体制普遍性发展问题，而且也需要思考来源于西方艺术史理论中的核心概念如何实现理论转场，扎根于中国公众在行为和体制上的艺术接受实践及社会发展场域，阐释并推动中国当代艺术的发展。

二 文化艺术资助的研究观点及理论探讨②

丹麦文化学者彼得·杜伦德（Peter Duelund）认为，狭义的文化政策是指对艺术的资助，即决定哪种艺术是最好的，值得在民众中推广。③尽管当今文化政策的内容已获得极大的扩展，但艺术资助仍是其中不可忽视的重要议题。广义的艺术资助（arts funding）即对艺术作品、艺术家及其相关的艺术机构进行资助。一般对艺术的资金支持既包括公共资金（Public Financing），也包括私有资金（Private Financing）。国家/政府支持艺术的公共资金只是艺术资助体制和艺术支持结构中的一部分，其他背后的主体还有市场、非营利部门和公民个体等。在西方国家，公共艺术机构收益资金的可能构成包括补助金（grant-in-aid）或配额补助（matching grants）、捐赠（gifts）、捐款（donations）、赞助（sponsorship）、资助（funding 或 tax-derived funding）等。艺术资助体系实质上是一种筛选机制，

---

① 加拿大、澳大利亚、中国台湾地区设立的特殊非营利艺术机构性质的"艺术银行"（Art Bank），将一般艺术银行的艺术品资源融通功能扩展到文化艺术资源的整合、融通、赋值、增值功能。

② 该部分国外研究观点及理论探讨的整理，已发表在任珺《艺术资助政策：关于资源配置及可持续性发展议题》，《福建论坛》（社会科学版）2017年第4期。后续研究过程中又做了补充。

③ 转引自李河《发达国家当代文化政策一瞥》，载张晓明、胡惠林、章建刚主编《2004中国文化产业蓝皮书》，社会科学文献出版社2005年版，第257页。

它决定了哪种艺术作品（产品）被生产并容易抵达观众，也决定了艺术作品（产品）通过何种渠道从创作者传递到消费者。来自国家/政府的艺术支持，包括财政投资于基础设施或艺术机构、专业院校；给予艺术项目直接经济补助；为艺术家或艺术社群提供物料或薪水、津贴；为艺术活动提供免费或补贴的（政府拥有的）艺术场地及空间等。国家/政府还通过更多间接方式影响艺术。其中一个重要的方式就是通过艺术资助政策决定公共资源分配及艺术的可持续发展方向，涉及内容包括：资助对象及资助范围的界定、艺术价值评判的制定（社会标准及美学标准）、项目遴选程序、资助方式的选择以及公共政策价值导向的确立、文化价值的推广等。

由于各民族国家历史上政治体制、法律制度、文化习俗等方面的传统差异，各个国家艺术资助机制及采用的模式是不同的。从西方国家来看，法国有以艺术荣耀国家和政体的历史，这直接影响了政府积极干预的现代公共资助制度的建立。英国有重商主义传统及政体三权分立的政治传统，艺术事务通常是社会共建。德国历史上长期处于封建割据状态，最终完成的是分权型联邦制国家，形成的是多级多元的艺术治理传统。[①] 美国社会集体互助传统，则促进国家建构了依靠税收激励社会捐赠和艺术赞助的制度。为何要扶持艺术发展？不同国家的政策目标是不同的，社会大众对艺术的理解与相关习俗有关，可能决定了政策层面上各种措施内在的价值判断及偏重的发展层次，这也是一项潜在因素。更为决定性的影响则来自全球化政治、经济、社会变革的促动，各民族国家之间相互学习借鉴[②]，虽然种种差异性使任何简单的制度设计模仿都不可能获得成功[③]，但几乎每个民族国家都成了目标多元化的"国家赞助人"

[①] 由于历史原因，德国内部仍有差异。经过第三部门管理文化资金的模式主要在德国西部各州实行，原属民主德国地区的各州则建立有相对比较统一的文化机构和政策，由政府直接资助各类文化活动。转引自樊鹏《文化与强国——德国札记》，清华大学出版社2015年版，第11页。

[②] 譬如，很多国家和地区都在尝试通过私人供给公共物品的方式，鼓励艺术与企业间募资平台建设，促进企业投资捐助艺术。

[③] 譬如，由于缺乏美国式的慈善文化传统，英国、法国仿效美国提出一系列配额补助刺激捐赠计划，但成效并不显著。

(patron state)。这种趋势要求现代国家/政府不仅要为艺术的可持续性发展提供资金,而且亟须建构一个能够适合本国发展的、更为广泛的多方合作、制度化的社会各界支持艺术的资助体系。

在文化经济学、艺术社会学、管理科学、政治学、传播学等多学科参与下,国家/政府艺术资助与文化政策的新变化已成为近年来重要的理论与实践议题,当前的焦点已不再是争论艺术资助是否属于公共权责,即政府补助艺术的合理性问题。[①] 艺术资助与更为广泛的艺术教育普及、创意经济发展、艺术参与扩大等经济、社会政策目标,乃至社会变革紧密结合。置于社会讨论和政策询证前沿的是:其一,国家/政府如何利用艺术实现国家建构及民族文化身份的确立,对于在世界地缘政治格局中的边缘国家及后殖民地国家,该议题将是一项巨大的挑战。其二,国家/政府如何通过资助机制调节艺术生产、社会接受和文化消费,既能满足社会艺术生产和艺术需求,又能有效管理并分配公共资源。其三,艺术资助上的商业干预和跨媒体技术介入已成为常态,文化政策及艺术资金分配决策如何面对新的普遍压力,平衡文化生产、艺术实践与市场领域的动力关系,使被资助者不仅能回应"资助者市场",而且能增强自身发展能力,积极开发"消费者市场";同时,扩大社会公众文化艺术参与(接受和生产)开放的可能性,等等。

西方学界对艺术资助的系统性研究起源于20世纪60年代,它通常被置于文化政策研究范围内探讨。[②] 有别于传统人文学科内视艺术本体的角度,对艺术资助的研究主要立足于社会科学理论分析及应用性政策研究,虽然两种研究取向的关注点存在差异——前者重在解释,后者旨在应用——但两者并非相互排斥。[③] 从今日来看,社会科学基础理论研究与应用性政策研究是相辅相成的,不仅共同

[①] 参见单世联、刘述良《政府资助艺术:支持与反对》,《上海财经大学学报》2016年第1期,该论文以英美两国针对政府是否应当以及如何资助艺术等相关争论为线索,分析了政府资助艺术方面的多歧性和复杂性。

[②] Neil J. Smelser and Paul B. Baltes, Editor(s)-in-Chief, International Encyclopedia of the Social & Behavioral Sciences, Pergamon, Oxford, 2001, p. 825.

[③] Schuster, J. M., "Thoughts on the Art and Practice of Comparative Cultural Research", *Cultural Research in Europe*, 1996, pp. 21 – 39.

构建核心知识体系，而且两者为解决实际问题提供了科学依据。

从社会科学理论分析来看，对于国家/政府艺术资助问题的探讨，政治经济学分析政治（国家财政补贴）、经济（艺术市场买卖）对艺术发展的影响；社会学分析艺术活动中普遍存在的社会关系、权力和行为模式，并建议对于消费习惯应尊重民主平等原则。譬如霍华德·贝克尔（Howard S. Becker）从艺术界运行机制角度分析国家艺术资助的产生，指出国家介入艺术是由于艺术活动与国家利益及其对大众动员影响有关。国家支持艺术的背后是一整套的政策体系和运作机制，当国家参与艺术活动合作网络时，即对艺术实施了结构性的控制、干预、支持和审查，并产生了资助政策与审查制度。前者对符合国家利益的艺术活动提供各种形式的公开支持，后者则以政治性，良好趣味，及保护儿童之名查禁侵蚀公众道德的艺术活动，阻止艺术品被分配。[①] 社会学分析可以让我们辩证地看待国家艺术支持的积极意义与消极影响。公共政策学因定位于公共利益的实现，故将关注点由艺术家的艺术自由问题转移到公民艺术参与的平等问题，由艺术本体发展问题转移到艺术社会功效问题。有学者指出，文化政策的制定实质上是植根于艺术如何成为一种有效的工具以便更好地治理社会，强调的是艺术的种种社会工具功能。[②] 这与人类学将艺术和社会生活之间的联系集中在符号象征层面的观点有很大的不同。因此，我们可以看到在新公共管理理念引导下的政府，被要求在公共服务管理方面提高效率，并对公众透明。任何资助都要求提供明确的服务目标，以及要求给出具体达到目标的措施。艺术机构的宗旨和目标比以前更加明确地转向符合政策导向的服务对象。启蒙、娱乐、赋权、效益成为衡量艺术机构是否值得资助的指标。[③] 观众拓展及参观/参与人数统计也成为决定艺术机构及项目是否实现艺术民主化目标的外在要求。如果从霍华德·贝克

---

① ［美］霍华德·S. 贝克尔：《艺术界》，卢文超译，译林出版社 2014 年版，第 164—173 页。
② 方华：《多蒂·斯科特－汉森关于制定文化政策的理论分析——为什么要制定城市文化政策》，《大家》2011 年第 12 期。
③ 同上。

"艺术是一种集体活动"的视角看,艺术价值不仅是具体的作品表现或商品化的呈现,而且更是艺术生产动态过程及人与人关系的建构。所以,"艺术介入"策略在社会政策中得到广泛运用,譬如在社区营造、乡村建设中作为公共领域实践的媒介。

戴安娜·克兰立足文化社会学视角,在贝克"艺术界"概念的基础上,继而提出"文化世界"的概念,并依据文化生产及受众社会阶级特征,将"文化世界"分为三种类型:第一种是植根于艺术爱好者社群的文化组织结合的文化世界,它是艺术创新最可能的发生地,社群的创造性资源处于持续不断的流动中;第二种是以营利为目的小公司组织起来的文化世界,创作者使用工艺技巧来生产装饰或娱乐作品,迎合可预测的市场需求;第三种是以非营利性组织(包括博物馆、交响乐团、歌剧院等)为中心而组织起来的文化世界,保存现有艺术和民族传统,而不是创造新传统。[1] 这些判断是基于八九十年代西方社会的,显然当前又出现了新的变化,但克兰对三个文化世界背后影响其运行机制的分析仍有现实意义。

政府对艺术的资助通常被判识为经济学的范畴。[2] 经济学通过正外部性、市场失灵、收入公平分配等论证了国家/政府对艺术支持的必要性。各国各自发展的文化指标及文化价值测量评估制度,也都包含有论证公共资源投入文化艺术的理由。[3] 在"公益品"理论的基础之上,经济学家们运用理性选择分析框架论证了公共补贴的合理性:除参与者的直接收益之外,艺术还为整个社会带来了有

---

[1] [美]戴安娜·克兰:《文化生产:媒体与都市艺术》,赵国新译,译林出版社2012年版,第116页。

[2] Jane Margaret Wyszomirski, "Federal Cultural Support: Toward a New Paradigm?", *Journal of Arts Management, Law, and Society*, Vol. 25, No. 1, Spring 1995, pp. 69, 15. 转引自段运冬《"资金支持"到"政策转型"——美国国家艺术基金会执行力的挫折与重构》,《文艺研究》2014年第10期。

[3] 也有学者反对以经济视角评量文化价值,主张用人文学科的方法论思维与研究取径介入。2012年英国艺术人文研究委员会(Arts and Humanities Research Council, AHRC)资助的文化价值计划(Cultural Value Project)即是由学术单位主持开展,主张突破用经济评量方式评量非市场商品的价值;寻找衡量文化在经济产值以外核心价值的方法,强调艺术与文化体验的独特性及对个人和社会生活产生的整体影响。

利的外部效应——"非使用价值"。其中最重要的是为后代保留的文化遗产、对文科教育所做的贡献，以及艺术创新所带来的集体收益。① 伴随着福利国家危机、经济全球化，许多欧洲国家开始进入从传统欧陆模式——现代国家干预和公共赞助——到市场调控转化的过程。由于文化艺术市场消费具有不均衡性，人们对艺术的享受是后天习得的品位，许多消费者对此缺乏做出明智的选择的信息和经验。有学者提出，国家的有限干预有助于弥补市场失灵，有助于把治理性与品位相结合，在公众层面上形塑与管理伦理不完整的个体。② 同时，对公平性的考虑也是国家干预的另一重要理由。有学者提出用艺术补贴来克服高价格和低收入的障碍，以及地理上存在的接触不均衡问题。③ 但也有英国学者通过实证研究及相关数据的统计回归分析发现：国家艺术资助的地理分布明显受政治因素影响。④ 另有英国学者从平衡区域发展的角度提议英格兰艺术委员会在分配国家彩票基金时应侧重地方社区文化艺术活动，以确保所有地区获得的艺术资金分配的机会平等。⑤

大多数反对公共补贴的经济学家们并非反对以上种种理由，而是担心政府失灵也同时存在。20世纪90年代后期，许多资助艺术发展的公共机构发现，资助制度越完善，吸引的资助申请就越多，资助项目越多，但得到的资助额度却越少。繁重的行政审批事务阻

---

① ［瑞士］布鲁诺·弗雷：《文化经济学：个人视角》，张斌译，《国外理论动态》2007年第3期。
② ［美］Toby Miller、George Yudice：《文化政策》，编译馆主译，蒋淑贞、冯建三译，中国台湾巨流图书公司2006年版，第4—29页。
③ ［美］詹姆斯·海尔布伦、查尔斯·M. 格雷：《艺术文化经济学》（第2版），詹正茂等译，中国人民大学出版社2007年版，第244—245页。
④ Anthony M. Bertelli, Jennifer M. Connolly, Dyana P. Mason & Lilian C. onover, "Politics, Management, and the Allocation of Arts Funding: Evidence from Public Support for the Arts in the UK", *International Journal of Cultural Policy*, Volume 20, 2014 - Issue 3. 该文借助文献及量化研究方法考察英国2003—2006年艺术资助分配情形。由统计的回归分析发现，艺术资助的地理分布明显受政治因素影响；地方机构的绩效管理有助于吸引艺术资助。
⑤ 英格兰艺术委员会艺术资助资金主要来源于从税收中获得财政资金和艺术彩票分配的国家彩票收入。Peter Stark, David Powell and Christopher Gordon, *The PLACE Report: Policy for the Lottery, the Arts and Community in England*, 25 April 2014, http://www.gpsculture.co.uk/place.php, 访问日期：2018年10月31日。

碍了艺术发展。新西兰、澳洲、爱尔兰、英国、加拿大等国家提供艺术资助的公共机构纷纷开始强调改革发展取向，调整策略计划——由资助机构（funding agency）变为发展机构（development agency）或战略机构（strategic agency），实施一系列资助改革。针对艺术资助面临政府失灵的困境，有学者提出政府管控艺术产品生产、消费的干预行为和制度，可能会产生不合理的交易成本或低效率补贴。建议以弹性的组织结构、运作模式及降低交易成本，尽可能精确地计算出实际外在性或文化价值所需要的最优化的津贴额度，纠正政府失效的现象。① 也有学者认为政府失灵还表现在国家/政府扶持艺术可能会限制艺术本身的发展，需要检查并调整约束性规章，并重视市场机制的作用。建议增加艺术面向公众的可操作性，通过"税式支出"方式实施政府间接财政资助。建议政府直接财政资助与文化机构的经营绩效挂钩。②

艺术经济学方法的一个重要特点是关注个人主义并接受个人偏好，以边际支付意愿衡量公众需求，关注个体创造力的表现。这成为后工业社会创意经济转型重要的理论依据之一。从英国提出的创意产业概念可见一斑："源自个人创意、技巧及才华，通过知识产权的开发和运用，成为具有创造财富和就业潜力的行业。"与文化产业概念相比，创意产业除了更侧重经济属性以外，也有信息化社会的背景影响。为了实证分析的目的，艺术经济学家一般将"创造性艺术""表演艺术"和"文化遗产"区分开来；将传统的对政治有潜在影响的出版、新闻行业，与音乐、游戏、影视等娱乐产业区分开来，予以不同的政策措施及资助方式。美国经济学家埃德蒙·费尔普斯提出的现代价值观也是将个人价值和权利意识置于重要地位。他认为草根经济的活力来源于个体参与创造、探索和迎接挑战的愿望及对"美好生活"的向往。③ 然而，个人的创新是在群体系统里发生的，

---

① 张激：《国家艺术支持——西方艺术政策与体制研究》，中国美术学院出版社2013年版，第151页。
② [瑞士]布鲁诺·弗雷：《政府部门如何扶持艺术？》，张斌编译，《马克思主义与现实》2006年第5期。
③ [美]埃德蒙·费尔普斯：《大繁荣：大众创新如何带来国家繁荣》，中信出版社2018年版。

文化的发展也是建立在群体层次，而不是个体层次上。澳大利亚学者约翰·哈特利和贾森·波茨发明了"创意公民身份"概念，以调和个体的能动性与以群体为基础的文化运行之间的关系。①

对艺术资助的应用性政策研究一般是通过两种路径展开的。一种是通过"自上而下"的方式，进行内部研究和外部研究，目的是推动艺术相关资助政策及立法工作。内部研究侧重对艺术公共问题的思考及相关政策议题的探讨。譬如，对于"政府应该资助什么样的艺术形式""如何将艺术审美价值评判转化成明确的衡量标准""如何将既定的资助额度发挥更大效益""如何解决艺术资助政策失灵"等问题，在不同时代均有过争论。这类研究对于厘清艺术资助政策中艺术的价值探讨、艺术资助的方向与选择范围、评判艺术作品及文化项目利用公共资源被资助的标准等，具有重要参考价值。外部研究则侧重于艺术和文化活动社会影响的论证。譬如，对于多元化社会凝聚力的建立、民族创新潜力的激发、生活质量与环境的改善，以及满足社会娱乐、公民创造性表达的需求等内容，艺术及文化活动的价值影响。甚至艺术的经济性价值，以及作为经济发展动力源的功能，也日益被纳入公共政策的治理中心。在艺术资助政策体系中，外部影响的实现是需要借助一系列导向性政策行动来实施的，因此这类研究关涉政策的价值取向和路径选择。

另一种是采用"自下而上"的探寻方式，探索个人对于艺术的参与动机和经验②，目的是研发提高公众艺术参与的技术与策略，激发公众对社会问题的创意解决，寻求培养艺术观众、扩大民众艺术接触的方法。这类研究与 20 世纪 60 年代开始的艺术体制经验社会学研究有一定联系。艺术体制经验社会学研究建立在对艺术市场、艺术职业机构、艺术管理、专业艺术网络和艺术消费模式定量分析和定性研究基础之上，关注公众在行为和体制上的艺

---

① ［澳］约翰·哈特利、贾森·波茨：《文化科学：故事、亚部落、知识与革新的自然历史》，何道宽译，商务印书馆 2017 年版。
② ［澳］Christopher Madden：《艺术和文化政策指标：一种全球视角》，刘建蓉编译，《文化艺术研究》2010 年第 2 期。

术接受实践。① 自20世纪90年代以来，循证政策——以证据为基础的政策制定概念在英国政界越来越得到重视，并日趋被许多发达国家所采用。当代公共政策越来越需要寻求公共措施正当性的依据，对信息的需求也是持续的，建立一个可靠的、持续更新的信息资源库是非常重要的。它对于提高艺术资助的效率和政策制定的科学性具有不可忽视的贡献，也避免了政策实施过程中的盲目性和不可调控性。当代很多城市都开展了对艺术参与决定因素的调查研究，以辅助地区艺术资助政策的制定。譬如调查结果中，假设收入状况是主导因素，相关扶持政策就可以从票房补贴介入，以鼓励经济相对不富裕群体提高艺术活动参与率；假设教育程度是主导因素，艺术公共政策则需要以教育为中心，增加普及艺术知识的政策措施。② 当然，也有学者对艺术的种种量化研究持质疑态度，认为定量方法很难描述艺术所带来的体验情感及美学实践。

　　国内与该主题相关的研究主要集中在四个领域。第一是文化艺术政策与体制的宏观研究。相关研究著作如林国良的《现代文化行政学》（1995）、胡惠林的《文化政策学》（2003）、黄飙的《文化行政学》（2003）、陈鸣的《西方文化管理概论》（2006）、凌金铸的《公共文化行政学》（2012）、蒯大申和饶先来的《新中国文化管理体制研究》（2015）、傅才武的《近代中国国家文化体制的起源、演进与定型》（2016）、刘江红的《中国社会结构变动与文化政策演进》（2016）、李媛媛的《深化文化改革问题研究》（2017）、温宪元等的《文化改革发展研究》（2018）等。文化部主持的"世界各国文化概览"丛书（文化艺术出版社），系统介绍了世界10个国家的文化发展概况，包括文化政策、文化艺术管理模式等。张激的《国家艺术支持——西方艺术政策与体制研究》（2013）一书更为具体地对国家艺术支持的起源及传统做了历史分析，重点从文化经济学角度探讨政府资助艺术的原因，并对现代艺术资助制度进行

---

　　① ［英］奥斯汀·哈灵顿：《艺术与社会理论——美学中的社会学论争》，周计武、周雪娉译，南京大学出版社2010年版，第28—29页。
　　② 任珺：《跨域视角下的文化政策研究》，社会科学文献出版社2014年版，第202页。

了比较分析。黄玉蓉的《被资助的文化——中外文化资助体系及制度设计》(2018)则基于对中国文化资助现状的调研，对中国文化资助制度的顶层设计进行了研究，重点探究了政府、第三部门和企业在其中的角色；同时也对美、法、英、韩四国文化资助体系做了比较分析。

第二是对当前文化艺术行政与管理思路进行探讨，包括组织法规、资源分配等。如高占祥的《文化艺术管理论》(1994)、刘颖南的《文化市场与艺术研究》(1994)、夏学理的《艺术管理》(2003)、余丁和杰弗里的《向艺术致敬：中美视觉艺术管理》(2008)、郑新文的《艺术管理概论：香港地区经验及国内案例》(2009)、余丁等的《艺与脑：艺术管理思考》(2014)等。还有文化艺术立法方面的译介与研究，如周林翻译出版美国学者伦纳德·D. 杜博夫、克里斯蒂·O. 金著的《艺术法概要》及《艺术法：立法与实务》(2017)等；近些年，中共中央宣传部政策法规研究室系统收集整理国内外文化立法方面的资料，编辑出版了《宣传文化法规汇编》《地方文化法规汇编》《与宣传文化相关的法律法规条文汇编》《国际文化法文件汇编》等；李竞爽、李妍、王列生编的《国外促进文化艺术繁荣政策法规读本》(2016)挑选了美国、加拿大、英国、荷兰、澳大利亚、德国、奥地利、立陶宛、芬兰、丹麦、挪威、法国、意大利、日本、瑞士等国家促进文化艺术发展的法律法规，涉及艺术生产机构的功能定位、资金来源、税收交付、社会赞助、利润分配等艺术管理内容。

第三是艺术赞助/资助机制微观研究。相关著作不多，主要集中在学术论文方面，如对西方艺术赞助（机制）的研究：刘七一的《美国政府的艺术赞助机制》(2001)、宫玫的《浅析文艺复兴时期的艺术赞助》(2006)、李延的《当代艺术的国家资助》(2009)、胡洪庆的《法国的文化艺术赞助政策及实践》(2012)、段亦清的《当代艺术赞助模式研究》(2013)，及卢杰、王椽、凌金铸的多篇对美国艺术赞助机制及国家艺术基金会体制的研究（2009、2012、2013）。文化资助及政策方面，则较多涉及对发达国家文化资助制度运作及资助经费分配与使用机制的研究，如张显平的《浅析欧美发达国家文化资助政策》(2011)、施福平等的《纽约文化资助体系给上海的启示》(2013)、方英、李怀亮的《美国公共文化艺术资助体系》(2015)、黄玉蓉和车达的《法国文化资助制度运作特点及其对中国的启示》(2015)、陈世香和吴钰的《欧洲国家典型公共文化资助机制的构成特色及发展趋势之比较研究》(2016)等。

由于中国财政性文化经费占据公共资助体系主导地位,且文化产业也有具准公共性的领域。因此,第四个即是从公共财政及产业经济学等视角,研究中国文化艺术领域政府财政资助问题,或探讨国外文化领域公共财政问题。如林日葵的著作《艺术经济学》(2009)、齐勇锋等的《中国文化发展战略与公共财政研究》(2014)、魏鹏举的《中国文化产业投融资体系研究》(2014)、赵颖的《我国文化事业财政投入研究》(2016)等;金雪涛等的论文《公共财政与公共文化多元化供给——来自发达国家的经验与启示》(2012)、周正兵的《文化财政的国际经验与启示》(2013)、涂斌和周智武的《国外公共文化支出理论研究:回顾及展望》(2013)等。

国外相关研究领域,"二战"后初期受福利国家建制的影响,公共财政问题受到特别关注,尤其是在国家扶持文化艺术的角色方面。[1] 许多学者从"公益品"理论及福利经济学的角度探讨国家对艺术领域公共补贴的合理性。代表作包括:罗宾斯的《艺术与国家》(1963)、皮科克的《福利经济学与艺术的公共资助》(1969)等。其他以经济学思维开展文化艺术政策研究,并较具有代表性的著作有:皮考克、利佐的《文化经济和文化政策》(1994)、弗雷的《艺术与经济学:分析与文化政策》(2000)、凯夫斯的《文化创意产业:以契约达成艺术与商业的媒合》(2002)、海尔布伦和格雷的《艺术文化经济学》(2004)、索罗斯比的《文化政策经济学》(2010)、陶斯的《文化经济学》(2010)等。布鲁诺·弗雷认为应鼓励各种形式支持艺术,多元社会支持有利于艺术繁荣活跃。政府不应成为艺术支持的垄断者及最后的裁决者;私人参与者也要避免成为垄断的艺术供应者和交易者。在讨论艺术创新是如何受政府支持影响

---

[1] [瑞士]布鲁诺·S.弗雷:《文化经济学:个人的视角》,张斌译,《国外理论动态》2007年第3期。

时，他引入了心理学拥挤理论。他赞同有效的公共支持应该通过激励相融的方式被给予。① 露丝·陶斯认为资助是"市场之手"之外激励文化生产的方式，文化经济学关注的重点是资助在激励原创、配置资源中的功用。她将资助与版权均视为宽泛意义上的文化政策，前者通过纳税人刺激作品生产，后者则通过读者激励作者生产作品。因此，版权是事后的，是依靠市场发挥作用；而资助则是事前的。②

从公共管理学科思维方法观察并探讨文化艺术政策过程，具体内容包括公共文化艺术资源；艺术和文化的公共资助；文化艺术政策具体化的各类公共文化艺术项目；社会中广泛存在的公共文化艺术问题等。代表性著作有：马尔卡希的《公共文化、文化认同与文化政策：比较的视角》（1982）、费约翰的《艺术与公共政策——从古希腊到现今政府的"艺术政策"之探讨》（1988）、莫里耶的《法国文化政策：从法国大革命至今的文化艺术机制》（1995）等。尤其《公共文化、文化认同与文化政策：比较的视角》一书，将艺术和文化的公共资助置于比较研究框架中，解释文化政策形式的广泛变异性，凸显不同政治意识形态的行政传统特征。马尔卡希从经济、社会、道德、政治等观点出发支持公共赞助艺术。他警告人们，私有化占优势的文化领域不太愿意应对审美多样性、公众的获得性或文化代表性的问题；而慈善支持文化的主导角色也有争夺文化政策权力的嫌疑。因此，需要政府公共干预为大众的文化参与提供机会，让其理解我们的文化遗产和文化的基本价值。③ 且公司倾向于赞助适于充当公共关系载体的艺术；私人捐赠艺术的资金是否大多数流向少数有影响力的大型文化机构？个体艺术家却很少能获得支援。文化政策在公共文化方面的执行并不是为了提高社会效率，而是为了争取社会公平。

---

① ［瑞士］布鲁诺·S. 弗雷：《艺术与经济学：分析与文化政策》（第2版），易晔译，商务印书馆2017年版。
② ［英］露丝·陶斯：《文化经济学》，周正兵译，东北财经大学出版社2016年版，第6—7页。
③ ［美］凯文·马尔卡希：《公共文化、文化认同与文化政策：比较的视角》，何道宽译，商务印书馆2017年版，第43页。

另外，还有从文化研究的视角追溯"艺术政策"如何转换到"文化政策"话语，以及它与民族国家建构、市场领域的动力关系。如麦圭根的《重新思考文化政策》（2004）、奥康诺的《艺术与创意产业》（2011）等。此外，也有综合性学科视角，通过现代性的问题、社会生活方式和（公共）价值问题入手，展现文化政策对现代社会的重要性，并探讨文化生产以及文化政策所产生的影响。如奥布赖恩的《文化政策：创意产业中的管理、价值和现代性》（2014）等。

与艺术赞助/资助机制直接相关的研究，包括从美术史研究角度涉及西方艺术赞助人制度的代表性著作：贡布里希的《作为艺术赞助人的早期美第奇家族》（1960）、哈斯克尔的《赞助人与画家：对巴洛克时期意大利艺术与社会关系的研究》（1963）、巴克桑德尔的《15世纪意大利的绘画和经验：图画风格的社会史入门》（1972）、克姆佩斯的《绘画权力与赞助机制：文艺复兴时期意大利职业艺术家的兴起》（1987），等等。英国文化史家彼得·伯克在《意大利文艺复兴时期的文化与社会》（1986）一书中，以社会学方法探讨意大利15—16世纪主要存在的五种艺术赞助类型，分别是家庭赞助体制、量身定做式赞助体制、市场体制、学院体制和资助金制度。泰勒的《优良而丰盛：美国在艺术资助体系上的创造性成就》（2006）对美国艺术资助体制进行了全面分析，对经济和美学视角之间的冲突及各方观点予以述评；肯定美国间接补贴制度，及版权与分散化市场经济为艺术市场所带来的前景；对用国家资源进行直接补贴持怀疑态度。[①] 还有从艺术管理角度涉及艺术赞助实操性内容，如嘉伯的《赞助艺术》（2008），探讨的是欧美特别是美国艺术赞助领域的诸多复杂问题，如专业技能、官僚制度、活动筹

---

① 与之相关，法国驻美外交官、记者弗雷德里克·马特尔从社会学角度评析了美国文化体制，他在《论美国的文化：在本土与全球之间双向运行的文化体制》一书中认为，文化资助的一种彻底的"隐身性"是美国文化体制的标志，政府通过法律及税收政策进行管理。他认为，理解美国文化体制的关键不在于国家与市场之间的对立，而在于商业与非商业的划分，即营利与非营利的划分。在美国，旨在为公众服务并向所有人开放的非营利机构，通常都被视为公共机构。公共文化机构也是按此方法界定的，这与中国对公共文化机构的理解不同。

备、政治审查和艺术品位等方面的冲突和困境,书中展示了艺术赞助的各种可行性模式。

三 西方国家艺术资助政策发展脉络及其启示[①]

奥斯汀·哈灵顿曾指出,西方艺术史中支持艺术的经济体制主要有三个阶段:一是从中世纪持续到 18 世纪末左右,由教堂、君主、贵族组成的私人赞助体制;二是 17—19 世纪,不同欧洲国家相继形成了艺术品自由买卖的开放性市场体制;三是开始于 20 世纪,政府津贴结合慈善捐助、商业赞助的艺术体制。[②] 这只是粗略的历史阶段划分及特征概括,各国艺术支持体制并非一以贯之,既有阶段差异,也有模式区分。即便在类似模式中,也存在不同资金比例关系构成的运作机制。希尔曼-查春德和麦考基[③]根据政府资助艺术的方式,区分了国家/政府在文化艺术支持上的四种角色:(1) 促进者(facilitator)。政府通过优惠的税收政策,鼓励私人支持艺术;(2) 赞助者(patron)政府通过准独立艺术委员会资助艺术;(3) 规划者(architect)。政府依靠文化集权部门支持艺术;(4) 操控者(engineer)。政府推广那些能够实现其政治目的的艺术,镇压其余。[④] 他们将美国归为"促进者+赞助者",英国归为"促进者",法国归为"规划者",而苏联则归为"操控者"。这类标签化的分类方法并不科学,过于笼统武断,很难将所有国家一一对应,也忽视了一个国家内部政策的发展变化。总体而言,艺术资助政策从传统向现代变迁过程中,政策理念发生了变化:从强调服务权力发展到非排他性的艺术民主,鼓励文化参与及扩大艺术受众

[①] 任珺:《艺术资助政策:关于资源配置及可持续性发展议题》,《福建论坛》(社会科学版)2017 年第 4 期。

[②] [英]奥斯汀·哈灵顿:《艺术与社会理论——美学中的社会学论争》,周计武、周雪娉译,南京大学出版社 2010 年版,第 65—66 页。

[③] Chartrand, H. H., & McCaughey, C., "The Arm's Length Principle and the Arts: An International Perspective-past, Present and Future. ?", *Who's to Pay for the Arts*, 1989, pp. 43-80. 转引自[英]维多利亚·D. 亚历山大《艺术社会学》,章浩、沈杨译,江苏美术出版社 2013 年版,第 138—139 页。

[④] [英]维多利亚·D. 亚历山大:《艺术社会学》,章浩、沈杨译,江苏美术出版社 2013 年版,第 138—139 页。

面，艺术政策也走向了内容更加多元的文化政策。

20世纪五六十年代，人文理念认为更广泛的艺术启蒙可以促进社会民主进程。此时，政府对艺术的资助大多数是根据传统价值定义来分配的。增加公众接触"精英艺术"的机会成为"文化民主化"的重要方式。然而这些举措并未获得理想效果，社会和地理上的不平等仍然存在。人们批评国家公共资金的花费通常没有经过对社会和文化需求的考虑，对艺术的资助是为中产阶级娱乐和中产阶级审美服务的，而不是普通民众。许多相关的艺术受众调查研究也均显示，社会中受教育程度较高、享有经济特权、居住在城市的阶层，成为艺术资助的主要受益者。大多数人在参与艺术消费过程中存在的障碍是等级和教育。[①]

20世纪70年代，出于对上述艺术政策的反思，同时也受到社会理论和公民参与的影响，艺术资助的衡量标准及价值判断在"艺术家对审美价值的追求"与"公众对艺术普及的需求"两者间寻求平衡点。艺术资助政策开始关注：如何帮助社会边缘人群，如何打破人口中不同群体艺术接触的障碍，实现公民文化艺术参与的平等。艺术资助范围不再只局限于传统高雅艺术，社区艺术获得广泛重视，大众文化艺术形式也纳入政策视野中，目标在于为民众提供文化多样选择的机会。

欧美各国在稍后的80年代，受不同程度政府市场化导向规制的影响，将自由市场经济逻辑延伸至公共领域，国家福利政策紧缩，政府为市场竞争推波助澜。在这一背景下，艺术资助的管理体制陆续开展了一系列改革，内容包括：分散支配资金的权力，艺术资助资金来源渠道多元化。例如，有的建立中央与地方的文化分权化管理机制；有的通过签订协议的契约形式，促进跨部门及公私之间的合作，分担资金压力。为了扩大艺术资金的来源，1984年英国国会推出了"关于刺激企业赞助艺术的计划"，通过政府陪同资助政策撬动社会资金，由财政部每年拨专款支持，责成"企业赞助艺术协会"负责具体落实操作。在法国，私人资助

---

① [英] 贾斯汀·刘易斯：《公共艺术基金——谁从中受益？》，黄灿波译，《世界美术》2011年第4期。

文化艺术活动一直也没有得到普及。政府为了改变这种现象，采取行政和立法措施，提倡和保护私人和企业参与文化赞助活动的社会实践。① 可见，一项运行机制的建立，并不是孤立的，制定予以支持和保障的行政和立法措施必不可少，相应的社会氛围及观念培育是运行的重要基础。

以上均还处于"二战"后国家艺术支持的高峰期。20世纪90年代开始的财政赤字危机，以及欧洲主权债务危机后，欧元区国家或主动或被动实行财政紧缩政策，使欧洲各国艺术资助普遍受到强烈打击。由于行政体制、文化结构、社会生态等条件的差异，不同国家受冲击程度还是有一定区别的，其中德国和法国受冲击程度最小②，法国政府甚至还增加了对文化艺术领域的投入。③ 一些新的应对性的政策措施开始探索。萨科齐当选法国总统后，提出修改赞助机制，加大社会赞助文化的力度。④ 为吸纳社会资本捐赠，意大利尝试公私合作伙伴制的私法基金会模式。英国则从国家彩票公益金中划拨一定比例资金为文化艺术领域提供专项资助⑤；2010年以来英国政府在文化艺术资助上的财政预算持续锐减，但同时加强了通过税制调控的间接资助。德国对文化发展筹资机制进行重新定位，调整政府、市场和各类第三部门之间的关系。⑥ 美国在20世纪90年代及21世纪初也遭遇了财政困难，同时一系列围绕国家艺术基金会（NEA）资助问题而引发的"文化战争"⑦，导致议会大量削减国

---

① 孙萍主编：《文化管理学》，中国人民大学出版社2006年版，第331页。
② 樊鹏：《文化与强国——德国札记》，清华大学出版社2015年版，第4—5页。
③ 譬如，2016年法国中央政府文化预算较上一年度增长2.9%，即2.06亿欧元，总预算达79亿欧元，再次超过了占国家预算1%的象征额度。《法国公布2016文化领域关键词及优先政策》，《中国文化报》2016年2月17日。
④ 胡洪庆：《法国的文化艺术赞助政策及实践》，《上海艺术家》2012年第1期。
⑤ 松雨：《中国国家艺术基金模式探析》，《艺术评论》2014年第7期。
⑥ 樊鹏：《文化与强国——德国札记》，清华大学出版社2015年版，第17页。
⑦ 由于国家艺术基金会赞助的一系列作品严重触及了宗教、性（同性恋）等社会底线，该基金会被推到政治斗争、公共舆论和道德争论的风口浪尖，引发了全美范围内对其何去何从的激烈讨论。对此次文化之争，美国学术界常常称之为"文化战争"。段运冬：《"资金支持"到"政策转型"——美国国家艺术基金会执行力的挫折与重构》，《文艺研究》2014年第10期。

家艺术基金会的预算并改革评审制度。① 随后在政治经济压力下，美国奥巴马政府又加强了对艺术教育和国家艺术基金的支持，为艺术家改变免税代码，扩大公私合作以弥补公共部门融资缺口。公共政策通过津贴或其他公私合作的方式扶持私人供给公共物品在许多国家开始盛行。爱尔兰艺术理事会自2012年开始通过系列试点工作帮助爱尔兰艺术组织从志愿服务、慈善赞助及私人投资等领域获得支持。加拿大艺术理事会2017年也开始采用类似的新资助模式。国际性组织逐步释放出积极介入的能量，如文化赞助中介机构工作网络（欧洲艺术商业网络组织，The European network of art/business organizations）协助促进艺术和商业达成战略性伙伴关系；艺术筹资机构工作网络（国际艺术理事会及文化机构联合会，International Federation of Arts Councils and Culture Agencies）协助实现艺术筹资、观众发展和艺术的公众可获得性。

从演进历程来看，当代西方艺术资助政策都有在范围上扩大艺术使用权的导向，强调对公众文化生活的成长、发展的作用，实现了传统精英艺术启蒙到艺术民主的过程。艺术资助方式选择方面，逐步改变了单一公共赞助或市场主导的模式，内部管理实行了权力下放的民主行为，把更多的资金支配权让渡给地方、区域政府或与之保持"一臂之距"的艺术理事会组织等中介机构、基层艺术机构，建立绩效评估结果与公共资助经费的关联性，增强公共艺术机构的行业竞争。外部管理则逐步提高来自社会和个人的经济资助、志愿参与和商业赞助等在艺术资助体制中的比例。有些政策还鼓励艺术机构、艺术组织实行公司化改革，鼓励非营利艺术机构采用商业市场的运作模式。这些艺术组织机构除了仍接受部分公共资助

---

① 事实上，NEA只是联邦四大资助机构之一，与国家和地方机构相比，NEA的资助力度较小。比如2014年NEA的预算为1.46亿美元，而州和地方的预算则分别是3.07亿美元和9亿美元（2014年艺术资助）。2016财政年度NEA预算为1.499亿美元；但NEA通过与其他公共/非营利机构的合作可以扩大其拨款影响，经测算得出每拨款1美元可以拉动9美元的资金杠杆。[美]凯文·V.马尔卡希：《正在撤资的联邦文化政策——从特朗普政府取消国家艺术基金会说起》，李竞爽译，载李凤亮、周建新、黄玉蓉主编《文化科技蓝皮书：文化科技创新发展报告（2017）》，社会科学文献出版社2017年版，第277、284页。

外，被允许通过多种渠道筹募经费，包括私人捐助和向使用者收取费用。这样国家/政府的角色就发生了变化，成为众多的艺术赞助机构之一。好处是艺术组织、艺术机构在运营管理上表现出更有弹性和自主性，并加强了与社会及社区的紧密关系；然而，也有人担心文化领域内的泛市场化运动，会导致公共文化设施服务公众的属性被削弱，以及商业利益对艺术机构的操控。①

新中国形成的集中统一的国家文化管理体制，是在总结延安时期文化管理经验基础上，学习借鉴苏联文化体制模式而建立的。②在社会主义计划经济体制下，艺术机构和文化团体大多作为全民所有事业单位，具有高度行政依附性，文化艺术活动和文化建设依靠国家/政府财政拨款来进行。艺术家群体则生存在艺术院校、文教机构和各种协会组成的体制内，拿财政工资。这种管理体制在新中国成立初期发挥了积极的作用，但在向社会主义市场经济体制转型过程中，资源配置方面的弊端、艺术创造力方面的束缚，以及不能充分满足公众多样化的文化艺术需求等方面的问题开始逐渐显现。迫于内外部环境压力，进一步解放和发展文化生产力，成为中国文化管理体制转轨的重要任务之一。本书将在后文（第二章）详细探讨改革开放以来中国文化政策及资助机制的发展过程。针对中国艺术资助政策如何解决提高社会效益和经济效益，及平衡艺术管理公平与效率问题，结合以上对西方国家艺术资助体制发展脉络的追溯，本书认为需要在原有制度基础上对关键性制度缺陷做修补，增强内部竞争性，对造成艺术资助模式单一、效率低下的体制机制进行结构性改革，以实现扩大公众文化艺术参与，激发全民族文化创造力，增强国家文化软实力的目标。为此，本书提出以下五个方面内容。

其一，培育民族创造力应成为艺术资助政策目标之一。发达国

---

① 吴金桃指出，许多当代艺术体制拥有的资金来源不够充分，很难先行于赞助商来制定节目内容的决策。它们在财政资源上对外来赞助者如此依赖，以致商业能够以十分惊人的方式制定管理决策。转引自［英］奥斯汀·哈灵顿《艺术与社会理论——美学中的社会学论争》，周计武、周雪娉译，南京大学出版社2010年版，第203页。

② 蒯大申、饶先来：《新中国文化管理体制研究》（第2版），上海人民出版社2015年版，第373、375页。

家文化政策常常强调艺术创作、艺术欣赏及艺术批评与创造力的相关性。艺术活动中蕴含的理性、想象力、独创性等品质及在跨领域中的运用，使整个过程是可感受的并具赋值性。因此，公共政策的目标视培育创造力为社会生命力和社会发展的支柱。途径即扩大艺术民主，不把资助艺术的范围仅局限于传统精英艺术领域，还通过政策措施鼓励并促进公众介入或参与到广泛的艺术活动中，让艺术实践与地方再造、文化传承、民众日常社区生活紧密联系在一起。一般来说，创造性经验往往是从参与文化艺术创作、参与文化艺术欣赏过程中获得的。只有扩大文化艺术接触渠道及选择机会，丰富文化生态的多样性，才能有效激发个体的创造力与社会的整体活力。

其二，发挥国家艺术基金在艺术资助政策中的风向标作用。2013年底成立的中国国家艺术基金[①]，改变了以往财政直接拨款和政府部门管理文化经费的文化投入模式。但目前资金的主要来源还是中央财政拨款，资金渠道单一；社会捐赠获得的资金非常有限，民间捐赠几乎没有激活。可适时考虑搭建艺术与商业伙伴关系的平台，借鉴发达国家中介机构[②]的经验，推动艺术与商业最优化合作，帮助艺术机构和企业获得双赢。也可考虑开拓新的资助种类或资助方式，如西方国家通常采用的支援中介组织成长的授权拨款（devolved funding）、鼓励赞助的配对资助（matching grants）、培养杰出艺术家的奖助金（arts fellowships）、不受申请期限限制的事后补偿资助（guarantee-against-loss）等方式。现行的国家艺术基金资助范围包括艺术的创作生产、宣传推广、征集收藏、人才培养等方面，主要倾向于某个艺术门类中单个特殊项目的、碎片式的资助模式。可考虑逐步按比例确立以动态需求为主的选择模式，加强与国家文

---

① 其执行机构国家艺术基金管理中心为事业单位，采取了分权的体制，理事会是基金的决策机构，管理中心具体负责基金的组织实施，专家委员会负责评审、监督、验收结项。

② 如英国的艺术与商业协会（ART & BUSINESS），澳大利亚的商业艺术基金（Australian business art foundation），加拿大的商业艺术理事会（Council for business and the arts in Canada），美国的艺术商业理事会（Arts & business council Inc），韩国的艺术商业理事会（The Korean business council for the arts）等。

化政策阶段性发展内容的紧密度。通过推行全国性文化艺术行动计划，引导国家层面与地方层面项目、跨部门项目的合作与促进（比如国家艺术基金资助也可涉及全民阅读推广、艺术教育普及、非物质文化遗产传承等内容），打破文化资源条块分割，增强统筹协调性。

其三，研究制定通过税制或陪同投入等形式的政府间接资助模式。很长一段时间中国对艺术资助主要依托公共财政，尚未建立成熟的公益慈善捐款与财税减免政策挂钩的资助体系。有学者指出，中国现行立法关于捐赠税收优惠的措施也还不完善：享受税前扣除的慈善组织的范围狭窄；税前扣除比例较低，缺乏跨年度结转的规定；缺乏实物捐赠税收优惠的规定；慈善捐赠减免程序可操作性不强等。[①] 鉴于此，中国可考虑制定予以支持和保障的行政和立法措施，以推动间接资助模式的完善，促进公共事业开放性发展的形成。建议制定赞助文化艺术税收优惠、慈善减税等税制，以及鼓励文化志愿者等政策措施；加强地方询证政策研究，提高艺术资助政策制定的科学性和可行性，从地方试点过程中获取在全国推行的经验。当前除了需要研究制度化建设和政策工具手段外，还需要关注民间创新型激励资助平台的发展，鼓励社会创新项目为意欲捐助的个人、组织和希望得到捐助的公益艺术项目、公益艺术机构提供渠道和监管服务。

其四，推动地方"两金"管理部门向独立基金会组织转变。政府性基金[②]是地方艺术资助经费的主要来源之一，"两金"是指"宣传文化事业发展专项基金"[③] 与"文化事业建设费"[④]。由于各地

---

① 姚达：《第三种文化创生力——中国的艺术基金会》，《艺术评论》2013年第1期。

② 基金是指为了某种目的而设立的，具有一定数量的资金；基金会则是以公益事业为目的的非营利性法人。

③ 依照《国务院办公厅转发财政部中宣部关于进一步支持文化事业发展若干经济政策的通知》（国办发〔2006〕43号），中央和省级财政继续按宣传文化企业上年上缴所得税的实际入库数列支出预算，建立宣传文化发展专项资金；中央和省级财政要继续在预算中安排部分专项经费，纳入宣传文化发展专项资金。

④ 依照《国务院办公厅转发财政部中宣部关于进一步支持文化事业发展若干经济政策的通知》（国办发〔2006〕43号），各种营业性的歌厅、舞厅、卡拉OK歌舞厅、音乐茶座和高尔夫球、台球、保龄球等娱乐场所，按营业收入的3%缴纳文化事业建设费。广播电台、电视台和报纸、刊物等广告媒介单位以及户外广告经营单位，按经营收入的3%缴纳文化事业建设费。

"两金"来源基本相同,"两金"支出范围也基本一致,主要用于社会主义精神文明建设和重点文化精品生产、文化事业建设,等等。因此,在"两金"的项目决策方面,许多省/市均存在"两金"合并管理趋势,并都处于省/市委宣传部主导下的格局。[①] 一些城市"两金"管理已呈现:专业管理趋势、资金使用范围社会开放趋势、管理信息逐步公开化趋势、文化项目绩效管理趋势、资助模式多元化趋势。从目前发展来看,可考虑推动地方"两金"管理部门向独立基金会组织转变,转型后的文化基金会既可以配合国家艺术基金运作,发挥其在地区层面的积极作用;也可以推动并支持地方文化艺术生态系统的良性发展。地方性公募基金会上海文化发展基金会、北京文化发展基金会及湖北省文化艺术发展基金会等是可以参考的案例。同时,法国和德国的经验也可以借鉴:近年来两国虽然受到财政赤字困扰,但公共文化投资并没有明显降低;其原因是很早就建立了从中央到地方,类别广泛、资金来源多样化的公共性质的文化基金会,以此保障公共财政对文化事业支持的稳定性。[②] 值得注意的是,尽管国家政策鼓励社会力量对宣传文化事业的捐赠,

---

[①] 如四川省2015年针对原省级文化事业建设费与原省级宣传文化发展专项资金存在用途趋同、投向重复的现象,省财政对两项资金进行整合,设立四川省宣传文化事业发展专项资金,并对支持对象、支持范围、支持重点及管理方式进行了统一规范。

[②] 樊鹏认为,建立多元化文化融资结构和伙伴关系在体制运作中发挥了重要作用,这种多元化结构既包括中央、地方各级政府之间财政能力的"行政搭配",也包括国家和社会力量同时作为文化项目倡议者和赞助人的"公私搭配"。德国文化基金会重要的特点是"一体多元",即以国家文化基金会(邦际文化基金会和联邦文化基金会)为主体,形成了广泛而多元的私人文化基金会(其中95%的文化基金会以慈善团体和非营利组织的形式注册)。德国文化基金会的产生、发展和运作,在一定程度上代表了以德国为代表的西方国家文化管理体制的发展脉络和内在逻辑。这一变革主线就是"合作"取代"管理"成为文化管理部门的基本思路,从而形成了"一体多元"的文化治理局面。所谓"一体"指的是国家代表人民对国家文化资产具有无可争辩的所有权,国有文化资产的管理和经营必须符合全体人民的利益,或者具有基本的公益性。所谓"多元",指的是在国家所有权的前提下,或者围绕公益性这一目标,可以通过多种经营管理方式来实现,在德国表现为中央、地方、私人(包括私营机构和非营利团体)等多元化的主体通过特定的机制组成复杂且有效的网络,尽可能地激励各个方面合作和介入,形成一种综合性的文化发展关系。樊鹏:《文化与强国——德国札记》,清华大学出版社2015年版,第27页。

纳入公益性捐赠范围的可享受一定的税收优惠。但从实际运作来看，文化艺术资助经费仍较多依赖于财政资金支持，社会资金吸纳方面还需政府完善政策加强引导。

其五，深入推进公共文化机构法人治理结构改革，支持艺术机构管理创新。当前文化艺术机构或组织普遍面临内容建设及机构管理方面的困境。地方政府对文化艺术硬件设施工程较为重视。国家统计资料表明，2018年底，全国共有公共图书馆3176个，为1949年的57.7倍，为1978年的2.6倍；文化馆站44464个，为1949年的49.6倍，为1978年的9.7倍；博物馆4918个，为1949年的234.2倍，为1978年的14.1倍。[1] 快速增长的原因，与固定资产投资增加有关，这些年我国城镇文化固定资产投资额每年保持20%以上高速增长；同时也是由于原来的文化设施基础比较差，与社会急速发展中的不平衡造成的。[2] 从国际上通常以一国人均拥有量的衡量标准看，中国与发达国家还存在很大的差距，譬如美国、日本博物馆人均拥有量超过中国10倍。[3] 然而，与基础设施建设相比，文化艺术管理等能力、内容建设、人才培养等方面还未得到足够重视。这直接导致有些地方公共文化设施建立起来了，但核心产品内容匮乏、公共文化服务效率低下，公共文化机构内在活力未能有效激发。同时，体制上的障碍也有一定影响。公共财政支持的文化艺术机构往往缺乏"自利"的诱因。譬如机构运营资金全部来自财政，机构没有努力增加收入的动机，甚至担心一旦产生利润，政府会削减财政经费。因此，也就没有积极营销，吸引观众参与，加强教育推广的动力。推动公共文化机构建立以理事会为主要形式的法人治理结构，还需要从具体实践中寻求有效运转的经验，利益相关方的角色定位需要重新调整。譬如，政府的支持不能仅局限于"财政资助"——资金支持，还需提供更为综合性的援助，帮助艺术机

---

[1] 《国家统计局：文化事业繁荣兴盛 文化产业快速发展》，2019年7月26日，http://www.xinhuanet.com/culture/2019-07/26/c_1124797960.htm。

[2] 罗怡：《何为博物馆建设的"正常体温"》，《中国艺术》2018年第7期；匡贤明：《加快文化领域供给侧结构性改革》，《学习时报》2018年5月26日。

[3] 罗怡：《何为博物馆建设的"正常体温"》，《中国艺术》2018年第7期。

构获得社会多元支持。文化艺术机构则需运用多元社会力量的战略合作伙伴关系,加强艺术推广与地方/社区文化艺术的关联度,提高项目运作的效率,扩大公众在公共艺术项目中的参与度。

第二节 当代文化艺术资助制度现代转型及发展趋势

一 多元主体合作伙伴模式

随着时代的发展,大规模的技术和社会变革促进各类管理和协作模式不断涌现。许多人都主张通过更多样化的收入来源及更可持续的组织模式,来补充对艺术的公共投资。① 因此,多元主体互利共赢的合作伙伴模式,被视为更有效率、更具长远效益,从而成为当前文化艺术资助制度发展的重要趋势之一。

第一,建立跨部门密切的合作伙伴关系。罗德·费舍尔曾为欧洲艺术委员会撰写《从边缘走向中心》(In From the Margins, 1997),他在报告中提出建立与文化相关的跨部门合作网络有助于促进有关艺术创造性的公共政策发展。随后,安托尼·埃弗利特在为欧洲委员会撰写的《文化治理:整体性文化计划和政策取向》(The Governance of Culture: Approaches to Integrated Cultural Planning and Policies, 1999)报告中也指出,以往管理文化政策的部门与其他政府部门之间互不关联,今后文化政策若要落到实处,必须跨越各自为政的行政设置,实现"横向"跨部门合作。② 这一思想后来经欧盟文化政策影响到欧洲社会。许多国家日益认识到全局意识、整体观念的治理模式比各自孤立发展更为有利于资源整合。近些年上海也在积极探索宣传文化与教育部门跨界协同、资源共享,上海文教结合平台机制于2013年构建,2014年初成立了上海市文教结合工作协调小组,专门负责统筹谋划和协

---

① Robyn Jeffrey, *Conversations Towards Change: How dialogue with the arts community is informing the new funding model*, Canada Council for the Arts, May 2015, p. 9.
② 郭灵凤:《欧盟文化政策与文化治理》,《欧洲研究》2007年第2期。

第一章 文化艺术资助的理论与实践 45

调落实文教结合改革工作。5 年来文化和教育两大系统共安排 12 亿元，累计实施了百余个重大结合项目。① 文教结合工作有效优化了文艺活动与教育实践对接机制、经费投入与项目遴选机制等。

美国国家艺术基金会（National Endowment for the Arts，NEA）与 23 个联邦机构或部门合作②，包括教育部、住房和城市发展部、卫生与公众服务部、国务院、国防部等。合作方式有些是在具体项目设计中将跨部门因素融入。譬如，"创造力链接计划"就是鼓励艺术与其他部门（比如医疗部门）的互动。该项计划将艺术政策与卫生政策联合，艺术在此起到催化剂的作用。自 2011 年以来，美国国家艺术基金会和国防部（最近加入退伍军人事务部）合作，将创造性的艺术疗法（如视觉艺术、音乐、创造性写作）融入患者的护理中（比如培训服务人员、退伍军人、家庭/看护人等）。"创意力量：美国国家艺术基金会的军事治疗艺术网络"因被证明对退伍军人及其家属非常有效，故美国国会在 2016 年增加了 200 万美元的资金来支持这些活动。③ 其他"艺术医疗"被运用于医院、康复中心、药物滥用诊所、养老院、心理健康设施、促进健康的社区机构也较为广泛，近年来美国用于艺术治疗的项目得到了特别有力的支持。从跨部门合作伙伴关系产生的效果来看，可以发现公共资助从传统艺术学科范畴扩展到更多地以社会为导向的和以人类发展为目标的活动。④ 艺术也更多被认为是终身学习和提升生活质量的重要方式，而不仅仅单纯是审美体验。

第二，建立公部门与私部门之间合作伙伴关系。国际层面，联合国世界文化与发展委员会《文化多样性与人类全面发展——世界文化与发展委员会报告》（1995）提出：在各国政府之间、各种政府机构之间以及市场与公民社会之间建立富有弹性的合作关系；建立公共部门和私营机构共同支持文化发展

---

① 徐瑞哲：《"文教结合"助力打响文化品牌》，《解放日报》2018 年 2 月 5 日。
② NEA 50 周年（2015 年）总结数据。
③ ［美］凯文·V. 马尔卡希：《正在撤资的联邦文化政策——从特朗普政府取消国家艺术基金会说起》，李竞爽译，载李凤亮、周建新、黄玉蓉主编《文化科技蓝皮书：文化科技创新发展报告（2017）》，社会科学文献出版社 2017 年版，第 281 页。
④ 同上书，第 282—283 页。

的有效资金系统。① 后来，联合国教科文组织把文化领域的公私合作模式主要界定为三方面内容：其一，公私合营企业；其二，慈善事业；其三，企业的社会及环境责任。在这一模式中，公共部门负责监督管理、行政支持及投资框架的建立；私营机构负责项目管理、协调各利益相关者，并建立特定机制，以期通过捐助机构或以贷款形式获得第三方资本。② 很显然，这与国内通常所理解的 PPP（Public-Private-Partnership）模式有一定差别。在中国文化领域，目前 PPP 模式主要运用于文化发展的基础设施建设、文化商业项目或文化旅游等以固定资产为主的领域，其他文化项目涉及甚少。这里，建立公部门与私部门之间合作伙伴关系是从更为广泛的意义来谈的，如何实现？相关的制度建设是必不可少的。影响公共行为的一个关键点就是制度建设。文化艺术发展单靠政府的支持，是很难全面因应各方面需求的。引导企业及社会力量支援、发挥市场机制的作用，相应的制度引入尤为重要。尽管这个社会从来就不缺乏人性的良善与美好，但一项好的制度，可以通过建立一套合理的实施机制对社会主体的行为予以约束、规范和引导，激发人性中向善一面，抑制人性之恶，并内化人们的行为动因。

如何从制度及政策层面支持各种形式的合作伙伴模式，各个国家采取了不同的措施。这里仅以英美两国为例做一说明。英国文化、媒体和体育部对公共文化的财政投入缩减了 25%（2014—2015 年度为 11 亿英镑），对英格兰艺术委员会的拨款也减少了 29.6%（2014—2015 年度为 3.5 亿英镑），政府通过对从事公共文化服务及相关慈善性质的机构捐助资金的私营部门实行税收减免，公私文化机构合作也可享受赋税减免，驱使私人或营利性组织资助文化艺术。③ 英格兰艺术委员会大约掌握了艺术及文化公共开支的 1/3 资

---

① 联合国教科文组织、世界文化与发展委员会编著：《文化多样性与人类全面发展——世界文化与发展委员会报告》，张玉国译，广东人民出版社 2006 年版，第 171 页。
② Luis Monreal & Nada Al Hassan 主持的"文化领域内的公私合作伙伴关系"平行论坛，联合国教科文组织杭州大会，2013 年 5 月。
③ 解学芳：《欧美发达国家文化政策法规与公共文化服务：进展与启迪》，载荣跃明等主编《上海公共文化服务发展报告 2018：公共文化服务的创新与实践》，上海书店出版社 2018 年版，第 152—168 页。

金规模①，在其制定的2010—2020年政策框架（Great Art and Culture for Everyone）②中，英格兰艺术委员会计划以一种可持续的方式投资于艺术文化生态系统，促进艺术家、文化组织和场馆的合作伙伴关系，进一步加强其与地方政府、商业界、地方创业者、大学/研究机构、国际组织（尤其是欧盟内组织）的伙伴关系。这里对文化艺术的资助被视为一种公共投资，需要将有限的、来自纳税人的财政资金和彩票资金做策略性使用，以促进艺术文化生态网络内部的相互联系与合作。英格兰艺术委员会作为公共投资者（public investor）与文化艺术行业积极合作，帮助艺术、图书馆及博物馆识别成长机会。具体方式体现在：通过对数字活动和创新的资助，提高公共文化服务工作的质量和广度；开发从筹款到新的融资形式，包括创意产业融资框架下的小企业贷款及建立与地方企业的合作伙伴关系等。③

美国国家艺术基金会资助规模较小（2016财政年度其预算仅为1.499亿美元），但资助范围很大，它在文化艺术界所具有的象征意义比其货币资源或权力范围更为重要。④ 为了放大有限资金效果，

---

① 从2005—2006年度至2012—2013年度艺术及文化领域公共开支来看，英格兰艺术委员会分配的补助金及彩票金约占英国所有艺术和文化公共开支的1/3。财政削减已成为趋势，但2010年后由于奥运会资金的转移，用于艺术资助的彩票收入份额从16%增加到20%，彩票的税收结构也发生了变化，这些补充了文化艺术领域公共支出资金来源。参见 *This England: How Arts Council England Uses its Investment to Shape a National Cultural Ecology*, Arts Council England, February 2014, p.8, 13。由于英格兰艺术委员会艺术资助机构的定位转向艺术战略机构，故需要阶段性监督政策性行动的有效性，以上报告即是阶段性检视与总结。

② 追求艺术的卓越性、普及性，以及为孩童及青年提供文化艺术参与机会是英格兰艺术委员会十年发展策略的核心目标。该策略2010年初订，2013年由于博物馆、图书馆和档案委员会（Museums, Libraries and Archives Council）的并入，重新做了修订，增加了博物馆、图书馆发展策略。Arts Council England, *Great Art and Culture for Everyone*, 30 October 2013, https://www.artscouncil.org.uk/great-art-and-culture-everyone, 访问日期：2018年10月30日。

③ *This England: How Arts Council England Uses its Investment to Shape a National Cultural Ecology*, Arts Council England, February 2014.

④ ［美］凯文·V. 马尔卡希：《正在撤资的联邦文化政策——从特朗普政府取消国家艺术基金会说起》，李竞爽译，载李凤亮、周建新、黄玉蓉主编《文化科技蓝皮书：文化科技创新发展报告（2017）》，社会科学文献出版社2017年版，第276、281页。

国家艺术基金会采用陪同资助的模式，文化艺术组织一旦获得资助，还必须寻找"陪同伙伴"即国家艺术基金会以外的资金来源。即便是政府部门和它们的合作伙伴之间的经费划拨也必须按照"陪同"投入原则运作，比如美国国家艺术基金会40%的预算直接拨给州艺术机构，各州必须按照至少1∶1的比例陪同资助。① 通过这一方式，国家艺术基金会与其他州艺术机构（State Arts Agencies，SAAs）建立了非常紧密的关系，事实上后者对文化资助的范围更为广泛、资助力度也更大（比如2014年NEA的预算为1.46亿美元，而州和地方用于艺术资助方面的预算则分别为3.07亿美元和9亿美元②）。除了共同筹资型（co-financing）项目，美国国家艺术基金会中激励资助型（challenge grants）项目也更清楚地表达了文化事务中的公私合作关系。③ 此外，美国《国内税收法》第501条c款第三段（以下简称501c3）保证了非营利性文化艺术组织拥有这一身份后，不仅能获得相应的免税待遇，而且给予这些组织的捐赠者也可以享受捐赠对应金额的所得税减免优惠。这一政策可以让无法获得公共资金的非营利性文化艺术组织，获得私人慈善事业的支持。④

---

① Victoria D. Alexander, "Art and the State——The Visual Arts in Comparative Perspective", in *The American System of Support for the Arts*：*Artists and Art Museums*, Oxford：Palgrave Macmillan in Association with St Antony's College, 2005：20. 转引自黄玉蓉《被资助的文化：中外文化资助体系及制度设计》，社会科学文献出版社2018年版，第63—64页。

② ［美］凯文·V. 马尔卡希：《正在撤资的联邦文化政策——从特朗普政府取消国家艺术基金会说起》，李竞爽译，载李凤亮、周建新、黄玉蓉主编《文化科技蓝皮书：文化科技创新发展报告（2017）》，社会科学文献出版社2017年版，第277页。

③ 受20世纪90年代"文化战争"影响，1995年后美国国家艺术基金会只接受文化艺术组织申请，不资助个人艺术家。"共同筹资型"：NEA资助的原则是只承担艺术机构、艺术计划、艺术家个人的部分经费，最高比例为项目总预算的50%。还需要资助项目接受其他渠道的资金（包括州政府、地方政府、企业、基金会、个人）来补充联邦政府的补助。"激励资助型"针对的并非一次性一揽子的资金预算，也不是一年内的资金计划，是一种提供给艺术机构多年的配额补助，配套资金分期实现，目的是促进其争取新的持续的资金收入。转引自张激《国家艺术支持——西方艺术政策与体制研究》，中国美术学院出版社2013年版，第164—165页。

④ 美国2014年慈善业捐款总额为3.59亿美元，其中0.16亿美元给了艺术文化和人文学科领域。这个数据证实了20年来私人慈善业做文化捐赠的平均水平为4.5%。［美］凯文·V. 马尔卡希：《正在撤资的联邦文化政策——从特朗普政府取消国家艺术基金会说起》，李竞爽译，载李凤亮、周建新、黄玉蓉主编《文化科技蓝皮书：文化科技创新发展报告（2017）》，社会科学文献出版社2017年版，第276页。

最后，还有一种特殊的合作伙伴模式，即将志愿团体及志愿者的专业服务引入文化艺术领域。这是非常重要的人力资源支持。在现代社会中，志愿服务是一种普遍发生的社会服务行动。组织或个人不以利益、金钱、扬名为目的，利用自己的时间、资源，及在文化艺术领域内的知识、技能等，通过各种服务性的行动，实现对文化艺术事业的奉献。在欧美发达国家，受基督教文化影响，志愿服务观念有着广泛的群众基础、良好的社会声誉，普遍为民众所认同，因此参与志愿服务的人数较多。"二战"以后，发达国家志愿服务工作不断制度化、专业化。其中，英国、法国、德国、美国、加拿大、日本、以色列等国的志愿服务工作发展较为成熟，政府的包括立法支持、免税政策及资金补助等政策措施，激发民众参与志愿服务的热情。[1]

2014年法国文化部一项研究显示，法国文化协会总数达到26.7万，其中只有3.5万个文化协会雇用了专职人员，约16.9万人，占法国协会组织雇用专职人员总数的9.4%。其余23.2万余家文化协会均依靠志愿者的服务来运行。法国的文化志愿者人数达到了220万人。[2] 可见在法国，文化协会是文化志愿者重要的载体，这一特征使得法国文化志愿者并不是分散的，而是通过各类文化协会组织获得有效管理。同时，法国不仅在法律上对志愿者服务的管理及认证体系做了详尽的可操作性的规定，且志愿服务也纳入国民教育体系中，也与升学、就业机会相关，伴随着每个公民的成长。在日本，市民团体和非营利组织也是志愿者活动的重要实施主体。作为社区公共教育和文化设施的公民馆，正式工作人员一般仅有3—4人，要完成服务社区居民的教育培训和文化交流活动等职能，就必须与文化、艺术、体育等非营利组织合作及招募志愿者推动项目开展。[3] 专业的非营利组织

---

[1] 符成彦：《国外志愿服务及其对中国社会建设的经验启示》，《知识经济》2013年第20期。

[2] 法国文化部网站研究报告：《文化协会的就业、志愿者与资金来源》，转引自王鲲《法国文化志愿服务发展经验分析》，载良警宇主编《中国文化志愿服务发展报告（2018）》，社会科学文献出版社2018年版，第367页。

[3] 良警宇、杨江浩：《日本志愿服务制度与公民馆的发展》，载良警宇主编《中国文化志愿服务发展报告（2018）》，社会科学文献出版社2018年版，第392页。

和志愿者，就成为社区文化建设不可或缺的支撑，同时也推动了立足于基层的公民馆从市民参与模式到官民协办模式再到市民主导模式一步步转型，充分汇集了社会社区资源、培育了居民自治能力。在美国的公共文化机构中，志愿者服务更是一支重要力量，部分博物馆的志愿者与职员的比例达到4∶1。有研究显示，美国每年大约有130万人次参与文化志愿服务，共计服务650万工时，相当于投入16亿美元。① 是什么因素吸引大量志愿者长期投入公共文化服务，不计报酬、不求名利？其中的奥秘在于——建立志愿者与公共文化机构/组织双赢互惠的关系。以美国布鲁克林博物馆为例，他们在志愿服务内容设计上，面向不同人群呈现出多样性，以便让有志参与志愿服务的民众都能找到适合的岗位。志愿工作的出发点不是完成具体服务项目，博物馆也不是把志愿者当作免费劳动力，而是予以尊重，并通过志愿服务培育民众的社会责任感、参与意识和志愿精神。博物馆提供的高质量、持续不断的专业培训既满足了志愿者个人提升能力的需求，也兼顾了博物馆岗位对服务品质的要求。② 这种相互的吸引力及持续的相互需求，是合作伙伴关系长久维持的重要保障。

二　文化政策信息基础建设

无论理论界还是实务界，基本上都有一个共识，即有效的研究与信息基础建设（包括相关文化统计数据的收集、分析）对文化艺术政策规划、项目事前评估及执行综合评价都非常重要，它也是制定长远政策及谋划如何应对未来挑战的基础。因此，我们可以看到各种模式的文化政策研究及信息基础建设在不同层面得以开展。

其一，政府部门或艺术资助部门设立相关研究机构，或通过采购民间智库研究获取相关文化政策基础信息。政府部门内部负责研究的职能部门，限于规模（岗位工作人员通常不多）往往依赖外部机构的研究及数据支撑，通过收集二手资料完成内部研究报告，为

---

① 吴鹏宏：《美国公共文化服务建设的经验与启示》，载郑崇选、荣跃明主编《上海文化发展报告（2015）》，社会科学文献出版社2015年版，第302页。
② 赵菁：《美国布鲁克林博物馆志愿服务发展经验分析》，载良警宇主编《中国文化志愿服务发展报告（2018）》，社会科学文献出版社2018年版，第382—384页。

其管理领域的政策制定提供信息服务；或通过招标形式委托咨询公司、民间智库和大学研究中心承接某项特定专题研究。2015年法国文化与传播部用于泛文化与文化研究的支出高达287200万欧元。[①]为了给伦敦市长文化发展战略提供参照，伦敦发展署曾委托BOP创意产业咨询公司、大伦敦政府经济研究部、伦敦政治经济学院和益百利（Experian）商业信息服务公司共同研究并撰写了"伦敦城市文化综合竞争力"报告，并于2008年公开发布《伦敦：一次文化大审计》[②]。后来BOP创意产业咨询公司在此基础上主导发起"世界城市文化报告"项目，通过丰富的数据，考量参与比较的城市文化发展状况。《2015世界城市文化报告》显示，参与数据比较的城市已扩展为23个[③]，成为国际性文化数据信息网络的一种模式。类似的顾问研究项目，再比如香港特区政府中心政策组也曾委托香港大学文化政策研究中心开展"香港创意产业基线研究"，全面摸底香港文化及创意产业发展基础及世界发展趋势；香港艺术发展局委托香港岭南大学开展"香港文化艺术赞助调查"，了解艺术商业赞助存在的问题，评估政府支援艺术开拓多元资源措施的执行效果，等等。

除了政府部门，许多国家和地区的艺术发展（或艺术资助）机构承担着相关研究与基础数据、档案收集的工作。在艺术补贴领域通常存在三对信息不对称关系：政府与公众、公众与艺术家、政府与艺术家。[④] 台湾地区财团法人文化艺术基金会（以下简称"财艺

[①] Council of Europe/ERICarts, "Compendium of Cultural Policies and Trends in Europe, 18th edition", 2017. 转引自解学芳《欧美发达国家文化政策法规与公共文化服务：进展与启迪》，载荣跃明等主编《上海公共文化服务发展报告2018：公共文化服务的创新与实践》，上海书店出版社2018年版，第152—168页。

[②] 该报告对伦敦所处的文化环境进行了量化分析，并就伦敦的文化基础设施与文化消费、文化生产等方面与其他四大世界级城市——纽约、巴黎、东京、上海相比较。周玉红：《伦敦发展署报告：全球五大都市文化魅力比较》，上海情报服务平台网站（http://www.istis.sh.cn/list/list.aspx?id=5124），访问日期：2018年10月17日。

[③] Bloomberg Philanthropies BOP Consulting, MAYOR OF LONDON, *World Cities Culture Report* 2015, London, 2016.

[④] 王啸飞、焦未然：《信息不对称条件下对艺术的公共补贴研究》，《创新》2014年第1期。

会"）承担相关的研究信息项目，试图解决这种信息不对称关系。理论上讲一旦能够克服信息不对称问题，就能有效地实施补贴，达到社会所满意的艺术供给水平，但实际操作起来并不容易。为了掌握国际艺术发展环境及艺术资助政策创新发展动态，财艺会也委托有关专业学会收集汇编相关资料和国际观察报告，定期反馈国际艺文发展重要趋势与情报，并请专家做分析报告，为财艺会相关资助业务评估与规划做参照。新加坡国家艺术理事会在《文艺复兴城市1.0》和《文艺复兴城市2.0》阶段，为鼓励学习与艺术相关的问题而设立了"研究与发展补助金"。为了使《文艺复兴城市3.0》计划更好地发挥作用，国家艺术理事会设立了"艺术研究机构"，定期发布相关文化统计数据。[①] 这些艺术发展（或艺术资助）机构还通过与非政府智库、学术机构以及统计组织合作，鼓励聚焦于艺术与文化的研究项目。譬如美国兰德公司曾受华莱士基金会委托为州艺术机构完成合作伙伴研究项目——《州艺术政策：趋势和未来展望》（State Arts Policy: Trends and Future Prospects）。[②] 美国国家艺术基金会通过与其他机构合作，不断创建数据信息资源，加强数据分析。例如，美国国家艺术基金会与"综合社会调查"机构于2012年起开始合作，对国民参与艺术活动的方式展开调查，调查结果——《对公众参与艺术的调查报告（2002—2012）》有助于了解不同群体艺术参与程度、艺术教育或学习状况、参与障碍等信息，也有助于各文化机构有针对性地开发吸引观众的方法，促进更多美国人参与艺术。国家艺术基金会还与美国商务部经济分析局合作，建立了"艺术和文化生产卫星账户"，收集文化艺术对美国国民经济

[①] 薛菁华：《新加坡〈艺术发展计划〉》，2015年5月29日，上海情报服务平台（http://www.istis.sh.cn/list/list.aspx?id=8576），访问日期：2018年10月17日。

[②] 兰德公司也曾进行过多份有关文化艺术领域的研究项目，如《培养对艺术的需求：艺术学习、艺术参与和国家艺术政策》（Laura Zakaras, Julia F. Lowell, *Cultivating Demand for the Arts: Arts Learning, Arts Engagement, and State Arts Policy*, 2008）、《都市艺术与文化：可持续发展策略》（Kevin F. McCarthy, Elizabeth Heneghan Ondaatje, Jennifer L. Novak, *Arts and Culture in the Metropolis: Strategies for Sustainability*, 2007）、《国家艺术机构，1965—2003：为谁服务？》（Julia F. Lowell, *State Arts Agencies, 1965-2003: Whose Interests to Serve?* 2004）等。*State Arts Policy: Trends and Future Prospects*, Published 2008 by the RAND Corporation, p. 4.

影响的数据。① 这些调查研究从不同角度证实了国家对艺术投资的价值。

其二，通过加入文化政策智库信息网络平台或组织网络，利用资源共享与合作共建的方式获取相关信息资源，及新的应对挑战的策略方法和经验。美国城市政策研究中心出版社曾在 2000 年委托 J. 马克·舒斯特教授就文化政策信息基础建设，做过一个国际层面的调查，其中涉及多个与文化政策相关的国际组织网络与信息网络平台的述评。舒斯特认为，研究与文献的跨国联系与协作是建立公共文化政策信息基础框架的重要组成部分，通过信息分享，共同推进其研究准则和一套完整的方法，可以获取规模效率。② 比如，欧洲理事会文化指导委员会与欧洲比较文化研究所合作创建的"欧洲文化政策与趋势纲要"（Compendium of Cultural Policies and Trends in Europe）网站，即是欧洲推进文化政策研究与决策服务的信息平台。依照专家设计的知识框架，共计 43 个国家参与提供本国文化政策综述及相关的法律法规、政策文本、统计数据等信息。此外，网站也与其他文化领域权威信息机构进行资源共建与合作。网站自创建以后持续跟踪这些信息资源，每年进行比较与趋势分析，目前已更新至第 18 版。这种文化政策信息基础设施的共建共享合作模式，已在世界范围内成功推广。③

再比如，国际艺术理事会及文化机构联合会（International Federation Of Arts Councils And Culture Agencies，IFACCA），则是各国艺术理事会、文化部的一个全球性网络，成员机构遍及 70 多个国家（中国也加入了该机构）。该联盟关注的艺术和文化政策议题包括：政策过程、当前问题、立法和融资、公共机构和基础设施及促进参与和伙伴关系等。其中首要主题即倡导并促进政府及社会公众对艺术文化的支持，提供关于艺术和文化资助的信息，并推广艺术和文

---

① 《美国国家艺术基金会报告：文化艺术的引擎作用被低估》，《中国文化报》2015 年 1 月 19 日。

② ［美］J. 马克·舒斯特：《文化政策信息基础建设：基于不同国家的案例分析》，李妍、李竞爽、王列生译，清华大学出版社 2016 年版，第 132 页。

③ 李婧：《纲要式专题数字资源库建设——以"欧洲文化政策与趋势纲要"网站为例》，《图书馆论坛》2017 年第 12 期。

化筹资策略及能力建设。① 国际艺术理事会及文化机构联合会发布的《IFACCA 成员机构政策研究报告》② 显示：在 IFACCA 现有的文化政策研究议题框架中，备受关注的优先议题，排在前六位的分别为——文化参与与文化消费；文化和创意产业；艺术的影响和价值：社会、经济、资助；统计、评估和其他评估工具；本土和传统的知识体系；艺术自律。大部分被访机构（仅有一家持不同意见）均认为文化（政策）研究对于政策制定有着显著而重要的意义，但需要文化（政策）研究和政策制定更好地结合，才能更广泛地在政府议程上施加影响，发挥文化（政策）研究应当具有的影响力。

其三，以立法的形式保障文化政策信息基础建设的开展。譬如，俄罗斯《文化艺术促进法》第 36 条规定政府有引导进行文化统计工作的责任，要求俄联邦国家权力机构的全部官方文化数据，须保证其可靠性、及时性与公开性。要求对文化机构所给予的服务质量进行独立评估；并保证文化机构的信息公开性与可用性。瑞士《文化促进联邦法》第 30 条对数据与评估做了规定：联邦数据局进行文化数据统计，数据需要特别地表明国家机关的资助情况及私主体对文化的贡献；联邦必须定期检查其文化政策和所采取促进措施的效果；检查结果公示，联邦文化局给予感兴趣的区县针对此结果发表看法的机会。日本《文化艺术振兴基本法》第 29 条、第 30 条和第 34 条分别对推进与文化艺术活动相关的信息通信技术的应用、为地方公共团体及民间团体提供相关信息、确保政策制定过程中艺术家、学者及其他广大国民的意见反映被政策实施机构有效利用等，做了相应的规定。文化政策研究和信息基础建设，可以保证最大限度地将数据转化成政策相关性的信息，再促进政策制定过程中的讨

---

① 国际艺术理事会及文化机构联合会有关文化融资栏目网址：https://ifacca.org/en/themes/financing-culture/，艺术和文化资助信息来源包括公共和私人资源，文化经济和创意文化产业。

② 被调研的研究机构来自 29 个国家，其中 11 个欧洲国家、7 个美洲国家、5 个非洲国家、3 个亚洲国家和 3 个大洋洲国家。Annamari Laaksonen：*IFACCA D'ART NO. 26B Policy Research by IFACCA Members: A Report*，IFACCA，February 2015，http://media.ifacca.org/files/DArtPolicyResearch26b.pdf，访问日期：2018 年 10 月 1 日。

论和决定。① 因此，文化政策信息基础建设被越来越多的国家所重视，除了在以上国家立法中体现以外，也有些是以部门行政法规的形式予以保障。

三　文化艺术领域立法工作

"艺术法"（Art Law）一词起源于20世纪70年代美欧各国的艺术投资热②，属于艺术/艺术商业法律。艺术法作为一门行业法，内容涵盖：从国际公约到各国国内法如民法、刑法、行政法、合同法、著作权法、商标法、拍卖法、文物保护法、艺术品经营管理办法，甚至包括濒临灭绝野生动植物保护条例等③，当然也涉及民间艺术、民间文化遗产保护等领域。文化艺术领域的立法，内容则更为广泛，其目标是确认公民的文化权利，保障、促进本国或本地区文化艺术领域的发展。

一般来说，对于表现自由，几乎所有法治国家都在其宪法中给予公民自由从事文化创作活动的权利；但表现自由也要受到法律的制约：法律禁止艺术表现中诽谤他人，宣扬暴力、淫秽色情的内容。④ 譬如，我国《宪法》第35条规定了"中华人民共和国公民有言论、出版、集会、结社、游行、示威的自由"；第47条规定了"中华人民共和国公民有进行科学研究、文学艺术创作和其他文化活动的自由"的同时，还在第51条中也规定了"中华人民共和国公民在行使自由和权利的时候，不得损害国家的、社会的、集体的利益和其他公民的合法的自由和权利"。中国《著作权法》中亦有规定："著作权人行使著作权，不得违反宪法和法律，不得损害公共利益。国家对作品的出版、传播依法进行监督管理。" 刘国林在述评美国艺术法时，也指出美国为艺术家的艺术创造活动提供了良好的法律保护与法律氛围，同时也对艺术家的创作活动给予某些法

---

① ［美］J. 马克·舒斯特：《文化政策信息基础建设：基于不同国家的案例分析》，李妍、李竞爽、王列生译，清华大学出版社2016年版，第16页。
② 吕睿：《艺术法体系构建研究》，《齐鲁艺苑》2014年第5期。
③ 英国专业法律研究及出版机构 Law Business Research 旗下 gettingthedealthrough.com 为其出版物《艺术法》所做的界定，涉及艺术/艺术商业法律管辖领域。
④ 周林：《艺术法：立法与实务》，知识产权出版社2017年版，第4—5页。

律限制。譬如，禁止艺术家创作淫秽作品，确保艺术品内容的健康与文明；艺术家在展览艺术品时必须选择适当的场所；艺术家所创作的艺术品不得侵犯他人的隐私权和广告权等。①

通常法治国家在文化艺术领域，都会注重通过对著作权（专有权）、利用权及成果保护权予以立法，来保护文化艺术创造者的合法权益和创作积极性。同时为了顺应信息化时代的快速发展，很多国家也做了若干修订工作以解决信息社会规范著作权（专有权）的问题。也有一些国家制定针对艺术家身份或社会保障的法律，如加拿大《艺术家身份法》、立陶宛《艺术家地位法及艺术家组织地位法》、德国《艺术家和新闻工作者社会保障法》②等。

有的国家是通过制定一系列文化领域专门法或相关的法律条款，来建立文化法制体系的；有的则通过整体文化立法，并以此为依据布局文化艺术领域发展。后者如日本《文化艺术振兴基本法》、瑞士《文化促进联邦法》、俄罗斯《文化艺术促进法》等。

执行于 2001 年的日本《文化艺术振兴基本法》，是指导日本制定文化艺术相关政策的重要法律依据。序言中除了肯定文化艺术其本身固有的意义和价值以外，还宣示了文化艺术对精神文明、社会活力及稳定发展的作用。它对日本文化艺术领域发展的基本理念、责权义务和具体政策措施做出了规定。有学者指出这并不是一部统一调整文化艺术领域所有社会关系的文化基本法（相比较，俄罗斯《文化艺术促进法》③则更为全面地兼顾了文化艺术领域相关的社会关系），而是一部有限意义的文化基本法。即立足发挥文化人权法与文化政策法的功能，既可以全面提高人的文化艺术修养及保障人们对于文化精神生活的基本需求；同时也明确了各项文化艺术的支

---

① 刘国林：《当代美国艺术法综述》，《新美术》1989 年第 4 期。
② 该法规定艺术家享有职员退休保险和法定疾病保险，并规定在缴纳社会保险费用方面享受一定优惠：只需缴纳一半，另一半由联邦补贴 20% 和企业税收 30% 负担。邢来顺、岳伟：《联邦德国的文化政策与文化多样性研究》，中国社会科学出版社 2017 年版，第 180 页。
③ 俄罗斯《文化艺术促进法》法律文本参见李竞爽、李妍主编《国外促进文化艺术繁荣政策法规读本》，中国文联出版社 2016 年版，第 477—505 页。

援措施，保证文化政策的实施具有相对的稳定性。① 该法律建立了中央与地方相互合作的文化行政模式，分别规定了国家和地方公共团体在推进文化艺术振兴方面的责任和义务（见第 3 条、第 4 条、第 5 条等）。同时，还规定：国家必须采取税制上的措施及其他必要措施，使文化艺术团体能够易于获得来自个人及民间团体的捐赠（见第 31 条）；国家必须促进艺术家及文化艺术团体与学习、文化设施、社会教育设施、福祉设施、医疗机构等相关机构的合作（见第 32 条）。②

瑞士是联邦制国家，联邦政府推行自由开放政策，各州享有自治权，可自行组织开展文化活动和对外交流。③ 2012 年开始执行的《文化促进联邦法》是瑞士第一次以法律的形式确立全国统一的文化发展方针，赋予了联邦政府发展文化事业的更多责任，法律文本规范了联邦政府及瑞士文化基金会在文化促进方面的组织与管理。④ 设置了 13 条内容（第 9 条至第 21 条）规范了联邦政府文化艺术资助内容及资助方式等。并专门在第 25 条中规定了对文化事业的财政资助与其他形式的支持，内容包括：财政资助将在允许的贷款范围内作为无须偿还的金钱给付、赤字保障、利息贴补、保证金、实物支付或者是有条件的须偿还贷款实行。资助也可以通过指导、发表意见以及（对文化事业的）支持鼓励，或者通过其他非金钱给付的方式进行。⑤

另一种立法模式，譬如美国属于英美法系（Common Law system），没有统一的艺术法法典，是通过具体判例与单行法规体现其艺术法律制度的。美国通过制定全面而完善的法律法规，并采用法

---

① 王隆文：《〈日本文化基本法〉的考察及其对中国的启示》，《日本问题研究》2013 年第 4 期。
② 日本《文化艺术振兴基本法》法律文本参见李竞爽、李妍主编《国外促进文化艺术繁荣政策法规读本》，中国文联出版社 2016 年版，第 440—447 页。
③ 郭灵凤：《变化中的瑞典文化政策：地方化与欧洲化》，《欧洲研究》2008 年第 2 期。
④ 彭微、张柯、金武刚：《当代瑞士文化法制建设新进展——〈文化促进联邦法〉述略》，《山东图书馆学刊》2012 年第 6 期。
⑤ 瑞士《文化促进联邦法》法律文本参见李竞爽、李妍主编《国外促进文化艺术繁荣政策法规读本》，中国文联出版社 2016 年版，第 461—473 页。

律法规监控下的市场化运行模式来促进艺术发展。在美国，间接资助是政府赞助艺术的重要方式，这类立法并未直接为专业艺术家和艺术机构提供资金，但增加了公众对艺术的了解，为艺术家的作品开辟了新的销路。采用的方法包括：许多州和地方市政当局采用专款比例条令间接资助艺术，譬如在新的政府建筑工程中，建筑费用的1%用于艺术方面；或使用州政府资金修建任何建筑物，在公有土地上修建建筑物，其建筑设计和选址方案都需经州艺术委员会批准，等等。[①] 其他还有制定有关公开展览艺术品、保护具有历史意义的古建筑的法规[②]，提供全额赞助，予以税收方面的优惠等。此外，在美国《国内税收法》501c3条款作用下，具有公益性质的非营利组织，均可享受一些特别的税收优惠政策。诸如大多数博物馆、芭蕾舞团和文化节、各类乐团、创作型剧院（除百老汇）、图书馆、大学出版社及独立书店、大多数艺术与实验电影影院等。它们除了可以获得一些税收上的豁免外，还可以获得其他支持，如邮资上的折扣，博物馆可免收艺术品的某些保险费，等等。上文曾提及过，给这些组织/机构捐款的，捐赠的钱数可从个人所得税中减掉，企业也有相应的减税待遇。这一税收引导型激励法规，无形中从经济层面为文化艺术类的非营利组织拓展了资源。

目前在中国，艺术法研究及艺术行业立法与实务均还不充分，文化领域立法工作发展情况在本书的第三章中会有涉及，这里不展开。有关专家总结中国艺术法发展现状如下：其一，艺术法的研究仅局限在艺术品所涉及著作权（版权）及其知识产权使用问题、艺术品相关税收（如直接税、间接税、进口环节税）、艺术慈善捐赠的免税制度等，布局不够全面，与之相关的文化政策研究亟待加强。其二，艺术法散落在关于艺术的多部民事法律与行政法律规范之中，部门立法代替国家立法，至今未形成有机独立的内容体系。其三，艺术法应用方面，还处于较为被动地处理法律纠纷的层面，

---

① ［美］伦纳德·D. 杜博夫、克里斯蒂·O. 金：《艺术法概要》，周林译，知识产权出版社2011年版，第92页。

② 美国《国内税务法》中也有一些规定对保护和修复古建筑实行优惠的政策，参见《美国法典》第26编第47条。

没有上升至保护创作、繁荣创作的高度;且长期以来某些涉及艺术的法律问题多以行政手段解决,虽然制定了有关艺术法律条款,但执行乏力。① 全国人大教科文卫委员会文化室主任朱兵也曾指出,一直以来,在中国特色社会主义法律体系中,文化立法都被视为短板。② 可见,推进中国文化艺术领域的法治建设,建立健全完备的文化法律制度仍需付出极大的努力。

2018年6月中国《文化产业促进法(草案征求意见稿)》(以下简称《草案》)面向全社会公开征集意见。从《草案》内容来看,《文化产业促进法》旨在将20多年来中国促进文化产业发展行之有效的实践经验法定化,健全促进社会效益和经济效益有机统一的制度规范;建立中央与地方相关主管部门相互合作、共同促进的文化行政模式;明确文化产业的范围、发展的基本理念、相关主体责权义务;对围绕创作生产、文化企业、文化市场三个关键环节,及人才、科技、金融财税等文化产业核心要素方面的具体政策措施做出规定,以保证文化产业政策实施具有相对的稳定性。该法不只是要完善文化产业发展的法治保障,解决长期以来中国高质量文化供给不足、产业发展不平衡、文化企业实力偏弱等突出问题。从某种程度上,该法律也上升到保护创作、生产、传播,繁荣文化发展的高度。该法将依照宪法保障公民自由从事文化创作活动的权利,对创作生产所涉及的政府扶持内容、资助方式、传播渠道及质量管理等方面作规定。该法也将保护中国兴起的各项经济社会文化权利,保护创作人员利益,严厉打击侵犯知识产权行为,保障各类文化企业依法合规经营,促进文化产品和人才、产权、技术、信息等文化生产要素合理流动,提高文化生活可及性及多样性。尽管《文

---

① 赵昆:《第十一届全国美展·当代美术创作论坛综述》,《美术家通讯》2010年第1期;吕睿:《艺术法体系构建研究》,《齐鲁艺苑》2014年第5期。吕睿认为,艺术法的民事法律制度关注权利作为制度创新的结果,保障着文化生产、传播与利用的智力劳动过程,服务于文化创新成果社会化、产业化、产权化的发展目标。文化活动创新以版权的获取为目的,文化产品传播以版权的交易为纽带,文化产业发展则以版权的保护为后盾。艺术法的行政法律制度则关照文化的政治诉求。
② 《朱兵谈文化立法:只有亲身经历才知文化立法不易》,《法治日报》2017年12月19日。截至2019年7月,中国现行有效法律272部,文化领域法律8部。

化产业促进法》并非旨在统一调整文化艺术领域所有社会关系，但文化产业繁荣发展的根本是要激发全民族文化创造活力，鼓励各个方面的创新与创造，它必将对中国文化艺术领域发展产生十分积极的影响。

四 艺术公共资助机构改革

各国的艺术公共资助机构（public funding agencies）在功能上有相似之处，虽然有些属于非营利组织，有些则是政府机构或半官方机构，还有一些是法定机构，但均执行国家或地区的文化艺术政策，以促进和提高公众对艺术的认知，鼓励艺术互动、艺术参与；支持创造性表达，鼓励创新和人才发展的多元化；追求艺术的卓越性及其他影响为目标。"如何应对时代的机遇和变化"是艺术公共资助机构发展的一个关键问题，包括如何对跨学科或新兴艺术实践做出更为积极的回应，与艺术界不断变化的需求保持同步。[①] 各类艺术公共资助机构的内部改革都十分注重资助结果与影响的反馈。关注资助程序的透明与回应性，关注资助标准是否符合公平性、经费使用的效率，以及资助目的的达成与申请者需求的满足等。资助的最终目的是希望艺术家/艺术组织将他们的创造力和精力投入到艺术实践和与公众的互动中，而不是花大量时间在错综复杂的程序和申请表格中摸索。

有学者总结英国的艺术资助政策是从产业链观点加以设计的，规划了稳定的补助工具和资金来源，除提供简便的申请格式外，也为艺术团体及艺术家个人提供管理、财务、税法上的咨询服务。资助项目考核主要集中在艺术创作端和艺术参与部分。美国的艺术资助政策强调不充分满足申请者的经费需求，要求受资助项目必须有其他资金来源。英美艺术公共资助机构均坚持采用同行评议（Peer-review）进行项目艺术价值的审查，对于资金的使用也基本都是以经济、效率与效能（economy、efficiency and effectiveness）评估项目。虽然各国对于文化艺术资助的做法有所不同，但目的均在于能

---

① Robyn Jeffrey, *Conversations Towards Change: How Dialogue with the Arts Community is Informing the New Funding Model*, Canada Council for the Arts, May 2015. p. 10.

将有限的资源进行公平与效率的配置,以及尽可能地在经费额度与审查机制上回应文艺界的需求与偏好。[1]

国际文化多样性联盟秘书长查尔斯·瓦勒兰以加拿大艺术公共资助机构为研究对象,调查了公共资金管理现状,并探讨了公共资金配置中参与式治理的规则如何达致公平可靠。参与式治理(participatory governance)是指利益相关者在决策过程中的参与。他认为,参与式治理方式在艺术行政管理中的运用,将有助于艺术公共资助机构改善管理。研究报告提出可依据好的管治(good governance)逻辑框架[2],从中挑选出与文化艺术部门最相关的指标设定体系,建议从"合法性和透明度"(Legitimacy and transparency)、"问责性"(Accountability)、"诚信管理"(Ethical management)及"参与式管理"(Participatory management)四个维度评估艺术公共资助机构在配置资金时的执行情况(见表1—1)。[3] 将"参与式治理"运用于艺术公共资助机构管理中,能较好地实施资金分配的公平与公正。通过可参照的指标框架考核机构的绩效表现,也可及时发现管理过程中出现的问题。

表1—1 查尔斯·瓦勒兰等设计的体现参与式治理理念的指标框架

艺术和文化公共资助机构提升管理水平可参照的指标	
合法性和透明度 Legitimacy and transparency	有充分渠道获取评价标准及决策结果
	有激励决策的政策和理由
	可获得信息的渠道
	掌管公共资金分配的管理者具有公正性

---

[1] 刘宜君、朱镇明、王俐容:《文化艺术补助政策之执行评估——政策德菲法之应用》,《中国行政评论》2011年第2期。

[2] Bourgault, Jacques, "Implications de La Bonne Gouvernance", in Corkery, Joan, *Gouvernance: Concepts et Applications/Governance: Concepts and Applications*, Bruxelles, Institut International des Sciences Administratives, 1999, pp. 173 – 189. 转引自该报告。

[3] Charles Vallerand, Azadeh Lessard, *Rules of good participatory governance in the allocation of public funds to artists and cultural organizations: a practical guide*, Coalition for Cultural Diversity, http://www.doc88.com/p-9082358624062.html, 访问日期:2018年10月21日。

续表

	艺术和文化公共资助机构提升管理水平可参照的指标
问责性 Accountability	审议期间需保证言论自由及提问环节
	年度报告中需体现工作目标进展情况
	审计工作需由独立于管理层的人员负责
	需主动公布审计情况
诚信管理 Ethical management	公开各项工作行为准则
	有利益冲突情况发生，需主动披露
	有管理不善情况发生，需有相应行政处罚手段
	具有与检举相关的政策
参与式管理 Participatory management	注重咨询协商工作的效率性
	360°协商：全面体现政策相关者的多样性
	注重参与者的多元化：体现政策相关者代表的平衡性
	对管理过程进行持续性监管

资料来源：Charles Vallerand, Azadeh Lessard, *Rules of good participatory governance in the allocation of public funds to artists and cultural organizations: a practical guide*, Coalition for Cultural Diversity, http://www.doc88.com/p-9082358624062.html, 访问日期：2018年10月21日。

20世纪末，艺术公共资助机构开始面临配置资源有限，但申请资助的文化艺术项目不断增长，公众对文化艺术的需求也在日益提升。为此，新西兰、澳洲、爱尔兰、英国、加拿大等国家纷纷开始强调艺术公共资助机构的改革取向，实施了一系列资助改革——将艺术补贴行为转换为艺术融资行动。比如，爱尔兰艺术理事会于2012年开始启动筹募试点项目（The RAISE），通过为12个选定的艺术组织提供工具、技能和资源，帮助其建立有效筹款的能力。有报告显示，2014年参加筹募试点的组织募集到的私人投资比2013年增长了18%，比2012年增长了52%。[①] 爱尔兰艺术理事会定期公布前一年受资助的艺术组织获得私人投资的水平和类型，通过与

[①] Arts Council's RAISE pilot reports increase in private funding, The Arts Council of Ireland May 2015, http://www.artscouncil.ie/funding/, 访问日期：2018年8月23日。

以往数据比对，使其成为识别趋势的有用工具。2015年9月，爱尔兰艺术理事会发布了促进艺术发展的战略报告——《创作伟大的艺术品（2016—2025）》(Making Great Art Work)，其中将投资策略（Investment Strategy）及能力建设（Developing Capacity）均放置于核心地位。① 加拿大艺术理事会从2017年开始采用新的资助模式（funding model）——打破原先严格限制艺术类别及项目的做法，有效利用公共资源的同时积极吸纳公众支持——以期更有策略地资助加拿大优秀艺术作品的创作和传播，以更为灵活有效的方式支持艺术家及各类艺术组织的发展。新方案设定了六大不限制艺术门类的项目，取代以往大量分散于各个专业性领域的项目，注重加强艺术家及艺术团体建设能力及专业技能的培养，资源配置聚焦于跨艺术实践领域的艺术研究、创作、生产和传播。②

多元角色定位成为许多艺术公共资助机构改革的方向。2016年中国台湾地区艺文奖助政策施行20年之际，曾召开"20周年回顾与前瞻论坛"，针对艺术补助类别、艺企合作、财艺会组织发展定位等内容展开观察与讨论。王俐容在题为《财艺会组织定位论述：二十年的回顾与展望》的发言中指出，除奖助机制以外，台湾地区的财艺会还逐步发展出新的角色功能，即设置了三个辅助性策略：艺文智库、艺企合作、国际艺术网络发展平台，这些角色之间有着互相支持的功能。文化外交政策是许多发达国家文化政策的重要内容，因此在艺术公共资助机构的角色功能中亦有体现。新加坡国家艺术理事会即被视为新加坡文化外交重要推动机构之一。新加坡政府2014年设立"文化外交基金"，在该基金的支持下，新加坡国家艺术理事会得以更进一步推动国际资助项目，包括国际游历资助计划、国际合作资助计划、市场发展资助计划等。文化交流与国际合作是英格兰艺术委员会长期以来深耕的领域，英格兰艺术委员会2012年新启动了一个为艺术家特别设置的国际发展基金（Artists'

---

① http://www.artscouncil.ie/Funding/Funding-Framework/#1，访问日期：2018年10月23日。

② New Funding Model：6 New Programs in 2017, Canada Council for the Arts, https://canadacouncil.ca/funding，访问日期：2018年8月23日。

International Development Fund)。项目不仅资助艺术家,而且资助创意从业者开展国际联结,肯定文化创意产业在国际贸易中的重要性,以及文化艺术对于外交的贡献。对外交流过程中强调互惠(reciprocity)以及相关性(mutuality)是极为重要的。因此,项目鼓励广泛的国际合作,艺术家和团体借由相关计划所得到的经验与伙伴关系也有助于国内文化艺术环境的发展。

总结以上近期改革措施经验可发现:资助机构自身也在不断拓展可配置的资源,不满足于奖助的角色,开始从"资助机构"向"发展机构"或"战略机构"转型。因此,除了机构自身能力建设以外,也注重受资助艺术家/团体的能力建设和创业精神,包括如何争取更多政府以外的资金来源,如何培养和拓展观众,如何利用科技改善艺术创作和管理工作等。资助项目也不再局限于传统艺术领域界别划分,而是积极回应当前跨界实践的需求。资助理念上将艺术家个人的卓越与国家的卓越相联系,在国家文化艺术政策框架内通过广泛而有策略性的资助,丰富国家的文化艺术生态。其实,在前面介绍多元主体合作伙伴模式内容时,我们也可以看到这一变革思想在资助机构创新实践中的运用。

第二章

中国文化资助机制及政策研究

第一节 改革开放 40 年中国文化资助机制的发展逻辑

一 中国文化政策 40 年改革与发展

改革开放是中国一项基本国策，属于方向性的"元政策"。40年以来中国以经济建设为中心，从计划经济向市场经济转轨，这是一个制度变化的过程，由此开启了新时期现代化道路。其发展模式是：通过经济制度转型深化改革、推动社会制度的创新和社会秩序的确立，进而建成社会主义现代化强国；在融入世界经济体系和经济全球化进程中实现全面对外开放格局。从历史发展逻辑来看，改革开放前30年的制度建设及文化建设为改革开放后文化发展提供了根本的政治前提及中国社会主义基本制度基础，并为制度变迁中形成良性"路径依赖"提供了保证。改革开放是制度继承与自我完善的发展路径。国家宏观层面的政治、经济顶层制度设计对文化政策价值理念及文化领域的制度安排产生了绝对的影响。体现在国家发展战略及其之下的文化发展战略，决定了不同时期文化政策的定位及目标指向，文化政策也因应国内外形势变化不断调整发展重心，并影响着文化资助机制的运行方式及特征。文化政策调整、文化体制创新是文化资助机制演进的动力因。

学界普遍认为，历届中国共产党全国代表大会报告和每年人大政府工作报告中涉及的文化建设内容，处于文化政策领域最高地位。它们对文化领域基本政策和具体政策具有指导价值和意义，是文化政策的"元政策"。以下本章将以此作为划分文化政策发展历史阶段的关键节点，分别以党的十一届三中全会、党的十六大及党的十八大报告内容作为判断依据。这一历史阶段划分基本与文化体制改革发展进程的阶段划分是一致的。本章尝试通过对文化政策发展历史阶段的现象分析，考察改革开放40年制度变迁对文化政策选择产生的影响及文化发展的动力机制。辨识中国文化资助机制演变轨迹及发展思路。结合新时代发展要求及内外部环境挑战，就未来中国文化资助机制创新方向做出科学分析及展望。

在中国当代社会发展语境中，狭义理解的文化政策总体上是由集体的政治决策决定的。胡霁荣、张春美认为中国文化政策通常有两大来源：一是制度性来源，即由政府及文化管理部门制定的有关文化的行政规章、行政法规及规范性文件等；二是政治行政来源，即中共中央历次代表大会报告、历届人大政府工作报告涉及文化领域的部分。[①] 从中国文化政策发展历程来看，党和政府对文化建设在国家现代化发展布局中的地位和作用的认知在不断深化，文化的地位也在不断提升。党的十六大以前，文化同教育、科技、卫生并列；从党的十六大开始，文化同经济、政治、社会相提并论；在党的十八大提出的"五位一体"总体布局中，文化仍是重要部分。文化政策决定了文化发展的方向、措施及文化资源配置方式，不同阶段的文化政策呈现出不同的政策目标及特征。以下本书将改革开放以后中国文化政策40年发展大致分为三个历史阶段。

（一）转轨调整阶段的文化政策时期（1978—2002年）

1978年党的十一届三中全会确立了党和政府的工作重点转移到社会主义现代化建设上来，以经济建设为中心，实行改革开放。中国文化政策也逐步摆脱了政治化思维，转向从社会现实需求中寻找立足点。[②] 早期党和政府是以精神文明建设统领文化建设的。文化

[①] 胡霁荣、张春美：《治理视域下中国文化政策的转型脉络》，《福建论坛》（人文社会科学版）2014年第8期。

[②] 周正兵：《我国文化政策演变历史研究——基于意识形态的视角》，《中国出版》2013年第23期。

建设要适应转型社会,既要符合精神文明建设需要,又要符合艺术自身发展规律。邓小平强调:"我们要在建设高度物质文明的同时,提高全民族的科学文化水平,发展高尚的丰富多彩的文化生活,建设高度的社会主义精神文明。"[①] 他所谓的精神文明,"不但是指教育、科学、文化(这是完全必要的),而且是指共产主义的思想、理想、信念、道德、纪律,革命的立场和原则,人与人的同志式关系,等等"[②]。此时的文化建设,相对而言还是一个次要的领域,成为一种辅助性社会资本,其功能是为经济建设提供支撑。[③] 直到1997年《文化事业发展"九五"计划和2010年远景目标纲要》出台,文化建设才被单独强调——"社会主义文化事业是社会主义精神文明建设的重要内容,也是社会主义现代化建设的重要组成部分。"

随着文化体制改革的逐步深入,党和政府认知到文化的"双重属性",即意识形态属性之外还有经济属性。1988年国家政策中确立了"文化市场"概念,1998年国家文化部设立"文化产业司",正式将文化产业发展纳入政府的管理范畴。2001年底中国加入世界贸易组织。这一开放过程随之带来全球化对中国经济、政治、文化的影响,尤其是中国再也无法回避文化市场的全球整合趋势,全面进入全球化文化生产和文化消费格局中。2002年党的十六大报告提出"文化产业"概念,第一次把文化分成"文化事业"和"文化产业"。文化的经济属性获得了国家层面的合法认定。

文化领域的市场化改革,在丰富文化产品的生产主体、繁荣文化市场的同时,也带来大量市场失灵现象,文化商品市场经营活动一度出现了混乱。这段时间文化部出台了大量规范性文件,以加强文化管理上的引导,规范文化企业的经营行为。国务院也先后颁布

---

① 邓小平:《在中国文学艺术工作者第四次代表大会上的祝词》(1979年10月30日),载《邓小平文选》第2卷,人民出版社1994年版,第208页。
② 邓小平:《贯彻调整方针,保证安定团结》(1980年12月25日),载《邓小平文选》第2卷,人民出版社1994年版,第367页。
③ 谢秋山、陈世香:《我国文化政策的演变与前瞻》,《中南大学学报》(社会科学版)2014年第4期。

了一系列文化经济政策文件。① 转轨调整阶段的文化政策，其目标是从根本上改变计划经济体制下文化产品按计划生产，存在管理机制缺乏活力的问题。通过"以文养文"的方式为文化事业发展提供经济来源，通过"事业单位企业化经营"的方式增强文化事业的自我发展能力，通过逐步整合社会力量推进社会主义文化建设。由于这一阶段处于转型期，政策工具使用较为单一，仍以行政管制为主，还带有一定的计划经济色彩。

（二）改革探索阶段的文化政策时期（2002—2012年）

2002年党的十六大明确提出经济建设、政治建设和文化建设"三位一体"的战略布局，并从适应市场经济体制的要求出发，对文化体制改革新任务、新举措予以政策引导。2003年出台的《关于文化体制改革试点工作的意见》，标志着全国文化体制改革全面铺开。李河、张晓明认为，这一阶段开启的文化体制改革以其全面和深刻程度，可看作是新中国建立社会主义制度后开始市场经济体制改革以来最重大的一次"文化政策变迁"。② 文化体制改革既是对文化行政管理模式的重新设定，同时也需要进一步厘清文化发展的内容及目标，重构与社会主义市场经济体制相适应的文化管理体制机制，以及相关的政策环境。党和政府逐步从对文化生产的直接干预转为间接干预，通过文化政策措施激发其他行为主体的作用，让社会成员获得自主性，获得自身的创造活力。

文化现代化的发展推动文化成为一个与政治、经济、社会相对分离的领域，文化的独立性、重要性日益凸显。文化的审美价值、社会价值、经济价值、伦理价值等多元价值功能被广泛运用于政策实践中。2006年出台的《国家"十一五"时期文化发展规划纲要》，是中国第一次专门部署文化建设的中长期规划。纲要明确提出"公共文化服务"的建设目标和具体措施；将财政投入的公益性

---

① 如1991年国务院转批了文化部《关于文化事业若干经济政策意见的报告》（国发〔1991〕31号）；1996年发布了《国务院关于进一步完善文化经济政策的若干规定》（国发〔1996〕37号）；2000年国务院下发《关于支持文化事业发展若干经济政策的通知》（国发〔2000〕41号），等等。

② 李河、张晓明：《当代中国文化政策十年》，《中国社会科学院院报》2008年5月8日。

文化事业与市场驱动的经营性文化产业相区分，传统文化事业体系逐步朝着完善现代公共文化服务体系，及健全现代文化市场体系方向发展。为了弥补市场失灵，以及市场不能在公共领域高效发挥作用的缺陷，构建"覆盖全社会的比较完备的公共文化服务体系"成为文化建设重要的工作目标之一。每年大量公共财政预算经费投入到公共文化设施、文化产品、文化活动以及其他相关服务，以满足公民基本文化需求。同时，政府通过市场机制引导社会资金和金融资本支持文化产业振兴和新兴产业繁荣[1]；通过政府采购、外包、委托生产等手段，让市场机制在公共文化服务体系资源配置和使用中也发挥积极作用。

这一阶段，文化领域公共政策制定和出台的步伐越来越快，国家也在不断加大各级财政在文化建设上的投入力度。中华人民共和国文化部网站显示：从1978年到2002年的15年间，国家出台的相关政策法规只有37个，而2003年至2012年底这10年间则多达466个。[2] 2007年国家统计局把文化体育与传媒收支单列一项，而之前文化建设方面的公共财政收支都是列在社会文教事业费或文教科学卫生事业费内。该年国家在文化体育与传媒方面的投入仅为89.64亿元，到了2012年这一数字达到2251亿元，五年间翻了24倍。改革探索阶段的文化政策，其目标是"以建设社会主义核心价值体系为根本任务"（《中共中央关于深化文化体制改革 推动社会主义文化大发展大繁荣若干重大问题的决定》），对社会行为予以引导和规范，塑造社会风尚和新的价值秩序，服务于"社会主义和谐社会"（《中共中央关于构建社会主义和谐社会若干重大问题的决定》）总体方向。为了解决政企不分、政事不分问题，文化事业单位长期以来的双轨制问题，原有的条块分割、地区封锁、城乡分离的市场格局问题，以及对外文化贸易长期处于逆差问题，党和政府

---

[1] 《国务院关于非公有资本进入文化产业的若干决定》（国发〔2005〕10号）的新的经济政策为私人资本进入文化产业提供了法律依据。此后，出台了许多鼓励新兴文化产业发展的政策文件。

[2] 谢秋山、陈世香：《我国文化政策的演变与前瞻》，《中南大学学报》（社会科学版）2014年第4期。

加强了对文化宏观管理体制、文化生产和服务的微观运行机制、现代文化市场体系、文化创新体系四个方面的改革。这一时期文化体制改革的重心是区分公益性文化事业和经营性文化产业，区分开是为了推动国有文化单位分类改革，最终目的是将两者相联系、相结合，推动文化发展。① 改革探索阶段的文化政策，处于发育中市场机制与行政性干预并存的环境中，多重目标特征明显，政策工具仍偏重行政管理，轻法律手段、经济手段和技术手段管理。

（三）现代化治理阶段文化政策时期（2012年至今）

党的十八大以来，推进国家治理体系和治理能力现代化，成为全面深化改革的总目标，中国文化政策体系也迈入法治和现代治理阶段。针对"建设社会主义文化强国，关键是增强全民族文化创造活力"，党和政府进一步加强了顶层设计，推动文化领域改革创新，制定实施《深化文化体制改革实施方案》《国家"十三五"时期文化发展改革规划纲要》等政策文件，加快完善文化管理体制和生产经营体制、建立健全现代公共文化服务体系和现代文化市场体系，形成文化事业与文化产业相辅相成的格局。2013年国家艺术基金成立和运行，是国家艺术资助机制的重大变革，直接推动政府部门转变文化发展的资源配置方式，由办文化向管文化转变。当前，中国已初步形成以公共财政为主导，多渠道筹资、多种资助主体、多种资助方式的多元混合文化资助机制。

面对社会转型时期的各种新矛盾和新问题，尤其是客观存在的精神迷失现象和社会信仰危机，文化的社会治理功能被放到重要的位置。体现在文化建设"以社会主义核心价值观为引领"的工作导向上。虽然在党的十六大时就已提出社会主义核心价值观的概念，但具体内容是党的十八大时才明确。习近平总书记在政治局集体学习时强调："核心价值观是文化软实力的灵魂、文化软实力建设的重点。这是决定文化性质和方向的最深层次要素。"如何通过社会主义核心价值观，将社会主义先进文化内化为广大人

---

① 高书生：《文化改革发展的十个关键词》，文化产业评论公众号2015年11月12日，https://mp.weixin.qq.com/s/5yMkYXUgYMesl－3cDuWaxA，访问日期：2018年9月23日。

民群众内心价值信仰，仍将是未来一段时间内亟待解决的重大问题。以促进社会公平为主旨的公共政策，侧重于公民平等接触文化艺术的机会。2015年印发的《关于加快构建现代公共文化服务体系的意见》，首次把标准化、均等化作为保障人民群众基本文化权益的重要举措提上日程。地方上也在积极探索公共文化机构规范化管理的路径。譬如，《上海市美术馆管理办法（试行）》2018年6月1日起开始实施，试行期为两年。这是全国出台的第一个省级美术馆行业管理规范性文件，明确了美术馆是为公众提供文化内容的公益性机构。[1]

从整体上看，在中国特色社会主义法律体系中，文化立法一直都被视为短板。截至2019年6月，中国现行有效法律272部[2]，而文化领域法律仅8部（分别是：《文物保护法》《档案法》《著作权法》《非物质文化遗产法》《电影产业促进法》《公共文化服务保障法》《公共图书馆法》《网络安全法》）。长期以来，中国大部分文化政策停留在部门规章和规范性文件的层面，政府部门的文化管理实践主要依靠管制这一政策工具校正市场失灵，某些涉及文化艺术的法律问题也多以行政手段解决。这一阶段，文化领域立法工作获得极大推进，尤其是《网络安全法》（2016）、《公共文化服务保障法》（2016）、《电影产业促进法》（2017）、《公共图书馆法》（2017）相继出台。《文化产业促进法》也被列入全国人大常委会五年立法规划。近期《文化产业促进法（草案征求意见稿）》的公布，标志着中国文化领域开启从行政维护到法律保障的新进展，这也是提高文化领域治理能力现代化的必然要求。

鉴于文化产业在全球经济危机中对经济转型作用的显现，党的

---

[1] 针对上海在全国率先实施美术馆管理办法，文化部艺术司司长诸迪在媒体上予以肯定，并指出将在广泛调研和总结各地经验的基础上研究在国家层面上制定出台相关政策和管理办法。参见诸迪《上海率先出台省一级美术馆管理办法，具有重要的意义》，《文汇报》2018年5月29日。在中国文化政策制定过程中，各地方的试点经验是非常重要的一个环节。

[2] 《聚焦政法领域 全面深化改革：破难题 解新题 谱新篇》，新华社2019年7月28日，http://www.sohu.com/a/329818403_267106?g=0，访问日期：2019年8月12日。

十七届六中全会及党的十八大将文化产业的发展提升到一个新的高度——推动文化产业建设成为国民经济的支柱性产业。中国文化产业政策确立了以市场为导向，"坚持把社会效益放在首位、社会效益和经济效益相统一"的发展原则。为了促进文化与科技融合，发展新型文化业态，提高文化产业规模化、集约化、专业化水平，2012年起先后出台了更为细化的产业政策和扶持政策，包括与文化产业相关的综合性政策、文化与相关产业融合发展政策、文化产业资金扶持政策、文化产业税收优惠政策、文化产业园区（集聚区）认定关系相关政策，等等。这些政策不仅推动了文化的"产业化"，而且推动了传统产业、新兴产业与文化、创意、科技的跨界融合，从而极大提升了相关产业的附加值。从《文化产业促进法（草案征求意见稿）》内容来看，该法律确立了中央与地方相关主管部门相互合作、共同促进的文化行政模式；明确了文化产业的范围、发展的基本理念、相关主体责权义务；对围绕创作生产、文化企业、文化市场三个关键环节，及人才、科技、金融财税等文化产业核心要素方面的具体政策措施做出规定，以保证文化产业政策实施具有相对的稳定性。如果说《公共文化服务保障法》聚焦于基本公共文化服务的法律定位，那么《文化产业促进法》的立法目的则是激发文化市场活力，规范文化市场秩序，提高文化产业发展水平。前者是保障性的，后者是促进性的，两部法律相辅相成，在加强对公民基本文化权益保障基础上，推动文化产业实现高质量发展。

综合观之，现代化治理阶段的文化政策，目标指向服务于从全面建成小康社会到基本实现现代化，再到全面建成社会主义现代化强国的战略安排。政策工具使用强调依法管理、管办分离。重视文化社会功能和经济功能的同时，在新形势下党和政府把掌握社会主义意识形态领导权，作为中国特色社会主义新时代文化建设的重要任务。

二 中国文化资助机制演变路径及发展思路

中国文化资助机制的演变，直接受国家文化发展战略及社会主义市场经济体制影响，同时也与财政体制改革和文化体制改革息息相关。从计划经济向市场经济转轨过程中，财政管理体制从生产建设型财政向公共财政模式转变，文化体制改革也逐步推动向服务型政府治理模式发展。总体上来说，中国文化资助模式特征表现为政府干预——既注重发挥市场配置资源的基础性作用，又强调政府的导向作用。以下本书采用文化资助机制运行分析框架，从目标指向、筹资机制、分配和使用规则三方面辨识中国文化资助机制演变轨迹及特征。

(一) 文化资助的目标指向培育文化创造生产力

文化通常被视为是群体形成的一种机制。虽然个体是群体的一部分，但文化体现的不是个体的特征，文化也不是任何个体的创造，但却依赖于个体创造力汇集形成群体文化特征。可见，文化社会功能之一，即注重将个体公民的审美能力、交流能力培育演化成为群体的创新能力及社会建构能力。改革开放以后，文化逐步成为社会改变和构建的主体。文化建设从辅助性社会资本，为政治稳定和经济发展提供支撑，转变成为国家现代化发展战略重要组成部分。[1] 这一变化凸显了文化建设的相对独立地位，文化功能依然需要服务于经济、政治发展，但文化的社会性和经济性的功能被大大增强了，文化政策涉及的内容也更为丰富和全面。40 年发展，党和政府正视社会主要矛盾的存在，积极促进矛盾向好的方面转化——从"人民日益增长的物质文化需要同落后的社会生产之间的矛盾"转化为"人民日益增长的美好生活需要和不平衡不充分的发展之间的矛盾"。现阶段如何回应人民群众多样性的文化需求，发展高质量文化创造生产力、优化文化生产关系成为新的发展要求。公共领域内的文化发展不仅要满足基本文化需求，而且也要积极引导发展性文化需求，提升民众文化获得感和幸福感。为了推动文化高质量发展，文化政策措施包括扶持精品创作；资助或投资原创内容；鼓励优秀传统文化与全球化新趋势相结合，实现创造性转化和创新性发展等。为了解决文化发展不平衡不充分问题，文化政策措

---

[1] 郭远远、陈世香：《改革开放 40 年来文化建设定位的历史演变与未来展望——基于历年国务院政策文本的分析》，《中南大学学报》(社会科学版) 2018 年第 1 期。

施致力于推动城乡、区域协调发展，补贴文化消费，提高保障和改善文化民生水平等。创造力不单是个人的才华，也是整体社会的资源，需要共同体文化生产、累积。当前社会发展已从依靠物质投入转向创新驱动，文化创造生产力与创新的关联性是不言而喻的。文化政策的发展趋势必然是从保障公民基本文化权益，走向扩大民众文化参与或民众文化创造、文化教育或文化传播，并最终指向培育文化创造生产力。这就决定了中国文化资助机制的根本目标是"激发全民族文化创新创造活力，建设社会主义文化强国"。

（二）建立以财政资助为主社会融资为辅的筹资机制

市场决定资源配置是市场经济的基本要求。改革开放40年经历了对政府与市场关系的认识不断深化的过程，最终确立了"使市场在资源配置中起决定性作用和更好发挥政府作用"（《中共中央关于全面深化改革若干重大问题的决定》）的目标。市场调节的分配功能有助于提高效率，却无力解决公共产品的生产问题。因此，需要通过政府的作用加以解决。更好发挥政府作用，不是回到以前政府对文化事业大包大揽，而是推动政府职能从办文化向管文化转变，改变以往"错位""越位""缺位"现象。现代政府公共财政资助文化，大致主要基于以下三种理据：其一，保障公民文化权利及发展机会平等的同时，投资人力资本、提高公民素质；其二，维护文化生态结构的多样性；其三，延续文化传承力及创造力，维持社会文明的发展。中国是政府主导文化管理和政策的体制，公共财政的资源配置职能比成熟市场经济国家要更加广泛。因此，公共财政支持在文化资助体系中占据重要地位。公共财政发挥的调控作用主要体现在两方面：第一，政策引导功能和杠杆作用。通过财政投入和财税优惠政策，引导社会资本、金融资金进入国家政策允许的文化领域，引导内容生产和传播沿着社会主义先进文化前进方向发展，引导各种社会力量加入到提供公共文化服务行列，从而提高公共文化产品供给的质量和效率。第二，结构调整功能。通过财政投入、转移支付和税收优惠等政策，引导文化资源和生产要素跨地区、跨行业、跨所有制流动，推动文化创新、文化新兴业态发展，缩小城乡和区域文化发展差距，实现文化领域公共资源配置的公平、公开、公正。① 近些年，基金制管理、项目化运作成为文化资助机制发展新的动向；今后如何利用市场机制调动更多力量，以多种形式支持文化发展是完善文化资助制度的重要路径。

（三）文化资助的分配和使用逐步从财政直接资助向多元化混合方式发展

中国自 1994 年实施分税改革以来，初步构建了中央与地方财政事权和支出责任划分的体系框架。文化领域公共财政资助由中央和地方共同分担，资助方式采用国家财政专项资金②、专项转移支付③等手段，同时拓宽文化领域资金投入渠道，逐步形成适应社会主义市场经济要求的筹资机制和多渠道投入体制。其中，中央财政主要对国家级文化机构、重大文化遗产保护项目、关系国家文化安全和文化发展重大战略意义的项目和公共文化服务平台给予直接资助。对地方文化遗产保护项目和中西部少数民族地区、贫困地区文化发展予以补助。对符合国家文化产业政策发展方向，对当地文化产业具有服务或促进作用的重点产业项目予以项目补助、贷款贴息、保费补贴及绩效奖励等。中央财政主要发挥导向性和示范性作用，带动地方财政将有限的资金投向文化领域发展的重点项目上来。而地方财政则根据量入为出的原则，在中央财政的支持下，资助并支持

---

① 齐勇锋等：《中国文化发展战略与公共财政研究》，中国经济出版社 2014 年版，第 5—6 页。

② 专项资金是具有专门指定用途或特殊用途的资金，需专款专用；各类专项资金重点用于落实党中央、国务院和宣传文化部门确定的重大政策和项目。如宣传文化发展专项资金、优秀剧（节）目创作演出专项资金、国家电影事业发展专项资金、电影精品专项资金、出版发展专项资金和扶持动漫产业发展专项资金、文化产业发展专项资金、中央补助地方公共文化服务体系建设专项资金、城市社区文化中心（街道文化站）和社区文化活动室设备购置专项资金等。还包括重点文化工程专项，譬如扶持文艺创作生产方面，有国家舞台艺术精品工程、国家重大历史题材美术创作工程、国家重大现实题材美术创作工程、国家重大出版工程等；扶持文化遗产保护方面，有名家传戏——当代戏曲名家收徒传艺工程等；扶持文化传播领域，有西新工程、东南工程、东风工程等；扶持公共文化服务方面，有文化信息资源共享工程、村村通工程、农村电影放映工程、农家书屋工程等。

③ 专项转移支付是中央财政为实现特定的宏观政策及事业发展战略目标而设立的补助资金，重点用于各类事关民生的公共服务领域；地方财政需按规定用途使用资金。

区域内文化发展。公共财政投入合理划分各级政府在文化领域的财政事权和支出责任，明确地方主体责任，是支持文化发展改革的重要保障。无论是中央财政还是地方财政，文化领域资助方式正逐步从单一的直接财政投入，向政府采购、专项拨款（全额资助、部分资助和奖励等）、补助补贴、专项贴息（全额或部分贴息）等多种直接投入和艺术基金、税收优惠等间接方式转型，从单一类型向多种组合类型方向发展。

三　对中国文化资助机制创新发展的思考

中国充分考虑基本国情和文化建设的价值取向，坚持因地制宜及自身传统和独特性，在对外开放过程中学习西方经验和教训、提升国家适应能力的同时不盲目照搬，以渐进式改革实践促发展是中国改革开放40年的重要启示。我们正在探索一条不同于欧洲大陆文化管理体制和英美文化管理模式的发展道路，初步形成了有助于传承优秀传统文化、培育文化创造活力的文化资助制度体系。但从长远看，制度设计方面还亟待完善，需要我们深刻理解资助机制背后的问题和脉络，及政策执行上可能遭遇到的困难，建立能因应国内外形势的灵活性机制。本书认为，对中国文化资助机制创新发展的探讨应立足于：首先，对制度变迁中良性"路径依赖"的肯定；其次，回应新时代国家发展与人民需求，落实全球化思考本地化行动。

（一）正确对待制度变迁中的路径依赖

在制度变迁过程中，人们过去的政策选择或价值选择决定着他们现在及未来可能的选择。形成正确的路径依赖并沿着良性轨迹发展，有助于制度在自我完善过程中不断发展。纵观新中国成立70年的发展进程，尤其在关注改革开放以来的巨大变化时，我们也需要正确看待其中一脉相承的基本点，这些良性的不变的因素所形成的路径依赖，不仅是改革开放实践成功的原因，而且也对历史走向产生深刻影响。

譬如，人民的主体性在文化政策制定过程中是一以贯之的。文化政策作为公共政策的重要组成部分之一，与国家的政治文化是不可分割的，并始终反映一个国家的历史经验和价值体系。当代中国文化政策秉承中国共产党最根本的政治立场——人民立场。毛泽东《在延安文艺座谈会上的讲话》被公认为是中国共产党取得政权之后制定并实施文艺政策的重要理论依据，它解答了有关文艺的立场和价值观问题，即"为什么人的问题，是一个根本的问题，原则的问题"。以此为起点，纵然文化政策在中国社会主义建设不同历史阶段被不断调整，但其核心政策理念却始终坚持人民立场，服务于国家"为人民而发展"的现代化战略。并在改革开放40年发展过程中不断完善充实，从最初"文艺为人民服务，为社会主义服务"的提出，到当前文化建设基本要求——"坚持为人民服务、为社会主义服务，坚持百花齐放、百家争鸣，坚持创造性转化、创新性发展。"马克思主义文化与社会之间关系的传统，在此得到了现代意义的重视和发展。[①] 马克思论述的关于人的自由与全面发展的观念，在"强调人的基本权利（包括文化权利）实现及人的全面发展"的具体政策措施中得以体现。尤其进入21世纪，文化政策的公共性内涵在现代公共文化服务体系构建过程中更为具体化，以促进社会公平正义和人的全面发展。公共财政投入向基本公共文化需求倾斜、向农村文化倾斜，强调要为不同区域、社会经济阶层和教育背景的人民群众参与文化实践提供平等机会，着力支持与人民群众基本文化权益直接相关的问题。中国文化政策主要采用自上而下推行文化民主的途径，并回应自下而上的文化利益诉求。无论是公共领域强调政府主导、社会力量参与；还是优化市场准入环境，发展市场主体，均吸纳了一种自下而上渐进式、交流式建构路径，对总体文化政策产生积极影响。

（二）落实全球化思考本地化行动

我们需根据全面建设社会主义现代化强国的要求，紧密结合时代出现的新情况、新问题，思考下一步深化改革的任务和举措。改革的目标是有效供给与需求对接问题，市场可以解决效率问题，但解决不了质量问题和价值问题。如何建立文化资助体系可持续性内生动力？对于中国当前而言，仍是十分关键的任务。现阶段及未

---

① 王杰：《中国当代文艺政策的美学基础》，《思想战线》2018年第2期。

来，广大民众对转变政府职能，加快文化行政管理体制改革和文化民主的要求会日益强烈，文化政策措施要从满足文化消费权利走向促进文化参与权利和文化创造权利，从而激发市场活力及社会活力。政府应逐步从公共文化产品的生产者、提供者角色向资助者及资源的调节者角色转换。在全方位开放格局下，当今的中国更需要站在全球视角做长远展望，能够识别全球趋势与新的挑战，不断提升学习创新能力；同时还要有本地化行动能力，能够迅速回应本地社会实际需求。这就要求文化资助机制应具备适应市场竞争和全球环境变化的韧性。如何调整？本书做了以下三方面的思考。

首先，在经济全球化时代，任何一个国家都无法保证经济持续增长、财政收入持续增加，因此，需要建立可以补充公共财政支持文化发展的机制，拓展资金来源渠道以规避风险。除了从宏观角度审视文化资源配置及可持续发展方面的政策举措以外，我们还需要从微观管理角度寻求提高资金使用效能的切入点。譬如，由于资金来源及文化政策的不同，中国公共文化机构在运营上呈现出不同于西方国家的特点和难点。在欧美，博物馆、图书馆等公共机构的资金很大部分来自纳税人，因此，机构运营回应"资助者市场"，凸显观众的重要性，对社会及市场需求较为敏锐。中国文化领域的公共机构（博物馆/纪念馆、图书馆、文化馆/群艺馆、美术馆等）支出仍以财政预算给付为主，如何改进与民众多样层次关系，如何增强机构发展活力和回应社会需求的服务能力，推进公共文化机构法人治理结构改革是路径之一。当前改革仍在探索中，实践中遇到的问题及困境我们不能回避，还应针对实际情况寻求解决的办法。

其次，我们需要关注文化艺术内容的扩展对资助范围和文化服务效能的影响。在当代社会，尽管艺术家个体或群体的卓越性创作仍是艺术实践的重要内容，文化精品创作生产机制亟须创新；然而不可忽视的是艺术实践在形式上也发生了一些变化，比如与个体（群体）赋能及社会教育活动结合在一起。艺术实践中发现、学习、交流、协作的精神开始被重视，公众互动性、参与性及情感建构性被广泛运用于社会整合及治理过程中。艺术实践甚至被视为可以改善地方文化资源管理及社区能力建设，协助解决特殊社会问题或地区文化传承及经济发展问题等。由此可见，发挥文化的公共性价值，增强全民族文化创造活力，必须将文化民主化和文化民主相结合，促进民众主动性文化参与（创造），鼓励文化生产和艺术实践与地方再造、文化传承及广大人民群众的日常生活紧密相连。切实提高基层公共文化服务效能，尤需关注这方面内容生产。

最后，我们需要关注技术发展趋势对文化资助机制创新产生的影响。近十年来智能化、大数据、云计算、物联网等引发的技术变革，几乎改变了我们所有的处事方式，这些技术对实现公共文化服务的转型升级也发挥了积极的作用。我们需要重新审视创作、生产、分销、获取和享有文化产品和服务的渠道。人们在虚拟场域中的文化艺术创作是通过自我组织、自我管理，合作或联合开展的，个体贡献汇聚成整体。各种创客、平台及生态组织可能成为未来文化艺术生产主体，他们有着消费者与生产者合一的共同特征，这一特征激发了新的社会融资策略。譬如利用互联网众筹①、公益创投②等。建立多元化文化融资结构和伙伴关系，创造公共、私营部门和民间组织不同层面的协同效益，有助于塑造文化资助机制的灵活性。此外，技术援助也是一种支持方式，如特定领域的技术转移和专业知识提供或辅导等，可以避免被资助者对资金的过度依赖。傅才武、陈庚认为，文化体制改革即是按某种价值观建立与现有技术环境相配套的制度体系，通过新的行为规则确立起新的利益关系、激励方式和组合方式。③ 文化资助机制的改革与创新同样也需要依

---

① 众筹融资按平台集资可以分为捐赠式、奖励式、债务式和股权式等几种类型。互联网众筹比较适合流行文化的生产融资。国内众筹融资意愿明显的文化创意项目大多集中在影视传媒和文化出版领域，也有一些音乐及视频游戏开发在众筹平台上融资。从整体上来说，国内获得高额资金支持的项目有限、缺乏明星项目且众筹项目曝光率较低，文化创意获得众筹支持时起时落，尚不能成为一个稳定的融资来源。王雪祺：《文化创意产业众筹融资模式的优势和困境分析》，《商业经济研究》2016 年第 16 期；彭璟玮：《文化创意产业众筹融资研究：一个文献综述》，《岭南学刊》2017 年第 6 期。

② 为公益机构、项目和各级捐赠人搭建平台，帮助意欲捐助的个人、组织和希望得到捐助的公益艺术项目、公益艺术机构，为双方提供渠道，并履行慈善监督职能。如英国的 Big Give 网站、美国的 Bring Light 网站。张激：《经济衰退与艺术治理——政府、市场、慈善三部门的危机应对》，《美术》2015 年第 4 期。

③ 傅才武、陈庚：《三十年来的中国文化体制改革进程》，《福建论坛》（人文社会科学版）2009 年第 2 期。

据这一制度变迁路径。

第二节　中国公共财政资助
文化的现状及前景

一　公共财政资助文化的范围、规模及成效分析

中国从计划经济向市场经济转轨过程中，财政管理体制从生产建设型财政向公共财政模式转变，文化体制改革也与之并行推进。1998年国务院首次提出建立公共财政的基本框架及相关原则。公共财政收入的基本来源是依法取得的税收收入，其基本职能是弥补市场失灵和市场不能高效发挥作用的缺陷，分配的目的是满足社会公共需要。[①] 2003年中国开始启动文化体制改革，将财政投入的公益性文化事业与市场驱动的经营性文化产业相区分，传统文化事业体系逐步朝着完善现代公共文化服务体系，及健全现代文化市场体系两个方向发展。现行的公共财政文化资助体制及分类资助模式即是在这一背景下确立的。政府财政给予公益性文化事业重点保障；准公益性事业则为重点扶持对象，予以差异化的财政资助，改变直接拨款的方式，逐步向项目资助、服务购买等方式转变。[②] 对于转企改制的经营性文化单位，政府通过制定相关税收优惠政策，财政承担必要的改革成本帮助其在市场中做大做强。政府文化资助采用的财政手段包括：直接干预支付型（政府财政资助、财政补贴等）；直接干预限制型（财政资金不许进入）；间接引导支付型（减税、免税、加速折旧）；间接引导限制型（高税率、征收附加税）。[③]

2003年文化部《关于支持和促进文化产业发展的若干意见》（文产发〔2003〕38号）指出："文化产业是指从事文化产品生产

[①] 洪银兴：《公共财政学》，南京大学出版社2003年版，第34页。
[②] 譬如，2006年及国民经济和社会发展第十一个五年规划以来，政府系统性地削减了对文艺团体和演出场所的资助，鼓励它们依靠市场，一些地方也制定了"一团一策"扶持当地文艺团体发展。
[③] 江小涓：《经济转轨时期的产业政策》，生活·读书·新知三联书店1996年版，第80页。

和提供文化服务的经营性行业。文化产业是与文化事业相对应的概念，两者都是社会主义文化建设的重要组成部分。文化产业是社会生产力发展的必然产物，是随着我国社会主义市场经济的逐步完善和现代生产方式的不断进步而发展起来的新兴产业。"2004年国家统计局对文化及相关产业的定义是："为社会公众提供文化、娱乐产品和服务的活动，以及与这些活动有关联的活动的集合。"[1] 这两个政策文本中的概念界定体现了中国政府层面对文化产业最初的理解：文化产业属于市场行为，是文化娱乐的集合，是与文化事业相对的概念。早期对文化产业的理解导致文化产品生产存在过度娱乐化的倾向，近些年政策引导上逐步开始强调文化传承的意义。以往由于惯性思维影响，我们通常把政府对文化领域的资助限定在公益性文化事业范围内。文化产业不但有经济价值，还兼具社会和文化效用，政府对文化产业公共领域的投入及准公共文化产品的资助也应视为对文化艺术的资助。事实上，国际上对文化产业并没有一个统一的界定，但一般把凡是具有投入—产出行为的文化经济活动都通称为文化产业，所以国际文化产业投融资活动包含了我们一般意义上的文化产业和文化事业的投资和融资行为。[2] 之所以要提出来辨析，其目的有两个：第一，清晰不同的范畴，便于国际比较；第二，划定政府文化资助的实际范围，这里不仅包括政府对文化事业的财政投入，而且也包括政府对文化产业公共领域的财政投入。

近年来，虽然国家财政对文化发展的投入总量上有显著增长，但在财政总支出中的比重却在相对下降；中央财政资金在文化领域中的示范和拉动作用较为明显（见表2—2）。财政统计数据显示，2015年用于文化体育与传媒的公共支出为3067亿元，仅占全部公

---

[1] 文化产业指标统计分类体系，不只是一个统计工具，而且也反映了文化产业政策的导向性。国家统计局2018年公布的《文化及相关产业分类（2018）》中修正了将文化产业视为文化娱乐的集合的观点，重新界定为："本分类规定的文化及相关产业是指为社会公众提供文化产品和文化相关产品的生产活动的集合。"可见，对文化产业范围做了进一步延伸。

[2] 魏鹏举：《中国文化产业投融资体系研究》，云南出版集团、云南人民出版社2014年版，第51页。

共财政支出17.5768万亿元的1.75%。① 其中，中央财政用于文化体育与传媒的支出仅为271.99亿元，占中央公共支出2.55万亿元的1.06%；地方财政用于文化、体育与传媒的支出为2804.65亿元，仅占地方公共财政支出15.03万亿元的1.87%。（见表2—1、表2—2）可见，中国公共财政支出用于文化体育与传媒事业部分的支出，比率较低。从表2—1、表2—3还可发现：2012—2018年，全国财政文化体育与传媒支出以及全国文化事业财政拨款的绝对值均在逐年增长。但全国财政文化体育与传媒支出占全国财政支出比重却略有下降，整体比重偏低。按阶段看，也会发现文化事业财政拨款占财政支出的比例呈下滑并维持低位平稳上升趋势。《中国文化文物统计年鉴》提供的数据显示，文化事业财政拨款占国家财政总支出的比重"八五"时期为0.5%、"九五"时期为0.45%、"十五"时期为0.39%、"十一五"时期为0.38%、"十二五"时期为0.38%。《国家"十二五"时期文化改革发展规划纲要》曾提出："建立健全同国力相匹配、同人民群众文化需求相适应的政府投入保障机制。保证公共财政对文化建设投入的增长幅度高于财政经常性收入增长幅度，提高文化支出占财政支出比例。"法国文化领域的财政投入与中国类似，分中央和地方两个层面。在国家公共支出预算缩减的大背景下，2017年法国中央政府文化预算较2016年增长5.9%，而2016年文化预算又较2015年增长2.7%，再次超过了占国家预算1%的象征额度。② 俄罗斯通过《文化基本法》确立了国家对文化发展的资助水平——联邦预算2%与地区预算6%（不包括媒体）。③ 与之相比，仅从财政支出角度来说，中国公共财政在文化艺术领域投入总量有待加强，需要加大扶持力度。

---

① 《中国统计年鉴2016》修正数据显示，2015年用于文化体育与传媒的公共支出为3076.64亿元，仅占全部公共财政支出17.57万亿元的1.75%。
② 《2017年法国文化预算新增6500万欧元》，《中国文化报》2017年3月28日；《法国发表2016年度文化发展目标》，《中国文化报》2015年11月2日。
③ 解学芳：《欧美发达国家文化政策法规与公共文化服务：进展与启迪》，载荣跃明等主编《上海公共文化服务发展报告2018：公共文化服务的创新与实践》，上海书店出版社2018年版。

表 2—1　　2012—2018 年全国财政文化体育与传媒支出占
全国公共财政总支出的比重

年份	全国财政文化体育与传媒支出（亿元）	全国公共财政支出（亿元）	全国财政文化体育与传媒支出占全国公共财政支出的比重（%）
2012	2251	125712	1.79
2013	2520	139744	1.80
2014	2683	151662	1.77
2015	3067	175768	1.75
2016	3165	187841	1.68
2017	3367	203330	1.66
2018	3522	220906	1.59

注：我国的文化体育与传媒支出包括文化事业费、文物事业费、体育事业费、广播影视事业费、新闻出版事业费以及其他文化体育与传媒支出六大款。

资料来源：财政部 2012—2018 年度财政收支情况统计资料。

表 2—2　　2012—2015 年中央和地方财政文化体育与
传媒支出比较　　单位：亿元

年份	中央文化体育与传媒事业投入	中央财政支出	地方文化体育与传媒事业投入	地方财政支出
2012	193.56	18764.63	2074.79	107188.34
2013	204.45	20471.76	2339.94	119740.34
2014	223.00	22570.07	2468.48	129215.49
2015	271.99	25542.15	2804.65	150335.62

资料来源：中国统计局编：《中国财政统计年鉴（2001—2015）》，中国统计出版社。

表 2—3　　2012—2018 年中央财政补助地方文化专项资金及
全国文化事业财政拨款占国家财政支出的比重

年份	中央补助地方文化专项资金（亿元）	文化事业费（亿元）	全国人均文化事业费（元）	文化事业费占国家财政支出的比重（%）
2012	42.97	480.10	35.45	0.38
2013	48.98	530.49	38.99	0.38

续表

年份	中央补助地方文化专项资金（亿元）	文化事业费（亿元）	全国人均文化事业费（元）	文化事业费占国家财政支出的比重（%）
2014	46.95	583.44	42.65	0.38
2015	47.80	682.97	49.68	0.39
2016	61.03	770.69	55.74	0.41
2017	50.21	855.8	61.57	0.42
2018	50.51	928.33	66.53	0.42

注：文化事业费统计不含文物、出版及科学研究经费。
资料来源：文化部 2012—2018 年度文化发展统计公报。

由于历史和现实的原因，中国文化产业还处于市场化的初期，政府依然是文化产业的重要投资主体和核心文化资源的掌控者。[1] 从资金来源看，2016 年中国文化及相关产业的固定资产投资额为 31983.1 亿元，是 2005 年 2892.3 亿元的 11.06 倍。其中，2016 年国家预算资金 1544.0 亿元，是 2005 年 103.1 亿元的 14.98 倍，2016 年新增固定资产 20637.3 亿元，是 2005 年 1796.7 亿元的 11.49 倍（见表 2—4）。从文化产业固定资产投资的构成上来看，国家预算资金占比很小，国内贷款占比不大，投资资金大量来自自筹资金，2012—2016 年每年自筹资金占比均超过八成（见图 2—1）。可见，文化产业领域很少通过资本市场融资来实现投资，这个问题尤需关注。[2] 快速增长的固定资产投资完善、丰富了文化产业基础设施，但大量文化场馆、文化商业项目的涌现也带来了管理方面的困境——巨大的维护成本及效率低下的运营能力限制了文化艺术机构/项目的可持续发展。面对各地掀起的文化设施建设热潮，如何让基础设施的建设及文化机构的运营更有经济效益和社会

---

[1] 魏鹏举：《中国文化产业投融资体系研究》，云南出版集团、云南人民出版社 2014 年版，第 141—142 页。
[2] 中小文化企业是文化产业的主体，融资难一直是制约文化产业发展的瓶颈，主要体现在融资结构单一、融资方式匮乏、融资成本高昂、融资条件苛刻、政府政策乏力、信用体系落后等诸多方面。彭璟玮：《文化创意产业众筹融资研究：一个文献综述》，《岭南学刊》2017 年第 6 期。

效益,仍是当前亟待解决的问题。

表2—4　　　　2012—2016年文化及相关产业固定资产投资
实际到位资金

年份	合计 (亿元)	国家 预算 资金 (亿元)	国内 贷款 (亿元)	利用 外资 (亿元)	自筹 资金 (亿元)	其他 资金 (亿元)	新增 固定 资产 (亿元)	固定资产 交付使用 率(%)
2012	16256.6	836.9	1284.0	313.0	13095.5	727.1	9567.5	61.2
2013	19862.3	1038.4	1559.4	329.1	16197.3	738.0	12165.3	63.9
2014	24356.0	1029.3	1736.9	312.3	20302.7	974.8	15999.5	67.5
2015	28503.4	1348.3	1723.5	239.6	24223.7	968.3	20913.3	72.4
2016	31983.1	1544.0	2564.4	159.2	26256.6	1458.8	20637.3	61.2

资料来源:国家统计局、中宣部《中国文化及相关产业统计年鉴(2017)》。

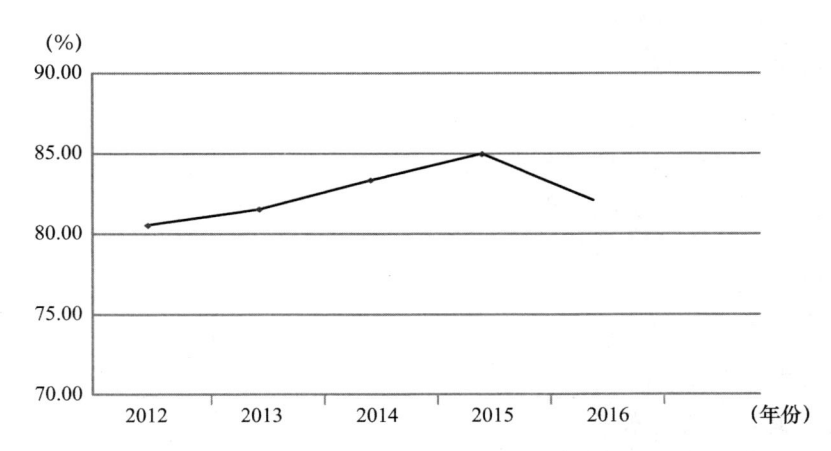

图2—1　2012—2016年自筹资金占文化及相关产业固定资产投资比重
资料来源:国家统计局、中宣部《中国文化及相关产业统计年鉴(2017)》。

鉴于公共财政在中国文化资助体系中居主导地位,加强文化发展的财政保障,首要举措即是建立公共财政文化投入稳定增长机制。保证公共财政对文化建设投入的增长幅度高于财政经常性收入增长幅度，同时提高文化支出占财政支出比例。建立以公共财政为主导，形成多渠道筹资、多种资助主体、多种资助方式的多元混合资助机制，促进财政文化资金的合理和有效使用。其次，推进公共文化领域中央与地方财政事权和支出责任划分改革。《国务院关于推进中央与地方财政事权和支出责任划分改革的指导意见》（国发〔2016〕49号）是从政府公共权力纵向配置角度推进财税体制改革的重要政策文件。改革的基本思路是从合理划分财政事权和支出责任入手破冰中央与地方事权划分改革，涉及政府与市场、政府与社会、中央与地方关系。公共文化领域中央与地方财政事权和支出责任划分，有助于促进各级政府在财政资助方面更好地履职尽责；为了弥补事权和支出责任分割"鸿沟"，还需发挥文化领域相关专项转移支付及财政专项资金[①]在促进社会和民生事业发展、推动重点领域创新发展等方面的积极作用。

二 文化类财政专项资金/政府性基金的发展与变革

文化类财政专项资金/政府性基金制度是资助文化与艺术发展的一种模式。与欧美国家艺术基金模式不同，中国财政性文化艺术资助体系其实分布在三个领域——文化公共性领域、艺术卓越性领域及文化市场准公共性领域，这三个领域看似相对独立，却有着紧密的内在联系；三者之间的协同与整合是影响中国文化政策效能的关键。譬如，文化公共性领域的公共文化服务体系建设资金主要用于资助公共文化设施网络布局；资助普及性文化艺术活动，使更多的人有机会参与到文化、接触到艺术，背后是社会主义传统中的人民主权思想及平等价值，较为强调文化传播教育的公共性。艺术卓越性领域的国家艺术基金的设立，充分借鉴了部分发达国家和地区通过基金资助艺术的经验，同时也参考了中国自然科学、社会科学和

---

① 《国务院关于改革和完善中央对地方转移支付制度的意见》（国发〔2014〕71号），明确了改革和完善转移支付制度的总体思路和具体措施。近年来，各个地方也在积极探索深化财政专项资金分配管理改革的新路。譬如浙江省推进专项性一般转移支付改革、推进竞争性分配改革、推进专项资金管理清单改革、推进政府产业基金制度创新等。

出版等领域基金制管理的有益做法，结合中国具体实践，初步形成了国家设立、政府主导、专家评审、面向社会的公益性基金模式和特征。①原创内容培育是国家艺术基金资助的重点，引导优秀作品植入国家叙事，彰显国家意志、民族特色、传统文化及主流价值观念。国家艺术基金还资助围绕国家发展战略策划的交流推广项目，传播国家形象和立场。资助目标无论是高质量作品创作生产，还是优秀人才培养，均立足示范性及导向性，体现国家卓越艺术水准②，凝聚社会共识及文化认同，维护国家文化安全。除国家艺术基金以外，国家层面设立的文化类政府性基金还有国家出版基金、电影事业发展基金。文化产品承载着民族的精神价值，文化产业发展专项资金立足于文化市场准公共领域，服务于营商环境改善，促进市场为社会提供双效统一的文化产品，也促进整个文化产业与文化事业的协调发展。由于中国还存在地区发展的不平衡，文化产业发展专项资金在运作过程中也存在地区差异，处于文化产业发展初级阶段的地区需要财政扶持多一点，而另一些文化产业发展水平较高的地区，已经开始探索设立并扩大文化产业投资基金，采取市场化运作方式扶持产业创新发展。

从整体上看，创新财政资金管理体制机制，逐步调整目前以政府行政决策为主确定文化项目的做法，探索文化项目基金管理模式，是当前及未来发展的趋势。③ 2013年国家艺术基金的成立和运行，被视为中国艺术资助、管理和评价，向文化治理体系和治理能力现代化目标迈出的重要一步。④它改变以往财政投入直接"养人"的模式，变养人为养项目。组织管理上，有别于传统管理模

---

① 刘立明：《时代的选择，历史的责任——国家艺术基金治理体系的举措》，《艺术评论》2014年第7期。

② 追求艺术的卓越性体现在：艺术基金资助的项目在"五个一工程"奖、第十一届中国艺术节"文华奖"、"群星奖"等国家级文艺评选活动中占到获奖剧目总数的60%—80%，在各省艺术节中占到演出与获奖剧目总数的30%—50%。参见《国家艺术基金资助项目资金投入与社会效益情况报告（2014—2017）》，2018年3月。

③ 将原有的一些文化建设类财政专项资金纳入基金模式运行也是一条可探索的改革路径。

④ 韩子勇：《国家艺术基金的"四个关系"》，国家艺术基金管理中心专题讲座，2016年3月10日。

式——财政直接拨款和政府部门管理文化经费、安排分配使用,国家艺术基金设立了理事会、管理中心、专家委员会"三位一体"的管理架构。和其他政府基金相比,艺术基金打破了体制、系统、行业的局限,具有开放性的特点;同时取消政府固定资助方式,建立了内部竞争、激励机制鼓励文化创新。这是国家艺术资助机制的重大变革,从某种程度上,国家艺术基金增强了文化资源的流动、竞争、整合的功能。[1] 经过四年基金制管理、项目化运作,累计立项资助项目3089项,立项资助资金26.22亿元(实际资助25.8亿元)。[2] 2014—2017年公共文化服务单位(包括文化馆、群众艺术馆、公共文化服务中心、美术馆、博物馆、图书馆)获得立项资助项目120项,占国家艺术基金立项资助项目总量的3.88%;获得立项资助额6905万元,占国家艺术基金立项资助总额的2.63%。[3] 2019年申报主体为个人的申报项目占申报项目总量的34.9%;在机构申报主体中,国有单位、机构(事业单位、国有企业、国有社会团体)申报项目数量占申报项目总量的53.3%;非国有单位、机构(非国有社会团体、民营企业、民办非企业类文化艺术机构)申报项目数量占申报项目总量的11.9%。[4] 这组数据进一步证明了国家艺术基金面向社会的开放性,它有效地激活了全社会参与艺术创作生产的积极性,与行政管理的文化艺术事业形成互补。

　　国家艺术基金运作时间不长,无论是管理上,还是资助内容、范围等方面都亟待完善。在资金来源上,国家艺术基金以中央财政资金为主,主要来源于中央专项彩票公益金。从一开始,国家艺术基金就设定引入社会力量,依法接受自然人、法人或者其他组织捐赠,带动各级财政资金和各类社会资源对艺术活动投入。譬如,对

---

[1] 刘立明:《时代的选择,历史的责任——国家艺术基金治理体系的举措》,《艺术评论》2014年第7期。
[2] 国家艺术基金管理中心:《国家艺术基金资助项目资金投入与社会效益情况报告(2014—2017)》,2018年3月。
[3] 国家艺术基金管理中心:《国家艺术基金资助公共文化服务单位情况报告(2014—2017年度)》,2018年1月。
[4] 国家艺术基金管理中心:《国家艺术基金2019年度资助项目申报情况报告》,2018年8月7日,国家艺术基金官方网站(http://www.cnaf.cn/gjysjjw/jjdtai/201808/839bf7393e6b41f2b990ea0c754dc089.shtml),访问日期:2018年8月25日。

传播交流推广资助项目实行匹配资助方式，即对获得其他社会资助的项目进行有限陪同资助。据统计，四年来共引导和撬动"大型舞台剧和作品""传播交流推广""艺术人才培养"三大类项目各级财政配套资金，企事业单位、社会团体及其他筹措资金共 18.97 亿元，基本发挥了 1∶1 的资助撬动作用。[1] 但当前国家艺术基金对社会资本吸纳能力比较弱，还需从制度建设和配套政策上予以保障。美国国家艺术基金会通过与其他公共部门及非营利机构合作，经测算每拨款 1 美元可拉动 9 美元的资金杠杆[2]，中国国家艺术基金还需要在扩大其拨款影响上进一步改进政策措施。此外，从四年资助类别及累计资助额来看，现阶段被资助的艺术领域及门类尚未达到全覆盖，较为明显地偏向表演艺术（舞台剧）门类（见图 2—2、

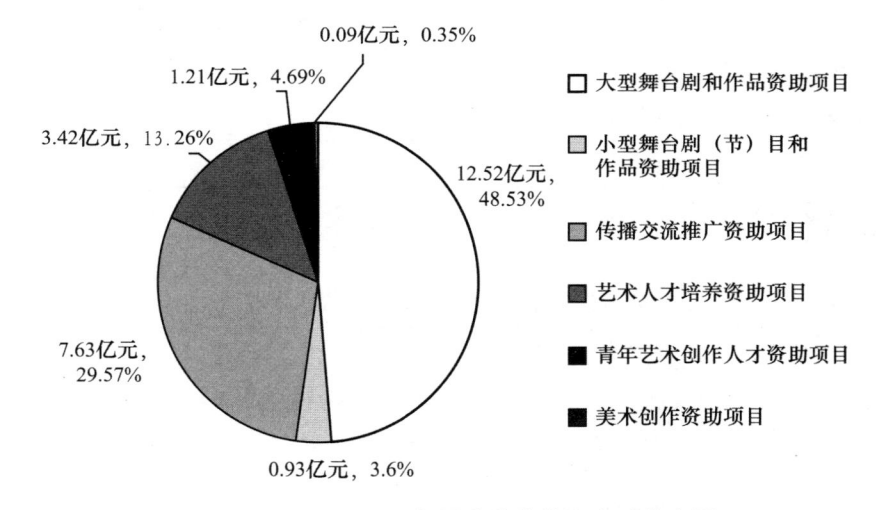

图 2—2　2014—2017 年国家艺术基金资助分布图

资料来源：《国家艺术基金资助项目资金投入与社会效益情况报告（2014—2017）》。

---

[1] 国家艺术基金管理中心：《国家艺术基金资助项目资金投入与社会效益情况报告（2014—2017）》，2018 年 3 月。

[2] ［美］凯文·V. 马尔卡希：《正在撤资的联邦文化政策——从特朗普政府取消国家艺术基金会说起》，李竞爽译，载李凤亮、周建新、黄玉蓉主编《文化科技蓝皮书：文化科技创新发展报告（2017）》，社会科学文献出版社 2017 年版，第 284 页。

表2—5）。对于未来发展，《国家艺术基金"十三五"时期资助规划》中对资助规模、方向、实施计划等做了具体安排，并提出要进一步完善财政资金投入机制，积极开展接受社会捐赠工作，制定国家艺术基金接受社会捐赠管理办法等工作规划。因为有了中央层面国家艺术基金的创新引导，一些地方如江苏省、北京市、深圳市等也开始在财政资金管理模式上做积极探索（见表2—6）。

表2—5　　　2014—2017年国家艺术基金资助类别及资助额

项目类别	资助金额（亿元）	占比（%）
大型舞台剧和作品资助项目	12.52	48.53
小型舞台剧（节）目和作品资助项目	0.93	3.6
传播交流推广资助项目	7.63	29.57
艺术人才培养资助项目	3.42	13.26
青年艺术创作人才资助项目	1.21	4.69
美术创作资助项目	0.09	0.35

资料来源：《国家艺术基金资助项目资金投入与社会效益情况报告（2014—2017）》。

表2—6　　　　　地方有关财政资金管理模式上的创新做法

	创新做法
江苏省	江苏艺术基金是经江苏省人民政府批准，参照国家艺术基金模式设立的首家省级公益性艺术基金，年基金规模5000万元。江苏艺术基金的扶持范围包括：在江苏省行政区域内依法登记注册设立的各类企业、文化事业单位、社团，以及对江苏省文化事业发展起推动与引领作用的个人等。江苏艺术基金的成立，既是艺术资助评审体制转型的重要里程碑，也是完善文化投入模式的一次新探索，不仅有利于创新艺术创作生产引导方式，更将进一步完善文化管理体制。
北京市	北京市扩大市财政对文化投入的规模，调整资金投入方式，取消大额专项资金，由统钱分钱向统事谋事转变。设立北京宣传文化引导基金、北京文化艺术基金、北京影视出版创作基金，每年投入3亿元，定向资助和奖励重点文化活动、重要主题宣传和重大题材创作，激发全社会文化创造活力。

续表

	创新做法
深圳市	深圳市设立深圳交响乐发展理事会,并以此为依托,由市财政安排 300 万元,市文体旅游局注册成立非公募性质的深圳交响乐发展基金会,为交响乐事业长远发展筹集社会资金。理事会由市政府分管领导、主管部门负责人及热心交响乐事业的企事业单位代表和艺术家代表等组成。深圳交响乐团和音乐厅原有拨款渠道不变,并通过经营收入、社会捐资捐赠等方式保障自身长远发展。通过对外共同开拓市场、对内共同开展公共文化服务,制定场地优先使用合约,联合打造交响乐演出季等方式推动建立团厅深度融合机制,并充分发挥理事会、基金会、艺委会、交响乐团、运营公司等各组织机构的作用和积极性,强化公益惠民服务。

资料来源:《首家省级艺术基金在江苏成立,年基金规模达 5000 万——开门申报,高定位打造艺术精品》,《新华日报》2015 年 12 月 12 日。张玉玲整理:《将文化体制改革推向纵深》,《光明日报》2017 年 5 月 13 日。《深圳市深化国有文艺院团体制改革实施方案》(2017)。

为了配合国家相关政策,完善资助结构,2018 年 7 月,国家艺术基金向在内地(大陆)工作学习的港澳台艺术工作者开放"青年艺术创作人才资助项目"申报,并在 2018 年起在年度"一般项目"中增设年度"一般(地区)项目",资助数量原则上不超过年度"一般项目"总量的 5%,资助额度与"一般项目"一致,重点针对列入国家西部大开发战略和列入中国农村扶贫开发纲要的省份、地区的项目给予适度扶持。[①] 体现了国家艺术基金同样需要兼顾公平性,解决文艺发展的不平衡不充分问题。

发展文化产业也是一种对文化艺术的间接资助。通过面向市场的文化艺术生产者及消费者的补贴,可刺激广大民众对文化艺术活动的参与和支持。但哪些可以补贴,哪些不可以补贴需要依据文化艺术生态链运行状况,进行合理设计,既不能干扰文化艺术本身发展规律,又要避免对市场经济正常运行进行干扰。文化产业发展专

---

① 国家艺术基金官方网址:http://www.cnaf.cn/gjysjjw/jjdtai/201808/c096ba07234349b69ab8bdfc444ae4ea.shtml; http://www.cnaf.cn/gjysjjw/jjdtai/201808/c20bd85f8a3b49eea3b7a85219c961f0.shtml,访问日期:2018 年 8 月 25 日。

项资金是由中央财政安排，用于提高文化产业整体实力，促进经济发展方式转变和结构战略性调整，推动文化产业跨越式发展。[①] 很多省市也分别设置了区域内的文化产业发展专项资金。由于文化产业的特殊性及政府干预文化产业的必要性，决定了文化产业资金来源不能完全市场化，需要有多元化的投资主体以及多元化的投融资方式。正确处理政府和市场之间的关系，有效市场和有为政府缺一不可。党的十八届三中全会审议通过的《中共中央关于全面深化改革若干重大问题的决定》（2013）中提出"逐步取消竞争性领域专项和地方资金配套"的要求，这也是对文化产业发展专项资金管理改革的要求。财政部的中央文化产业专项资金从2016年开始转向了产业投资基金模式，各个地方也在积极试点改革路径。主要体现在：其一，改革专项资金投入方式，逐步减少行政手段配置资金，譬如减少直接补贴。财政专项资金按照事前引导、事后奖补、载体平台、基础能力、公共事业等不同类别，明确支持方向，加大对培育国家文化生产力具有战略性意义的环节和有助于打基础、优环境、利长远的公益性项目的支持。财政专项资金退出市场能有效调节的领域，按一定比例设立政府引导基金，与金融资本紧密结合，撬动社会资本，吸引带动股权投资等各类私募基金，引导更多资金支持文化产业重点发展领域。其二，改革现行带有行政色彩的专项资金管理模式，提高公共财政对文化资助的绩效。从近些年各地文化产业专项资金实施情况来看，事后类资助方式易于设置明晰的资助条件，采用奖励或补助方式便于监管；事前类资助方式因后期产生结果的不确定性，则为科学合理分配资金带来难度和挑战。政府主导分配、无偿拨款专项易造成资金闲置或低效使用；通过股权、贴息等市场化有偿分配，则有助于发挥财政资金杠杆效应。可见，改革路径需要坚持政府引导与市场机制相结合，分类施策和精准有效相结合。明晰政府与市场的边界，发挥政府在产业政策制定、资金管理、使用效益监管等方面的作用，财政资金分配和使用过程中则充分运用市场机制，由行政手段分配资金转为市场化运作或按市场机制评审。

[①] 《文化产业发展专项资金管理暂行办法》（财文资〔2012〕4号）。

三 文化治理现代化及多元多层次文化资助体系建构

当日常生活中的文化作为社会管理新领域出现时，有关文化艺术的规范、管理、规划的文化政策就出现了。进入21世纪，文化政策领域权力日益分散化，文化政策关注的议题也日益多元化。民族国家开始加强对文化开发和艺术作品内容独创性和民族性的保护、管理；强调民众文化艺术生活的创造性和参与性；从消极的文化资产保护或展演转移到积极而整体的社会文化重建。① 国际层面文化政策也开始倡导文化是创造力的来源，"政府对新的实验艺术形式和表现形式的支持不应仅被视为一种消费补贴，而应被视为对人类发展的投资"。② 显然，文化资助的目标扩大了：从促进公共文化艺术机构文化参与和创造力，到通过文化艺术项目解决特殊社会问题（借助艺术教育和社区项目），甚至改善地方文化资源管理及社区能力建设（传承及发展）也纳入文化资助范围内。这不仅需要政府力量的介入，而且建立全社会支持体系显得尤为重要。

西方文化领域研究有关"治理"话语，主要从两个角度深入：从文化研究的角度，对治理的阐释侧重于文化与权力关系的探讨。从公共管理学或政治学角度，对治理的理解，一般分为两个层次：其一，将各种机构——既包括传统上被认为是统治的正式部门的政府部门，也包括公共机构、私营机构、第三部门等——和其他公民行动主体纳入公共政策制定及执行运作中；其二，不同于（统治）层级整合的由上而下控制，及市场整合的个别化关系，治理是组织间的网络与伙伴关系的整合。③ 后者的路径则重点围绕文化发展和文化政策中的资源配置和组织关系，讨论政府内部管理体制及政府与社会之间的互动关系。④ 总之，国内学者较多从公共管理学或政

---

① 任珺：《跨域视角下的文化政策研究》，社会科学文献出版社2014年版，第4页。
② 联合国教科文组织编：《重塑文化政策——为发展而推动文化多样性的十年》，意娜译，张晓明审校，社会科学文献出版社2016年版，第2页。
③ 王志弘：《台北市文化治理的性质与转变：1967—2002》，《台湾社会研究季刊》2003年第52期。
④ 夏国锋：《从权利到治理：公共文化服务研究的话语转向》，《湘潭大学学报》（哲学社会科学版）2014年第5期。

治学角度看待文化治理。尤其从工具理性的角度将"文化治理"理解为文化领域内的国家行为，即国家在文化生活上进行社会管理的途径选择。① 以上主要是从国际环境及理论上探讨中国文化治理现代化的背景。

从现实问题来看，以往公共文化产品通常是由具有权威性的公共文化部门以非市场化或者严格监管的方式来提供的，在社会主义建设初期"集中力量办大事"过程中发挥了积极作用；但随着内外环境的变化，出现了一些不可忽视的消极影响。譬如，大量文化资源仍处于行政体制控制之下或者有限文化资源闲置、浪费；一些地方公民文化参与实践以"动员性"参与及"给定的"为主，公众主动参与的深度与广度都不够，未形成社会多元文化治理结构；文化支配关系固化、文化资源的供给渠道缺乏多样性；对文化公共性的理解仅仅局限在文化资源"物的方面"，忽视了文化主体公共价值观念的培育，以及集体意识、公共精神、公共伦理等内在的公共性特征，等等。② 原文化部文化体制改革领导小组办公室主任韩永进先生曾总结：多年来中国深化文化体制改革的一项重要任务，即是推动政府部门转变文化发展的资源配置方式，由办文化向管文化转变。能够交给社会、市场的，能够交给地方的制度，尽量地减少或者下放，把政府主要的精力转到制定政策、公共管理和加强市场的监管方面。③ 与之相应，公共财政也在不断创新投入方式，积极构建多渠道社会投入机制，充分调动市场主体、社会团体、行业协会、基层群众等参与文化治理的积极性。

> 国家对于文化的资助方式应逐步由传统的财政直接资助向多元化的混合资助方式发展。因为政府的支持决不会满足文化发展的全部需要，财政与其他相关政策应该是创造一个文化艺术能够得到最大限度支持的环境。……要借助于财政资金的引

---

① 本书第四章第二节对"文化治理"有详细讨论。
② 任珺：《文化的公共性与新兴城市文化治理机制探讨》，《福建论坛》（人文社会科学版）2015年第2期。
③ 参见韩永进2013年11月27日做客人民网强国论坛谈"推进文化体制机制创新"。

导,通过完善财税政策等建立起多渠道的社会投入机制,充分利用财政扶持、税收减免等政策手段,充分利用金融工具和资本市场,鼓励个体、企业和社会各界兴办文化事业和文化产业,引导和带动全社会共同支持文化改革与发展。为激发全民族的文化创造活力,推动文化创新和内容建设,必须逐步改变目前政府办文化、政府定项目,财政资金只能在文化系统"体制内"分配使用的单一模式。[1]

从一元主体到多元共建的转变,不仅打破了资源垄断和固化配置,而且也使资金来源更为多元化,吸引了包括多种形式的社会组织机构、公民个体等以志愿工作、捐赠、慈善行为等方式参与到公共文化产品供给当中。政府通过制度创新、文化立法、政策规范等形式鼓励并支持政府与社会形成良性互动。2016年颁布的《公共文化服务保障法》从法律层面上明确了公共文化服务是由政府主导、社会力量参与;国家鼓励和支持公民、法人和其他组织参与公共文化服务。在公共文化设施建设与管理、公共文化服务提供以及保障措施等方面均提出了鼓励和支持社会力量参与共建的法则,为各级政府推进文化治理能力现代化提供了基本的法律依据(见表2—7)。其他政策文件,如《关于支持和规范社会组织承接政府购买服务的通知》(财综〔2014〕87号)、《关于做好政府向社会力量购买公共文化服务工作的意见》(国办发〔2015〕37号)、《关于在公共服务领域推广政府和社会资本合作模式指导意见的通知》(国办发〔2015〕42号)等,也保障了政府与社会力量合作的形式及办法。再比如,政府在非国有博物馆扶持方面也有明确的法律条文及规范性文件,《博物馆条例》(以下简称《条例》)总则部分第2条规定:"博物馆包括国有博物馆和非国有博物馆。利用或者主要利用国有资产设立的博物馆为国有博物馆;利用或者主要利用非国有资产设立的博物馆为非国有博物馆。"除了区分以外,更为重要的是《条例》提出在设立条件、管理监督、财税扶持政策等方面,公平

---

[1] 2008年赵路司长在公共财政支持文化发展座谈会上的讲话。

表 2—7　　　　　　　　　公共文化服务保障法相关内容

公共文化设施建设与管理	公共文化服务提供	保障措施
第 24 条　国家推动公共图书馆、博物馆、文化馆等公共文化设施管理单位根据其功能定位建立健全法人治理结构，吸收有关方面代表、专业人士和公众参与管理。 第 25 条　国家鼓励和支持公民、法人和其他组织兴建、捐建或者与政府部门合作建设公共文化设施，鼓励公民、法人和其他组织依法参与公共文化设施的运营和管理。	第 37 条　国家鼓励公民主动参与公共文化服务，自主开展健康文明的群众性文化体育活动；地方各级人民政府应当给予必要的指导、支持和帮助。 第 42 条　国家鼓励和支持公民、法人和其他组织通过兴办实体、资助项目、赞助活动、提供设施、捐赠产品等方式，参与提供公共文化服务。 第 43 条　国家倡导和鼓励公民、法人和其他组织参与文化志愿服务。公共文化设施管理单位应当建立文化志愿服务机制，组织开展文化志愿服务活动。县级以上地方人民政府有关部门应当对文化志愿活动给予必要的指导和支持，并建立管理评价、教育培训和激励保障机制。	第 48 条　国家鼓励社会资本依法投入公共文化服务，拓宽公共文化服务资金来源渠道。 第 49 条　国家采取政府购买服务等措施，支持公民、法人和其他组织参与提供公共文化服务。 第 50 条　公民、法人和其他组织通过公益性社会团体或者县级以上人民政府及其部门，捐赠财产用于公共文化服务的，依法享受税收优惠。国家鼓励通过捐赠等方式设立公共文化服务基金，专门用于公共文化服务。 第 52 条　国家鼓励和支持文化专业人员、高校毕业生和志愿者到基层从事公共文化服务工作。 第 53 条　国家鼓励和支持公民、法人和其他组织依法成立公共文化服务领域的社会组织，推动公共文化服务社会化、专业化发展。

对待国有和非国有博物馆，这实际上是给予了非国有博物馆和国有博物馆平等的身份。《关于进一步推动非国有博物馆发展的意见》（文物博发〔2017〕16 号）则是针对中国非国有博物馆发展中存在

的内部管理、服务效能、持续运营等问题，提出了一系列具体解决措施。

目前中国基金会总体量已达5957家，关注文化领域的基金会有502家，关注艺术领域的基金会有173家。[1] 中国基金会中心网数据显示，截至2017年3月，中国共有98家艺术基金会，占全国基金会总数的1.74%。其中公募艺术基金会16家，非公募艺术基金会82家。[2] 朱青生提出艺术基金会已成为中国第三种文化创生力量[3]，为艺术界的发展起到补充性的作用，也是中国文化艺术领域多元共建的重要体现。与由政府拨款或者主导的公募基金会[4]不同，非公募基金会资金主要来源于社会力量。名人艺术类非公募基金会，如浙江省潘天寿基金会（1984年成立）、北京市黄胄美术基金会（1989年成立）、吴作人国际美术基金会（1989年成立）、田汉基金会（1995年成立）、李可染艺术基金会（1998年成立）、韩美林艺术基金会（2013年成立）等，是由名人或其家属与其他机构共同出资创建，独立运作。以评奖作为主要资助方式，也对展览、研究及其他文化艺术活动实施资助或自主运作。其他地方性文化艺术类非公募基金会，较多聚集在北京、上海等地，有北京国际艺苑美术基金会（1988年成立）、北京市中华世纪坛艺术基金会（2001年成立）、北京观复文化基金会（2009年成立）、北京民生文化艺术基金会（2010年成立）、上海民生艺术基金会（2010年成立）、深圳市雅昌艺术基金会（2012年成立）、北京新世纪当代艺术基金会（2014年成立），等等，这些基金会基本都是依托发起机构资助文化艺术领域人才培养，开展展览研究、交流推广、艺术普及教育等

---

[1] 此数据截至2017年7月4日，为中国基金会中心网提供。转引自黄玉蓉《被资助的文化：中外文化资助体系及制度设计》，社会科学文献出版社2018年版，第130—131页。

[2] 李韵：《中国艺术基金会运作管理研究——以北京民生文化艺术基金会及上海民生艺术基金会为例》，硕士学位论文，中央美术学院，2017年。

[3] 冉茂金、张亚萌：《基金会是艺术创生的第三种力量》，《中国艺术报》2010年11月5日第S01版。

[4] 全国性艺术公募基金会有：中国文学艺术基金会、中国少年儿童文化艺术基金会、中国少数民族文化艺术基金会、中国京剧艺术基金会、中国交响乐发展基金会、中国艺术家基金会、中国电影基金会等。

公益活动。尽管《基金会管理条例》[①] 出台后，非公募基金会增长速度较快，但大多集中于传统慈善领域，较少涉及文化艺术领域。在中国的艺术基金会中，政府投资和名人基金会占比很大，企业类艺术基金会还有很大的发展空间。绝大多数艺术类非公募基金会都是运作型基金会，也有少数是运作（运作型指基金会自主运作）与资助（资助型指资助他人或机构运作）并存。[②] 由于整个社会尚未形成赞助艺术的氛围，因此艺术基金会的募捐一直非常困难，筹资能力薄弱。

  拓宽文化艺术发展的资金来源，并不是要改变政府的主导地位，降低国家财政投入规模。其最主要的目的在于优化资金管理机制，提高财政资金使用效率，整合社会力量，以政府创新引领全民创新。目前各地方采用的建设—经营—转让模式（Build-Operate-Transfer，BOT）及政府与私人组织之间的合作伙伴模式（Public-Private-Partnership，PPP）[③]，主要运用于文化发展的基础设施建设、文化商业项目或文化旅游等固定资产为主的领域，其他文化项目涉及甚少。未来可探索公私共同资助模式——在一定范围内，企业资助文化项目，政府采取相配套的财政资助方式对其进行资助。建立政府与市场、社会之间的良性互动，需要创造不同层面的协同效益，确保不同利益相关方之间的有效沟通与合作，包括公共部门、私营部门和民间组织。然而，需要注意的是，利用社会资本的同时，也要警惕新自由主义对公共政策的影响，科学合理地对待民间融资、伙

---

  ① 《基金会管理条例》2004年6月1日起施行，规定：基金会是指利用自然人、法人或者其他组织捐赠的财产，以从事公益事业为目的，按照本条例的规定成立的非营利性法人。
  ② 吴宁：《中国艺术基金会发展报告》，《美术研究》2011年第2期。
  ③ 《基础设施和公共事业特许经营管理办法》（2015年第25号令）由中华人民共和国国家发展和改革委员会等6部门联合发布，规定：基础设施和公用事业特许经营可以采取以下方式：在一定期限内，政府授予特许经营者投资新建或改扩建、运营基础设施和公用事业，期限届满移交政府；在一定期限内，政府授予特许经营者投资新建或改扩建、拥有并运营基础设施和公用事业，期限届满移交政府；特许经营者投资新建或改扩建基础设施和公用事业并移交政府后，由政府授予其在一定期限内运营等。规定：基础设施和公用事业特许经营期限应当根据行业特点、所提供公共产品或服务需求、项目生命周期、投资回收期等综合因素确定，最长不超过30年。

伴合作与商业赞助。中国社会慈善事业的形式及传统与西方国家有很大不同,当前中国尚未形成参与文化慈善事业的社会氛围,而鼓励文化艺术捐赠的激励机制也还需要根据国情再调整完善。[①] 显然,西方国家的文化艺术资助体制是其政治文化及行政传统的反映,并不适合中国实际。我们需要在实践中不断探索、调适,寻找我们的创新点和支撑点。譬如在社会主义建设过程中形成的志愿者服务传统,就十分有助于激发公民个体和社会组织参与文化共建。提高文化艺术资助的综合效益,还必须建立政府财政资助资源的竞争性获取机制,加强绩效评价结果运用;制定普惠型政策框架引导社会资金流入,鼓励多元共治机制及市场效率机制在运营环节中的运用。

---

① 譬如西方艺术品捐赠往往与抵扣税收相关,私人或企业向公立机构捐赠艺术品可以根据捐赠品估价冲抵遗产税等。这些捐赠行为及税收减免相关规定都是以法律形式予以保障的。目前中国的《税法》中还没有遗产税相关规定,国内的艺术品捐赠以无偿捐赠为主。

第三章

文化机制与文化实践

第一节 文化的公共性与文化治理机制探讨[①]

一 文化公共性特征及公共文化领域转型

公共性是文化的本质特征。虽然文化植根于个人的需要和现实，但它本质特性并非私有性和个体性。李丽认为，个人为了满足自己的需要，通过实践将自身的目的对象化于外部世界之中时，就将个人意志、个人价值、个人需要整合到人类存在的大系统之中，此时意志、情感、价值等虽然以个人的形式出现，其实都包含着它们在互动、协同过程中形成的公共意志、公共情感和公共价值。[②] 可见，文化具有社会交往意义上的公共性，并在文化实践和传播中获得共享性。联合国教科文组织曾在 1982 年墨西哥城召开的文化政策世界会议上对文化做如下界定：

> 今天，应该认为文化是一套体系，涵盖精神、物质、知识和情感特征，使一个社会或社群得以自我认同。文化不单包括文学和艺术，也包括生活方式、基本人权观念、价值观体系、传统与信仰。[③]

[①] 本部分内容已发表在任珺《文化的公共性与新兴城市文化治理机制探讨》，《福建论坛》（人文社会科学版）2015 年第 2 期。
[②] 李丽：《文化公共性与社会和谐》，《马克思主义与现实》2009 年第 6 期。
[③] 联合国教科文组织：《墨西哥城文化政策宣言》，1982 年。

这一理解对全球文化政策的发展有着深刻的影响。英国文化研究学者威廉斯曾指出"文化"是英文里两三个比较复杂的词之一。文化是流动的、开放的,没有明确的界限,试图予以文化界定十分困难。尽管在不同的思想体系里对文化有种种阐释,但对于文化标识群体特征这点上均无异议。文化的公共性在社会性群体中突出体现为主体间核心价值的共识。一般而言,传统传播路径是通过历史的衍生和选择得以延续;现代传播路径则是通过社会性群体在共同实践中形成一定的协作规范和共识。在现代社会中,社会交往既是主体性的文化实践,同时也是主体间性的文化实践,其中主体间的价值"互识"与"共识"是公共领域形成的重要基础。只有当公民产生了思辨、行动、对话等方面的能动性,承担起对共同体应有的责任,并给予其他公民同样的尊重,公共领域才能发挥积极有效的作用。传播技术的发展使得公共领域范围获得空间上的拓展,但在线的社交网络并不是最主要的,它所建立的社交关系较为脆弱,我们仍需要各主体之间实质性的相处,互为主体,共同面对和解决问题,培养合作、协商的能力。

西方知识界有关公共性问题的研究,代表性理论主要有:阿伦特(Hannah Arendt)的公民及公共领域理论,哈贝马斯(Jürgen Habermas)的公共领域及交往理性理论等。阿伦特认为,"公共性"(公共的)这一术语指的是两个紧密相连但又并不完全相同的现象。它首先是指凡出现于公共场合的东西都能够为每个人所见所感,具有广泛的公开性;其次,世界对我们来说是共同的,并与私人领域相区别,因此"公共性"(公共的)一词指的是世界本身。[1] 在阿伦特看来,作为一个共同的世界的公共领域是公民可以通过言论和行动显示自我的高度显见的场域,它展现的是一种非自然的、人为性的、以价值共识定位的理想公民共同体。[2] 在公共性问题上,阿

---

[1] [德]阿伦特:《公共领域和私人领域》,载汪晖、陈燕谷主编《文化与公共性》,生活·读书·新知三联书店1998年版,第81—84页。译自Hannah Arendt, *The Human Condition*, Garden City & New York: Doubleday Anchor Books, 1959。

[2] 徐贲:《阿伦特公民观述评》,《二十一世纪》(香港:中文大学中国文化研究所)2002年2月号。

伦特十分强调基于公民理性判断的价值选择，不看重基于文化传统的情感判断；但她所提出的公民和普遍积极参与的公众生活，对于有效的民主政治来说是非常重要的，即便民主政治制度也不能防止民主公众生活的萎缩。譬如，最近美国著名政策智库哈德逊研究所主席伦科夫斯基（Leslie Lenkowsky）指出，虽然美国有志愿服务精神和传统，但受社会环境影响年轻人参与公共事务的意愿在变弱。据2012年统计数据显示，18—24岁的美国年轻人参与志愿服务的时间最少，甚至少于65岁及以上年龄段的老人，中间年龄段的人会更倾向于参与志愿服务，而且参与时间随着时间的增长而增加，这样的趋势从2002年开始一直稳定。① 可见，公民实践很难自发延续，普遍积极参与的公众生活也是需要一定的干预措施和机制予以保障的。②

在哈贝马斯的叙述中，公共领域起初的功能是阐述伴随现代民族国家兴起的交往权利和文化权利；后来以文学公共领域为中介，与公众相关的私人性的经验关系也进入了政治公共领域中。③ 在20世纪90年代的一部重要著作《事实与规范》（Between Facts and Norms）里，哈贝马斯重新论述了公共领域的主题。他认为，公共领域不能构想为一种制度，一种组织，甚至不是一种规范的框架。公共领域最恰当的描绘是交换信息和观点（表达肯定或否定态度的意见）的一种网络；信息和观点在传播的溪流中过滤而成公共意见。④ 哈贝马斯的"公共领域"，主体间的交往和共识是关键点；在此基础上形成了沟通"生活世界"与"社会体制再生产"的媒介；文学、音乐、歌剧、运动、绘画、舞蹈以及媒介争论等文化活动是推动市民社会发展的重要传播形式。英国学者麦圭根（Jim

---

① 马季：《正在消逝的"国家精神"：美国志愿服务精神与传统面临挑战》，《21世纪经济报道》2014年6月27日。
② 美国联邦政府为了改变这一状况，组建了"国家社区服务机构"，为年轻人提供服务国家和社区的实践机会，目标是锻炼年轻人在现实中与人合作的能力，以及参与公共事务的意愿和能力。
③ ［德］哈贝马斯：《公共领域的社会结构》，载汪晖、陈燕谷主编《文化与公共性》，生活·读书·新知三联书店1998年版，第157页。
④ 转引自［英］吉姆·麦圭根《重新思考文化政策》，何道宽译，中国人民大学出版社2010年版，第70—71页。

McGuigan）在此基础上提出"文化公共领域"（cultural public sphere）概念，他试图在哈贝马斯的"公共领域"和"交往理性"之中，注入公民情感、美学和感动等人文的元素，让悲哀、伤恸、喜悦、欢愉等公民共同情感经验，以及对艺术审美价值的共鸣，得以透过公民文化论述与人文理性的公共交往模式，汇入国家文化治理的公共空间。[①] 麦圭根的"文化公共领域"不特指公共领域内的文化生活，而是强调市民话语下的公共领域需要重返人文价值，避免国家话语和市场话语将文化工具化。

在中国，公共文化领域是指以公共文化的生产、传播及消费为特征，并与私人领域中的文化生活空间相区别。尽管在全球化语境下，这一边界在逐步模糊，但在现阶段的中国，以政府为主体承担者的公共文化服务体系是构建公共文化领域的重要载体，它对保障和改善文化民生起到非常重要的作用。但我们仍不能忽视公共文化领域建设中存在的一些误区：其一，地方文化政策引导中过多强调发展经济生活中的消费文化，较少关注公共领域内核心价值的共识及公共利益的整合；主体间的共识需要依托公共文化领域内的交往实践来达致，当前仍以单向宣传灌输为主，未形成良好的互动沟通模式。其二，公共文化资源较多集中在各级文化管理部门及其下属机构中，公民文化参与实践以动员性参与及"给定的"为主，公众主动参与的深度与广度都不够，尚未形成社会多元文化治理结构，文化支配关系固化，文化资源的供给渠道也缺乏多样性。[②] 其三，公共文化服务体系保障的文化公民权还仅仅体现为读写能力、基本公共文化产品的获得和基本公共文化生活的参与等方面[③]，有关公民文化能力成长等深层次有关人的发展问题较少涉及。这与公共文

[①] McGuigan, Jim, *Cultural Analysis. Los Angeles*, London, New Delhi, Singapore, Washington DC: Sage, 2010. 转引自刘俊裕《文化基本法：一份学界参与文化立法的纪实与反思》，《国家与社会》2013年4月第13期。

[②] 万林艳：《公共文化及其在当代中国的发展》，《中国人民大学学报》2006年第1期；任珺：《跨域视角下的文化政策研究》，社会科学文献出版社2014年版，第224—228页。

[③] 《国家基本公共服务体系"十二五"规划》中提出："国家建立公共文化体育服务制度，保障人民群众看电视、听广播、读书看报、进行公共文化鉴赏、参加大众文化活动和体育健身等权益。"

化服务建设目标定位于基本公民文化权益保障有关。现代城市公共文化服务体系建设的重点,应逐步从文化福利的均等化转向公民文化能力的建构。其四,由于把对文化公共性的理解仅仅局限在文化资源的公共性方面,故各地方较为强调(设施、活动、参与人数等)数量上的积累和外在的文化福利均等化目标,忽视了文化主体公共价值观念(如自律、自治、参与、合作、信任、奉献、责任精神等)的培育,以及公共文化的集体意识、公共精神、公共伦理等内在的公共性特征。[1] 鉴于此,本书基于文化公共性特征以及理论界对公共领域的探讨,提出当前公共文化领域亟须转型。其路径应以文化公民权——尤其是公民充分参与公共文化生活的权利——的保障为前提,文化治理机制的确立为关键,核心价值的共识为目标。事实上,构建并维持地区的价值观也是一项文而化之的过程。荷兰学者皮尔森就曾提出,"文化不是一个名词,而是一个动词"的著名观点。文化不仅是传统,而且是任务。任务体现在:文化是对自然的持续的改造,而人则在文化中发展自己。[2] 因此,公共文化领域的转型最终还应回归到人的发展问题上。

二 公共文化领域的可治理性

"治理性"观念来源于政治经济学,它的提出本来是要求政府以公民管理和经济生产力为号召,为求效率和权威,以形成正确的行为;后转变为一种描述社会领域的方式,在自我和社会之间所采取的一种复杂活动。[3] 从公共行政角度来看,治理指的是一种新的管理过程及新的管理社会方式。即改变了传统自上而下的统治行为,通过多维度权力制衡网络,共同作用于社会事务。文化政策研究学者对治理问题的阐释是从福柯的"治理性"(governmentality)观念演绎而来的。福柯使用"治理性"观念解析了现代国家的兴起

---

[1] 万林艳:《公共文化及其在当代中国的发展》,《中国人民大学学报》2006年第1期。

[2] [荷] C. A. 冯·皮尔森:《文化战略》,刘利圭等译,中国社会科学出版社1992年版,第156页。

[3] [美] Toby Miller、George Yudice:《文化政策》,蒋淑贞、冯建三译,中国台湾巨流图书公司印发2007年版,第5—6页。

及其社会调控权力,并对西方国家在教育和文化领域内的做法和主张做了进一步的说明。福柯认为"治理性"体现了生产、符号、权力和自我四种技术之间联系运用的形式和手段,强调一种支配他人和支配自我的技术接触。他从历史的角度分析现代政权如何运用"治理性"技术,把原来"统治者积累自身权力"演变成"把权力有技巧地散布到人民身上",从而达到对全体人民统治的有效性。本尼特进一步发展了福柯的"治理性"观念,提出把"政策"理论地、实践地、制度地引入"文化研究"。他将政策、制度与管理的背景和手段看作文化的重要领域和成分,进而将文化研究视为特殊的文化治理区域,在问题框架内重新审视文化,强调文化既是治理的对象,同时也是治理的工具。[1] 以上可以看出,"治理性"是他者导向的,也是工具式的。[2]

早期的"治理性"文化政策实践活动主要聚焦于民族国家内部社会行为的调控,以及公民身份的形成机制。近10多年来,"治理性"观念在文化领域获得了新的发展,文化治理发展成为一种新型的文化管理机制。欧洲艺术文化政策比较研究协会曾对此做如下界定:

> 文化治理指的是为文化发展确定方向的公共部门、私营机构和志愿/非营利团体组成的复杂网络。其中包括来自公共部门、私营企业、非营利团体等各种性质的机构和个人……治理也指公民不仅作为投票者和利益集团的成员,而且作为消费者、专业工作者、文化工人、企业家、志愿者以及非营利组织的成员,拥有了更为多样化的渠道影响文化的发展。[3]

---

[1] 段吉方:《理论与经验:托尼·本尼特与20世纪英国文化研究》,载王杰主编《马克思主义美学研究》第12卷第2期,中央编译出版社2009年版;任珺:《跨域视角下的文化政策研究》,社会科学文献出版社2014年版,第112页。

[2] [美] Toby Miller、George Yudice:《文化政策》,蒋淑贞、冯建三译,中国台湾巨流图书公司印发2007年版,第7页;[英] 吉姆·麦圭根:《重新思考文化政策》,何道宽译,中国人民大学出版社2010年版,第19页。

[3] "Creative Europe: On Governance and Management of Artistic Creativity In Europe", *An ERICarts Report to the NEF*, 2002, p. 21. 转引自郭灵凤《欧盟文化政策与文化治理》,《欧洲研究》2007年第2期。

文化治理在保留治理概念中多元参与主体之间合作关系的同时，又增加了赋予并培育"积极的公民"文化参与的内容。更为重要的是，这一界定给予了公民个体作为不同角色参与文化发展的诸多可能性；同时强调一般民众或公民对于治理过程的多方参与，而促成治理体系的自我约束、调解与规范。[1] 从全球地方性文化治理实践来看，政府公共部门与非政府组织在公共文化事务中的合作，可以为文化公民权的深度发展提供实践平台；公众对公共领域文化生活的充分参与，也提供了一条形成公共秩序的文化途径。

当前，许多国家和地区都在积极尝试这种新型的管理机制，鼓励地方文化分权、基层多元自治管理和公民文化参与实践。在社会型国家或干预型国家的传统文化管理模式中，政府扮演着主导者角色，实行自上而下的政策倡导，以推动文化发展政策及规划行动。该模式若缺乏良好的沟通互动，就会导致反馈信息贫乏。文化治理强调的是公私部门、利益团体及民众的共同参与，理论上该模式可以更有效地凝聚对于政策发展行动的共识，促进地方资源及力量的整合，但实际操作也存在各方力量的博弈及效率低下等问题。不同地区及不同国家将这一革新思路应用于具体社会历史情境中时，所呈现出来的运作特点是不尽相同的，影响因素也是多方面的。美国学者马库森立足美国城市实践和经济理性下的效率原则，指出文化治理与策略的关键是打破障碍，实现商业部门（commercial sector）、非营利部门（nonprofit sector）、社区群落（community sector）交叉接合发展，同时促进政府领域中的文化事务、经济发展和城市规划相互密切联系，最大化公共投资的社会、文化和经济效益。[2] 西班牙学者加西娅从欧洲文化城市（The European City of Culture, ECOC）项目出发，认为没有直接的答案或者清晰的发展模式可供各城市模仿或遵循，但她建议未来应更为整体（holistic）而灵活

---

[1] T. Bennett, "Culture and Governmentality", in J. Z. Bratich et al. eds., *Foucault, Cultural Studies, and Governmentality*, State University of New York Press, 2003, pp. 47 – 63. 转引自［英］托尼·本尼特《本尼特：文化与社会》，王杰、强东红等译，广西师范大学出版社 2007 年版，第 199—216 页。

[2] Ann Markusen, Cultural Planning and the Creative City, Paper Presented at the Annual American Collegiate Schools of Planning meetings, Ft. Worth, Texas, November 12, 2006.

(flexible) 地运用文化政策。不仅要鼓励自上而下的方法,而且更要提供地方社群实践的平台,让普通市民及多元群体能够在文化政策制定过程中表达意见。后者对于维系民众在地身份认同、归属感十分重要。[1] 澳大利亚学者米尔斯批评在澳大利亚城市实践中文化还是处于被边缘化的地位,表现在治理措施倾向于社会经济目标,未能发挥文化艺术在精神层面的价值,更奢谈引导人们去思考生活的意义。[2] 可见,学者们的观察反映了不同地区在理论结合实践过程中,由于社会环境不同,所面临的问题是不同的。如何因地制宜解决好地方问题,是一项重要的政策议题。

对于这种新型文化管理机制的运用,我们需要进一步思考的问题是:治理与文化治理的区别何在?公共文化领域仅仅是治理的场域,还是文化只是治理的工具手段?我们是否应该回到文化公共性问题上探讨文化治理的人文价值,而不单纯是文化治理的工具价值?吴福平和刘莉认为,在文化缺失、缺位的前提下,未经由公共价值、公共伦理的培育来唤醒行政主、客体的公共责任意识、权利义务意识,探寻效率与公共性的平衡或消减两者之间紧张关系的所有企图,很大程度上是缘木求鱼。[3] 可见,文化价值在治理结构中需要前置考虑。文化的价值不能也不该被降低为政治工具和商业利益,否则将会损害文化的精神属性和历史价值。[4] 文化对于人的发展以及社会进步的根本价值,不但体现在完成的文化结果中,而且体现在人的主动参与过程中。公民文化实践就显得尤为重要了。针对忽视文化主体性问题,台湾地区学者提出:文化治理应突出以人为本,回归以艺术文化意义、价值和公民文化权利为核心考量的文

---

[1] Beatriz Garcia, "Cultural Policy and Urban Regeneration in Western European Cities: Lessons from Experience", *Prospects for the Future*, *Local Economy*, Vol. 19, No. 4, November 2004, pp. 312 – 326.

[2] Deborah Mills, "Cultural Planning-Policy Task, not Tool", *Artwork Magazine*, issue 55, May 2003.

[3] 吴福平、刘莉:《走向文化公共治理》,《思想战线》2014年第3期。

[4] 联合国教科文组织、世界文化与发展委员会:《文化多样性与人类全面发展——世界文化与发展委员会报告》,张玉国译,广东人民出版社2006年版,第157页。

化主体性。① 因此，对地方文化治理实践的审视，仅仅运用经济学分析框架从数量上评估投入、产出及效果是不完善的，我们还需要聚焦于地方文化内容（传统资源及发展前景；多元、开放、宽容等文化价值观等）、文化实践（个体素质的提高、公民文化参与的广度和深度、文化行动与治理等）和文化表现（活力与多样性、流动与创新性、公众可及的文化活动和可选择的文化生活方式等）的动态趋势。深入展开文化治理概念及实践的批判性思考，对中国当前公共文化服务体系建设以及公共文化领域的转型具有重要的启示意义。

三 新兴城市文化治理机制探讨

当前新一波城镇化浪潮必然带来更多新兴城市的出现。经济资本、市场、技术和移民等流动性资源汇聚于新兴城市，为其带来创新活力及软资产增长；但同时新兴城市也将面临传统文化的破坏、乡村伦理的解体、市场化带来的道德沦丧等一系列冲突和社会问题。通过公共文化生活重新构建公共性，将发挥越来越重要的社会治理功能。我们需要新的研究，反思以往城镇化过程中政府主导基础建设、大量拆迁、重复投资的行为，以及忽视市场的真实需求与民间自主的能动性等缺失②；重新评估文化在公共领域中的作用。怎样让所有居住在城市的民众能够有平等的机会，充分参与公共文化生活？怎样建立文化治理机制，实现有效沟通？怎样在公共文化领域唤起情感性的认同及核心价值的共识？这些问题都是未来新兴城市可持续发展亟须进一步研究的。

养成每个公民的文化权利意识及有所担当的责任感，增强建立在居住地域之上（而非根脉基础之上）的归属感，是建立新兴城市文化治理机制的前提条件。城市物质生活的改善和精神领域的进步，生发了广大市民对文化权利的诉求，以及对文化民主、社会平

---

① 王志弘：《文化如何治理？一个分析框架的概念性探讨》，《世新人文社会学报》2010年第11期，第1—38页；刘俊裕：《欧洲文化治理的脉络与网络：一种治理的文化转向与批判》，《Intergrams》2011年第11卷第2期，第25—50页。

② 罗家德：《从江村经济到社区营造》，《中欧商业评论》2013年11月号。

等的向往。随着社会的不断发展，市民对文化福利普遍性的关注也日益转向需求、兴趣和参与形式多样化等方面的要求。现代公共政策与体制要回应个体的文化诉求，改变传统管控技术，建立现代治理的韧性和适应力。在新兴城市公共文化服务体系中引入文化治理机制，即突破行业、领域被僵化认定的制度限制，在公共文化领域建立公私部门、利益团体及民众之间的对话、互动机制。这种赋权、沟通、协商、合作的机制既可凝聚对于文化政策发展行动的共识，促进松散的地方资源及力量的整合，又可培育民众文化参与的能力，及介入文化政策议程的能力。与"授之以鱼"式的传统公共文化产品供给方式——政府对文化生产的直接干预——相比，参与式的"授之以渔"治理新模式——政府对文化生产的间接干预——是激发民众文化创造力的根本。新兴城市公共文化领域如何因应当前与未来变化，发展出立足于地方和本土特质的文化治理新机制，广泛吸纳公共文化事业机构，文化企业，各种文化组织、机构、团体及公民个体的文化参与，对于创新城市公共文化服务体系，均衡传统与现代、地方与全球、边缘与中心等关系均具有重要的现实意义。本书试从以下三个论点按层次切入新兴城市文化治理路径探讨。

其一，促进公民积极的文化参与实践。公民文化参与既是民主的表现形式和公民文化权利的重要内容，又是公民实践民主、维护公民文化权益、培育公民责任的重要工具。未来，公共文化服务体系发展应该更多地思考：如何在公共文化领域中通过组织管理和制度设计破除公民文化参与方面物质或非物质性障碍，突出公民的主体性，增进对话与沟通，在交往实践中扩大每个人的文化机会和选择范围；如何建立多元渠道让公民有合法途径影响公共文化政策和公共文化生活，促进公共选择最优化。公民主动参与公共文化领域中的交往活动，在与他人的关系和共同行为中，可以解放个人的潜能、建构有效能的公民；可以增进一个人的思想、情感及行动的力量；可以从消极的文化接受者变成积极的文化生产者。在中国一些经济发达、社会创新度高的城市中，我们已经看到作为个体的公民以及由个体公民组成的民间文化团体组织在公共领域内发挥了不可忽视的影响。他们的文化实践领域已涉及社会的方方面面，体现了强烈的社会问题意识及对新生事物的敏锐感知；这类非政府组织因为立足社会基层，所以具有强大的生命力及对公众文化需求的快速反应能力。他们在专业领域内的积极作为可以成为公共文化部门所提供的综合性、同质化服务的必要补充。

其二，搭建开放的创意社群网络。城市文化的衰落来自于文化的创造者丧失了创造能力，从而导致整个社会丧失了新的解决问题的能力。与公共领域所强调的集体意识不同，一个社会的创新及创造力更倾向于张扬个体的独特价值和行动力。因此，创意氛围的营造一定是即便为普通大众也要鼓励知识的增长和创造性的参与。然而，无限个孤立的个体是很难在社会中发挥巨大辐射力的，建立以尊重每个人的文化选择权、文化创造权为政策导向的创意社群网络，有利于将零散的个体创造力汇聚在一起释放能量，活跃社会创新；同时将权利、资源、机会和权力等放置于一个有效的网络中配置，这也是多元文化治理结构形塑的重要基础。创意社群网络的实际载体表现为各类动态、松散，甚至虚拟的网络、平台，主题活动和交流机制等。[①] 它的积极作用不在于一个实体文化设施、空间的建立，而在于可以把原子化的个体聚集起来，共同解决具体的社会问题。通过个体的能动和个体间的互动，也有助于重构基于居住地域认同上的共同体的文化主体性价值，并在社群中获得情感和归属感。

其三，构建公共文化领域内的公私合作伙伴关系[②]。过去认为只能由政府运用财政资金来开展的公共文化项目，在公私合作伙伴关系模式下，可转变为由非政府的企业主体、民间资本、社会资金进入实施，形成特许权管理框架下的有效供给。该模式的意义不应

[①] 厉无畏、王慧敏：《创意社群与创意产业的持续发展》，《社会科学》2009年第7期。

[②] 公私合作伙伴关系（PPP模式，即Public—Private—Partnership的字母缩写），是指政府与私人组织之间，为了合作建设城市基础设施项目，或是为了提供某种公共物品和服务，以特许权协议为基础，彼此之间形成一种伙伴式的合作关系，并通过签署合同来明确双方的权利和义务，以确保合作的顺利完成，最终使合作各方达到比预期单独行动更为有利的结果。

停留在筹资运营层面理解，它不仅是融资机制的选择问题，而且更是公共文化领域项目管理模式的一种创新。① 公共文化资源不再由政府单一垄断，而是通过分权管理实现共享共建机制，增强多元参与的协商治理能力。公私合作伙伴关系可以汇集非营利机构、专业机构、志愿者组织等社会力量，以各方最有优势的特长去运营管理公共文化设施或公共文化项目。企业在管理知识、对于绩效的关注而产生的管理精细化和效率化方面的优势，以及非营利专业群体专业知识、对公众需求反应快等优势，都为公共文化服务体系的运作注入了新的活力。但此类合作的顺利开展依赖于全社会对公共价值理念的共识，以及良好的法律、制度、政策和行政环境。文化是一种成长中的资产，不只是体现为单纯的资源消耗。如何活化文化资产？必须把文化视为赋予人能力建构的动态过程。文化领域内的公私合作伙伴关系可为民众提供能力建设、知识转移和追求卓越的机会，同时也可强化民众归属感，优化社会治理结构，增加收入和经济机遇。公共文化领域内公私合作伙伴关系建立的方式，各国仍在摸索当中，并无统一模式，我们需要立足于本地发展实际情况，寻找综合、适宜的办法。

进入 21 世纪后，文化政策领域权力日益分散化，文化政策关注的议题也日益多元化。首先，全球市场的来临及信息传播环境的变化，使得文化政策更具广泛的政治意义。民族国家开始加强对文化开发和文化作品内容独创性和民族性的保护、管理；强调民众文化生活的创造性和参与性；从消极的资产保护或展演转移到积极而整体的社会重建。② 其次，文化政策更关注于"文化价值"的"外部利益"，对文化工具性层面的重视胜于文化精神层面。文化作为治理的客体和工具的双重属性非常明显。③ 文化在治理中应该扮演怎样的角色和作用？文化与发展的关系如何？国际社会一直存在争

---

① 贾康：《公私合作伙伴关系与混合所有制创新》，《上海证券报》2014 年 7 月 16 日。
② 任珺：《当代西方国家文化政策发展脉络》，载《中国文化产业评论》第 14 卷，上海人民出版社 2011 年版。
③ 任珺：《跨域视角下的文化政策研究》，社会科学文献出版社 2014 年版，第 4 页。

议。本书认为，发展文化政策需要重返人本主义精神，开启新的文化启蒙。传统精英式的"自上而下"，不再是有效的传播模式；加强公民文化参与实践，培育、增强民众创造能力及治理能力，建立多元参与治理的互动网络，有助于在公共领域中重构文化主体性价值，达致社会共识，建立一个繁荣与和谐的新型民主社会。

第二节　文化流动与文化公共领域治理模式转型[①]

一　文化流动的内涵及其作为发展资源的视角

文化通常被视为一个群体长期创造而形成的产物，是社会历史的积淀物。文化流动是文化领域[②]流动状态的一种简称，流动性是文化的本质属性。荷兰学者冯·皮尔森曾从文化人类学和哲学的高度提出，尽管文化表面上呈现出积累的形态，但文化必须变得更有动态性，更注重未来取向。[③] 这不仅指出了文化的动态性，而且更为强调文化发展中人的核心位置。

从人类发展历史来看，文化既与气候、地理环境密切相关，同时也伴随社会经济一起不断发展。文化与经济、政治的联系性是文化赖以形成和发展的外在结构关系。[④] 社会经济的发展决定文化发展的物质基础，科技进步水平提供文化传播的技术手段，政治制度和策略影响文化发展的方向。进入全球化时代后，文化流动及变化速度加剧。地球村几乎任何一个地方都存在各种文化共处的合力与张力形成的场域，有学者称之为"全球性文化公共领域"。尽管这一概念提出的本意是：全球性文化公共领域能为不同文化提供一个进入主流话语的途径，使不同的文化能够被倾听，通过对话空间的

[①] 本部分内容已发表在任珺《文化流动与文化公共领域治理模式转型》，载《中国文化产业评论》第 22 卷，上海人民出版社 2016 年版。

[②] 文化领域是指文化的创造和生产、传播和发布、接受和消费的领域。

[③] ［荷］C. A. 冯·皮尔森：《文化战略》，中国社会科学出版社 1992 年版，第 156 页。

[④] 钟宜：《文化发展的规律与历史定位问题》，《理论与改革》2001 年第 2 期。

辩论，发挥它们的影响力。① 但我们实际看到在这个场域中上演的是不同文化之间、各种利益相关者之间的博弈与调适，对当今社会产生的深远影响是：其一，全球范围内流动的经济资本、技术和移民促进了文化间的交融与突变，促进了不同文化间的相互影响、混合与借鉴，包括文化政策、文化治理领域内各种模式、措施相互参照，在相当程度上也呈现出某种"主流"趋势和同一性。其二，世界大多数国家的政府开始主动介入本国文化公共领域中各类文化艺术事务，逐步将文化政策制度化或法制化。这既有来自于文化主权的外在压力，又有来自于民族国家内部文化公民权的要求，同时也是现代化过程中传统文化自身的调适与更新。其三，公共领域与私人领域的边界在模糊，融合发展使得文化政策跨域整合思维成为现代化治理的必备手段。文化流动促发了全球性文化公共领域的形成；同时，也对地方性文化公共领域产生了极大的影响。

文化具有公共性特征，这一认识在中国文化政策体系中一直占有重要位置。从政策话语中的"文化事业建设"到"公共文化服务体系构建"；从通过指令性计划及行政手段完成自上而下文化产品供给，到文化领域内的公平公正问题解决②，公共文化服务往往是由具有权威性的公共文化部门以非市场化或者严格监管的方式来提供的。这就造成了当前文化公共领域仍存在一些不可忽视的问题。文化流动，可以为地方性文化公共领域的建立提供条件。首先，它打破了资源垄断和固化配置，允许文化载体——人的自由流动③，鼓励创新组织参与解决社会问题。其次，它使资金来源更为多元化，活跃了更多的新生力量参与公共文化产品供给，包括市场、各类社会组织及公民个体力量。再次，它使公共空间获得拓展，公民主体间的人文社交不再局限于传统公共空间，网络空间、社区型公

---

① 王丽雅：《文化全球化与全球性文化公共领域》，《燕山大学学报》（哲学社会科学版）2006 年 2 月刊；朱旭东：《全球化历史进程与中国社会主义文化》，贵州人民出版社 2002 年版，第 292 页。

② 如近期被广为关注的基本公共文化服务标准化、均等化等，实质上探讨的是文化福利的均等化问题。

③ 在中国政策语境中，人的自由流动与户籍制度密切相关，僵化的户籍制度不仅把人画地为牢，而且更是决定了附着在户籍上的各种社会福利和分配特权。

共空间在日常生活中扮演越来越重要的角色。最后,它鼓励国际文化组织、政府、公共文化机构、文化企业、媒体、各类社会组织及市民个体等不同身份的组织机构之间开展对话、协商,鼓励在合作中达成共识。

流动性作为文化的本质特征,通常是可以被认知的,但很少有学者从社会发展资源的角度切入。本书认为:文化流动是一种发展性动态资源,可以引领城市向可持续,并更关注于人的生存和发展的方向前进。21世纪,经济全球化与信息化加速了城市间各种要素的流动,从而使得城市在全球经济中所扮演的角色显得越来越重要。对于全球极具影响力的城市(全球都市),卡斯特尔等学者从全球流动空间的角度,视其为世界范围内"最具有直接影响力"的节点以及中心。① 全球化既带来城市主体地位的提升,同时文化流动也吞噬和同化许多富有地域特色的城市文化。文化流动改变了对社会、历史、传统等文化资源持沉淀论的固化理解,在文化资源的世界性流通与再生产过程中,可以催生出效益倍增的新生能源。弗里德曼也曾指出,以前的战略优势主要来自于对一套已有的知识存量进行保护,并从中获取价值;然而这个储备目前正在加速贬值,当今世界价值创造在于对知识的流动的把握和有效参与。② 可见,文化流动为城市带来的机遇与挑战是并存的。

本书的落脚点是城市文化公共领域。首先,我们需要明确从城市空间角度研究流动性问题,实际是与城市更新运动密切相关的。信息和通信新技术,尤其是移动和互联网的应用,为城市生活方式带来了持续变化,改变了社会联系和交流的方式。应对生活空间发展的新需求和新期待,城市形态也始终在不断改变,各类资源在流动中集聚新的力量。从某种意义上看,新兴城市的产生正是这种变化的结果。其次,从文化公共领域来看,流动性要求文化公共领域不是封闭的,借助信息和通信新技术,文化公共领域甚至可以在虚

---

① [美]曼纽尔·卡斯特尔:《网络社会的崛起》,夏铸九、王志弘等译,社会科学文献出版社2001年版。
② [美]托马斯·弗里德曼:《世界是平的:21世纪简史》,何帆、肖莹莹、郝正非译,湖南科学技术出版社2008年版。

拟空间获得拓展。文化公共领域的流动性反映了社会的创新潜力，包括文化生态、文化观念等方面的多元性、开放性及宽容度等。在现代社会，文化制度及管理机制也是重要的考察因素，它决定了文化资源的配置模式。如文化体制的灵活性、文化资源的民主化分布、文化权力的非固化配置、个体（草根）创造力的参与和分享等，都可以呈现出文化公共领域流动性的状况。本书将重点探讨文化流动对新兴城市的影响，并基于深圳地方全民阅读政策的发展，以及社会参与全民阅读推广实践的案例分析，探讨文化公共领域治理模式现代化转型的可能性、实现条件及当前存在的问题。

二 地方全民阅读政策形成及社会组织参与模式分析

阅读被视为教育、学习、信息传播、文化传承的最重要的方式和途径。20世纪70年代，联合国教科文组织即开始以"国际图书十年"为名义进行了一系列针对图书和阅读相关问题的调查研究；80年代联合国教科文组织向全世界发出了"走向阅读社会"的号召，要求社会成员人人读书，让读书成为人们日常生活中不可或缺的部分；90年代更是发起国际"全民阅读"（Reading for All）项目。[1] 1995年国际出版商协会提出"世界图书日"的设想，最后由联合国教科文组织确定4月23日为"世界图书与版权日"。这是对中国影响最大最广的阅读推广活动，中国全民阅读活动的发端就是源于这一倡导。1997年国家九个部委[2]联合发出《关于在全国组织实施"知识工程"的通知》，提出实施"倡导全民读书，建设阅读社会"的"知识工程"。起初全民阅读活动还只是作为以发展图书馆事业为目的的一项社会文化系统工程。2014年在李克强总理所做的政府工作报告中首次出现了"倡导全民阅读"，这意味着将"全民阅读"从文化部门提升到整个政府工作的高度。

深圳全民阅读政策的形塑是从读书月的设立开始的，这既与20

---

[1] 刘亮：《联合国教科文组织的阅读推广活动与图书馆》，《图书与情报》2011年第5期。

[2] 九个部委分别为：中央宣传部、文化部、国家教委、国家科委、广播影视部、新闻出版署、全国总工会、共青团中央、全国妇联。

世纪八九十年代社会背景相关，又与新兴城市大量年轻人需要满足其阅读、学习新知识、新技能等发展性需求有关。2000年启动的"深圳读书月"把鼓励个人阅读的活动逐步演变成为城市重要的读书文化节庆，延伸了阅读活动的公共领域，同时也成为地方全民阅读政策不断发展的触媒。在文化体制改革和政府职能转变的背景下，文化行政部门从办文化到管文化转变，推动了大型文化活动社会化运作。"深圳读书月"也由起初的政府主办转向"政府倡导、企业运作"模式。在这之前深圳全民阅读推广活动是以政府为主导的资源建设；之后则逐步转型为阅读理念的民间实践，民间组织及其他社会力量在阅读推广中的主动参与、创新发展，是近期城市文化公共领域治理中的显著特征。据调查显示，社会资金投入全民阅读活动的金额在逐年增加，2010年是个界限[①]；深圳阅读活动组织数量从2009—2013年不仅逐年递增，而且增长幅度较为明显（见表3—1、表3—2）。这也表明了深圳民间阅读力量的活跃度在提升。

表3—1　　2009—2013年深圳全民阅读活动资金投入情况　　单位：万元

全民阅读资金投入	2009年	2010年	2011年	2012年	2013年
财政性资金投入额度	580	510	600	600	605
社会资金投入金额	159.5	730.69	836.57	1021.79	1045.17

资料来源：深圳市阅读联合会、深圳大学传媒与文化发展研究中心：《深圳市阅读指数报告》（2014），表16"Ⅱ—10资金保障"各项测评内容历年调查结果。

表3—2　　　　　　　深圳阅读活动组织数量　　　　　　　单位：个

	2009年	2010年	2011年	2012年	2013年
阅读活动组织数量	5	14	33	62	106

资料来源：深圳市阅读联合会、深圳大学传媒与文化发展研究中心：《深圳市阅读指数报告》（2014），表13"Ⅱ—7阅读活动组织"各项测评内容历年调查结果。

---

① 由于2013年深圳获得"全球全民阅读典范城市"称号，2014年财政性资金投入也因此增加了515万元用以实施"全民阅读典范城市推广计划"，投向民间阅读机构及常态化阅读项目。2014全年财政性资金投入全民阅读共计1120万元，社会资金投入共计1515.9万元。参见深圳市阅读联合会、深圳大学传媒与文化发展研究中心《深圳市阅读指数报告》，2015年。

中国很长一段时间社会组织实行的是"双重管理"审批登记制度,这成为社会组织获得合法身份的障碍,不利于社会组织的发展。2004年深圳开始改革社会登记管理制度,2008年出台了《关于进一步发展和规范我市社会组织的意见》,对工商经济类、社会福利类、公益慈善类社会组织实行由民政部门直接登记管理。政府民间组织管理制度的改革直接推动了深圳民间阅读组织在规范化、专业化方面的发展。2013年深圳市文体旅游局曾开展过一次全市民间阅读组织发展状况调查。参与问卷调查的37个民间阅读组织[1]显示,25%的读书组织已经在各级民政部门注册为规范的现代阅读组织,成立时间大致集中于2007—2013年。[2] 这与深圳全民阅读及其他相关政策出台,及配套措施推进时间是相吻合的。通过以上提及的两个调查报告数据比较,可发现深圳民间阅读活动组织多数还处于较为松散的发展阶段,已进行现代化组织转型的阅读组织所占比例较小。

深圳在2010年集中出台了两部与全民阅读相关的政策文件:《关于深入开展全民阅读活动加快学习型城市建设的若干意见》及《深圳读书月发展规划(2011—2020)》。前者明确指出了深圳的全民阅读活动是以读书月为主要形式。这两部政策性文件及规划对深圳全民阅读活动的发展目标、主要任务和发展路径都做了说明,对社会参与的引导和支持也是其中重要内容之一。2011年读书月组委会开始将民间阅读组织的活动作为一个独立的民间阅读板块纳入深圳读书月活动;而当前正进入立法程序的《深圳经济特区全民阅读促进条例》,更是对阅读资源、阅读服务、全民阅读推广以及公民阅读权利保障等做了进一步规定。民间阅读组织通过全民阅读推广项目开展了众多创新实践。一些阅读组织依托学校、社区和图书馆推广阅读活动,通过自主创意品牌获得政府资金的项目资助或奖励(如彩虹花公益小书房及三叶草故事家族等);一些阅读组织则通过

---

[1] 这个样本虽然比较小,但是这37个民间阅读组织已囊括了活跃度高、开展活动频繁、有一定社会影响力的民间阅读组织。
[2] 谯进华:《深圳民间阅读组织发展现状及发展路径研究》,深圳市文体旅游局,2013年。

与企业、区政府等建立合作伙伴关系获得组织长期运营的资金和场地支持（如深圳读书会及后院读书会等）；还有一些阅读组织采用来自个人资金的众筹方式，运营创新项目，以解决部分项目管理资金问题，但众筹很难成为可以长期依赖的资金来源（如一些独立书店的众筹项目等）。与前者自发组织不同，也有一些注册机构是在政府或公共文化机构指导下成立的，主要承接以往由政府直接供给的公共文化服务（如龙岗读书会及阅读联合会等）。此外，以阅读推广为志业的公益慈善性基金会（如爱阅公益基金会）、创新型社会企业（如青番茄文化传播有限公司），或借助阅读的社会行动，试图改变教育，消解社会发展的不平衡；或以商业模式附加传统图书馆公共空间功能，通过分享服务获得公益价值。这种种努力都以不同的运作机制参与到全民阅读推广中，促进了公共资源的流动和优化配置。

从深圳全民阅读政策形成的实践逻辑来看，它是全球性文化公共领域与地方性文化公共领域两组结构性力量共同作用的结果。借用布迪厄（Bourdieu）"场域"概念，则可以理解为地方性文化公共领域作为一个内部"场域"，其发生发展经过了一个逐步摆脱政治、经济等外部因素控制，为自身的自主性而斗争的历程。布迪厄是在其关系主义方法论的基础上提出"场域"概念的，亦可理解为"场域"是一个开放性的空间存在，即任何一个场域都是若干子场域交结在一起的。布迪厄原话表述为："一个场域可以被定义为在各种位置之间存在的客观关系的一个网络（network），或一个构型（configuration）。"[1] 布迪厄的"场域"概念具有以下四个特征：（1）表现各种要素关系的结构体系；（2）具有策略性和竞争性倾向的系统；（3）具有各种资本和文化特性的社会主体组合；（4）具有共同价值体系的体制或组织。[2] 从外部场域来看，近年来深圳与联

---

[1] ［法］皮埃尔·布迪厄、［美］华康德：《实践与反思——反思社会学导引》，李猛等译，中央文献出版社2004年版，第133—134页。

[2] Bourdieu, Pierre, and Loic Wacquant, *An Invitation to Reflexive Sociology*, Chicago: The University of Chicago Press, 1992. 转引自方成《场域转换与隔场遏制：布尔迪厄的社会文化批评理论述评》，《外语研究》2006年第3期。

合国教科文组织的合作，从官方到民间都非常紧密，开拓了不少新的合作渠道与方式。譬如，"全球创意城市网络"的加入和"全球全民阅读典范城市"的授予，深圳原创大型交响乐《人文颂》在联合国教科文组织总部的上演，等等；深圳华强集团和红钻集团也分别设立了基金参与联合国教科文组织战略伙伴合作。实际上，联合国教科文组织在国际阅读推广活动中的作用，主要是提出理念、计划和号召，然后各国家和地区自主地由有关政府部门、图书馆、学校、非政府组织、企业和媒体等机构具体组织和实施，联合国教科文组织提供支持和帮助。[①] 在深圳全民阅读活动中，联合国教科文组织也始终扮演着这样的角色。而深圳则通过主动将自身纳入全球性文化公共领域话语体系，参与联合国教科文组织倡导的"新人文主义"[②]地方实践，实现自我构建的"全球视野、国家立场、深圳表达"文化生产机制。这一城市发展策略不仅构思并塑造了城市新的"图像"（the iconic）[③]，同时也将外部社会资本转化为本地文化生产的动力和资源。

从内部场域来看，市民对阅读权利保障和文化参与及社交的需求，是深圳全民阅读政策制定的潜在动力；而市民素养提升及城市形象行销则是政府推动全民阅读活动的重要原因。在这两组内部结构性力量推动下逐步形成了目前的实践逻辑。2013年阅读调查发现：基层服务类社会组织较为普遍地采用了沙龙、线上活动、讨论+体验、讲座等多种形式。尤其沙龙，在问卷调查中高达89.2%的占比，可见由兴趣而建立的社交空间受到市民广泛欢迎。[④] 从哈贝马斯的"交往权力"概念来看，公民运用"交往权利"通过协商的民主程序产生"交往权力"。这不仅仅是"权利"的保障，而且

---

① 刘亮：《联合国教科文组织的阅读推广活动与图书馆》，《图书与情报》2011年第5期。
② "新人文主义"的宗旨要义被阐释为：人类需要多元和谐共处、尊重个性、寻求共性的新文化。参见在第二届尼山世界文明论坛上，尼山论坛组委会与联合国教科文组织举行的工作会谈，山东济宁，2012年5月21日。
③ 新的"图像"试图改变新兴城市的价值取向，从经济立市向文化立市转型。
④ 谯进华：《深圳民间阅读组织发展现状及发展路径研究》，深圳市文体旅游局，2013年。

是"权利"向"权力"转化的实现和行使。[①] 市民的交往权力参与了内部场域权力场的互动,使阅读公共领域成为城市开展对话、凝聚社会共识的重要平台,并引发了诸多社会创新实践。当地方文化公共领域从封闭、孤立的场域走向一个开放、协作的场域,其过程既充满了利益相关者间的博弈和抗衡,又在结构调整中初步形成了不同模式的多方沟通与协作机制。地方性文化公共领域治理模式的转型,给予了市民更多样的文化选择权利、参与和分享的机会,使民众的认同感获得了增强。通过近年来观察,深圳民间组织及其他社会力量在新型社区阅读空间、新型阅读推广模式上做了许多创新性探索;它对于解决普遍存在的公共文化服务不均衡发展现状、公共文化服务与市民文化需求不能有效对接等矛盾,发挥了积极的作用。

三 文化治理研究及治理模式现代化转型的可能性

西方文化领域,研究有关"治理"话语,主要从两个角度深入:从文化研究的角度,对治理的阐释侧重于文化与权力关系的探讨。从公共管理学或政治学角度,对治理的理解,一般分为两个层次:其一,将各种机构——既包括传统上被认为是统治的正式部门的政府部门,也包括公共机构、私营机构、第三部门等——和其他公民行动主体纳入公共政策制定及执行运作中;其二,不同于(统治)层级整合的由上而下控制,及市场整合的个别化关系,治理是组织间的网络与伙伴关系的整合。[②] 后者的路径则重点围绕文化发展和文化政策中的资源配置和组织关系,讨论政府内部管理体制及政府与社会之间的互动关系。[③]

总体而言,学界尚未有统一的理解,国内学者较多从公共管理学或政治学角度看待文化治理议题。尤其从工具理性的角度将"文

[①] 聂长建、李国强:《哈贝马斯视域下的"交往权力"法律观》,《江汉学术》2013年第5期。

[②] 王志弘:《台北市文化治理的性质与转变:1967—2002》,《台湾社会研究季刊》2003年第52期。

[③] 夏国锋:《从权利到治理:公共文化服务研究的话语转向》,《湘潭大学学报》(哲学社会科学版)2014年第5期。

化治理"理解为文化领域内的国家行为,即国家在文化生活上进行社会管理的途径选择。谢新松认为,文化治理是社会治理新的手段,而政府、市场组织及公民社会三种文化治理模式则是多元化社会主体从文化方面对社会治理的回应。[①] 王啸、袁兰则认为,文化治理是指掌权者在其权力运作的政治的场域内,通过文化政策等观念意识的表达和实施,对社会资源进行分配、对社会政治生活参与者的思想和行为施加影响,借以达到分配社会资源、维护其政治统治、保持稳定的社会秩序,最终实现整个社会有序运行的一种综合性机制。[②] 胡霁荣、张春美提出,将"治理"概念引入文化政策研究后,需重点探讨基于怎样的治理理性、治理技术,确立能应允特定文化艺术行为、审美品位、思想品性等规范的合法性,进而形塑一种规约人们生活方式的文化制度,奠定一定社会结构的合法性存在。[③] 吴理财指出,文化治理的实践形态中有政治、社会和经济三种不同的面向,但实质都是透过文化和以文化为场域达致治理的目的。[④]

基于对国家主体行为的认识,祁述裕指出:国家文化治理建设的三大核心具体任务为文化管理体制机制创新、健全现代文化市场体系、构建现代公共文化服务体系。[⑤] 张鸿雁则认为,"文化治理"若要成为当代国家治理现代化的一种手段,就必须从人文价值的高度创造国家治理的典范和范式,并从"伟大荣誉的理想"到"常人生活形态"双重建构。[⑥] 李少惠强调政府"元治理主体"的角色功能,其理论出发点是依据公共治理的三个特征——治理目标的公共

[①] 谢新松:《多元化社会的文化治理模式研究》,《云南社会科学》2013年第3期。
[②] 王啸、袁兰:《文化治理视域下的文化政策研究——对改革开放以来的文化政策分析》,人民网—理论频道(http://theory.people.com.cn/n/2013/0108/c40537-20131372.html)。
[③] 胡霁荣、张春美:《治理视阈下中国文化政策的转型脉络》,《上海行政学院学报》2014年第5期。
[④] 吴理财:《文化治理的三张面孔》,《华中师范大学学报》(人文社会科学版)2014年第1期。
[⑤] 祁述裕:《国家文化治理建设的三大核心任务》,《探索与争鸣》2014年第5期。
[⑥] 张鸿雁:《核心价值文化认同的建构与文化治理——深化改革文化治理创新的模式与路径》,《南京社会科学》2015年第1期。

利益取向、治理主体的多元化、治理手段与方式的多样性——认为文化治理是政府文化管理方式的转型，即实现政府由管制型向服务型转变。①

也有学者把文化治理的场域直接落在公共文化服务领域。吴理财认为，公共文化服务既是文化治理的一种形式，也是文化治理的一项内容。②夏国锋指出，公共文化服务实践包含文化与权力的关系；政府、市场与社会的合作、政府职能与治理结构转型；社会整合问题、认同建构、公共性培育、公民生活方式的塑造议题。公共文化服务建设需要调和国家、社会价值诉求与个体利益诉求的统一。③钟起万、邬家峰提出，文化治理是在国家—市场经济—公民社会的三维结构框架下，来探讨社会公共文化服务的供给模式。而当前公共文化服务体系建设正实践着社会的重建与现代性的重构。④然而，行文中"治理"显然是被作为统治来理解的，而"文化"则被视为社会的一种柔性机制和社会资本。

本书认为，文化治理与公共领域建构有关，是治理模式现代化转型的重要内容。文化治理的实现，一方面，依赖于技术路径，如通过授权程序将权力下放，建立督权规则及去中心化的结构，展开多元理性协商，在全球/地方、现代/传统交织互动中生产流动性资源等。另一方面，则需要探索从文化治理工具理性转向人文理性，回到文化公共性问题上反思文化的人本价值，这应是文化治理价值取向的基本立足点。与传统社会——崇尚集体价值——不同，现代化转型要求建立一个尊重个体价值、可以权利分享的法制社会。因此，社会组织的现代化转型发展对于构建治理的多元参与主体极为关键。同时，通过相关法律法规来维护公共领域建设的内外部秩序，使多元主体的合作机制得以保障。现代化转型要求社会组织必须增强其参与能力，突破将行业协会、联合会等文化社会组织仅定

---

① 李少惠：《转型期中国政府公共文化治理研究》，《学术论坛》2013年第1期。
② 吴理财：《公共文化服务的运作逻辑及后果》，《江淮论坛》2011年第4期。
③ 夏国锋：《从权利到治理：公共文化服务研究的话语转向》，《湘潭大学学报》（哲学社会科学版）2014年第5期。
④ 钟起万、邬家峰：《文化治理与社会重建：基于国家与社会互动的分析框架》，《江西社会科学》2013年第4期。

位为桥梁功能的局限，赋予其本身更多的文化主体性价值，完成从被动接受到主动参与的转化，焕发社会潜在创新力。事实上，有助于社会组织现代化转型发展的环境即是一种创新氛围，它需要通过公共领域和交往实践来实现。当前文化领域公共政策制定、执行、评估过程中，社会参与的管道和方式仍存在单一、不足等特点。文化社会组织成长过程中普遍受专业人才匮乏制约，组织运营管理也缺乏创新工具及方法的使用，逐步摸索中的各类伙伴关系还未能形成稳固的长效合作机制等。这些问题的存在，决定了改革社会组织登记管理制度并不能完全解决文化社会组织的发展瓶颈，当下更为重要的是需要建立现代化的社会组织管理体制，实现从"准入监管"向"过程监管"转变。

　　本书认为，流动性决定了文化公共领域治理模式现代化转型的可能性。未来亟须对内打通文化社会组织自身循环系统，建立营销、品牌策划等专业运营团队，建立组织成熟的运作模式和有效的生存发展策略。对外打破文化资源的垄断，建立文化资源利益协调与共享机制、监督和绩效评估机制；满足市民对文化选择的需求及对功能混合的文化社交空间、场所的需求，保障文化公民权的平等适用。如何寻求全球与地方、现代与传统之间的平衡张力？文化的主体性在哪里？未来城市文化治理的发展方向在哪里？本书通过深圳经验个案的分析和探讨，认为内外关系上应处理内部场域与外部场域界限的伸缩，创新社会实践；在政策层面应聚焦：如何实现从工具理性向价值理性转变，完成城市文化公共领域构建；在实践层面则需思考：如何完善社会参与机制，顺畅文化资源流动通道。继而提出未来可能的路径是：需要我们重新评估文化流动对于城市创新的影响，以及文化在公共生活中的作用，正确对待社会真实需求以及社群能动者的创造性和行动，突破当前发展实践的局限，寻求公共领域内更有效的行动策略。

第三节　流动与关联：新兴城市城中村社区遗产价值重构[①]

一　问题的提出及遗产价值重构的必要性

"城中村"是中国特有的土地制度、户籍制度、经济制度和管理制度城乡二元化的产物。[②] 在深圳工业化急剧发展及城市化加速推进过程中，原住民并没有实现就业角色转换，土地仍然是最重要的生存依靠。原住民的生活生产逐步形成了"以地生财"的发展模式——原住民以经营、管理自己的出租屋为主；村股份公司以经营工业和商业用房出租为主，年底根据集体资产经营好坏，原住民按股份享受分红。[③] 城中村原住民生计方式发生了重要改变，不再从事农业生产。但这一群体的经济社会组织方式、生活方式却没有被彻底城市化，原住民从种地到"种房子"，直接催生了城中村中大量的"连体楼""握手楼""贴面楼"。它们与传统乡村石牌坊、宗族祠堂、庙宇、古树古井等，一同造就了独特的城市景观，也成为地方性知识的地理表征。由于城中村内便利的生活条件和较低的创业成本，这里成为流动人口自发性集中居住地，成为诸多移民前往深圳创业落脚的第一站或长期租住的选择地。[④] 有的城中村以地缘、业缘等关系为纽带，聚居同乡或从事相同或相关职业的租住客，从而在社区内产生新的内聚力，如湖南攸县籍出租车司机聚居的石厦村；有的城中村则由来自不同地区、从事不同职业的租住客构成，形成联系少而松散的环境，如岗厦村。在深圳，无论何种类型的城

[①] 本部分内容已发表于任珺、李蕾蕾《流动与关联：城中村社区遗产价值重构》，《中国文化产业评论》第 24 卷，上海人民出版社 2017 年版。

[②] 马强：《基于文化融合视角的城中村改造路径探讨》，《经济研究导刊》2010 年第 26 期。

[③] 《福田区城中村改造研究报告·构建和谐福田综合研究报告》，2005 年，第 38 页。

[④] 以岗厦城中村为例，居住 1—4 年的人占多数，约占七成；也有一定比例流动人口住 10 年以上，约占一成，呈现流动人口不流动的状态。《岗厦：城市更新的笔记本》，《深圳晚报·深℃杂志》2015 年 4 月 29 日。

中村均存在人口结构严重倒挂的现象，这直接导致城中村社区公共资源配置失衡和公共文化服务短缺，供需矛盾十分突出。很多城中村都存在社区图书室、文体活动中心等公共设施缺失或开放时间不合理、内容不丰富、利用率低等问题。①

以深圳正在进行城市更新的岗厦村为例，其中河园片区拆迁时人口6.8万，常住原住民约1000人，暂住人口即租住客约6.7万人，土地面积15.16万平方米，流动人口占比极高。笔者2014年曾与土木再生城乡营造研究所合作，依托他们主持的"岗厦罗门生"调研项目对部分租住客进行问卷调查及访谈，目的是了解这一群体在城中村居住时的文化生活、公共文化空间的使用、文化记忆、对社区公共文化设施的期待，以及与城中村在地的文化关系，等等。调查结果表明：岗厦村租住客大多视城中村社区为落脚处，即不打算长期生活于此。他们对社区环境脏乱、治安差有负面印象，但交通便利、低生活成本是选择租住的首要原因。大多租住客胸怀远大志向，希望在深圳能成就一番事业；同时他们又是深深缺乏安全感的群体，这既来自生存环境——生活充满着不稳定性，同时又来自人际交往——缺乏紧密多元人际关系的支援，他们在社区内交流与交往都非常少。租住客虽然适应并热爱城中村多元移民社会氛围，但对原住民文化存在区隔感②，有来自语言、习俗和信仰上的，更多的是公共资源配置不平等所导致的。租住客几乎没有社区（文化）活动，社区内缺乏公共交往空间，有限的户外公共空间，如篮球场或大树下空地也基本只能三五成群打牌。对此现状大多数人选择放弃文化生活，少部分人从社区外部公共资源寻求解决，如临近的公园、邻近的市级公共文化设施等。几乎所有的租住客对城市更新后的社区公共文化设施（如反映社区历史的博物馆、图书馆等）都持期待态度。

---

① 处于不同地理位置的城中村所呈现出的公共资源配置失衡问题略有差异，越接近城市中心区矛盾越激烈。

② 访谈得知大多数租住客不认同本地宗祠及民俗文化的主要原因是：本地原住民排他性空间区划，譬如一些公共空间或建筑不让外人使用，作为宗祠及村民娱乐休闲使用的文蔚阁，张贴"外来人员禁止进入"。造成这一原因本质上还是人口与公共资源之间的矛盾。

随着城市发展对空间需求的不断扩张,城中村作为城市更新的主要对象,正在加速消失。我们要高度警惕城市功能和空间升级对文化生态的破坏,避免全球化带来的地方趋同倾向,丧失城市文化个性。作为城市飞地和半自治社区,城中村不仅凸显了移民社会风貌和多元文化氛围,而且也是深圳本土文化最后的守护者。这里既存在传统或有地方特色的历史文化遗产,又存在大量达不到各级文物保护名录的"新遗产"①,即便是宗族祠堂,许多也未必能达到政府保护级别。在发展主义和消费主义引导下的城市更新,历史文化遗产保护往往都是选择性的。比如,岗厦村河园片区更新时,原有一处比较有特色的西洋风格老建筑——文乐别墅,改造过程中是否留下?开发商及相关主体曾有争议和设想,但最终也未能保留。②其他城中村内大量文化遗产遭受不可逆转破坏的现象更是屡见不鲜。遗产化的过程也是社会建构的结果,是多方权力博弈下的产物。遗产价值的确认对不同群体意义是不同的,譬如一座老屋可能对租住客来说除了临时居住没有任何意义,而那些甚至不让外人接近的建筑,从情感上都是排斥的;但这些老旧建筑都是城市(社区)发展的历史见证,是城市(社区)记忆的重要组成部分。谢涤湘、常江认为:人们在选择历史文化遗产保护时,关注比较多的是表面的历史装饰和文化象征,而不是深层次的历史脉络和文化意义;是经济的发展和景观环境的改善,而不是被驱离的地方居民和被瓦解的社区结构。③ 这一观点指出了城市更新过程中普遍存在的忽视文化传承问题。对于城中村原住民来说,正面临瓦解的不只是社区的历史文脉与集体记忆。族群内部对城市更新过程中经济利益等问题的处理存在分歧,从而导致族群关系在某种程度上被撕裂。

---

① 深圳市公共艺术中心提出"新遗产"概念,即指介于"文化遗产"与"过期旧房"之间,年代并不久远,但具备一定价值却缺乏法律保护、未能很好被利用的老旧建筑。

② 文乐别墅是岗厦最后一个大地主金胜三兄弟所建。文乃姓氏,乐,吉祥如意之意。土改时期,这里曾作为岗厦生产大队的办公用房。村民开会议事、统计工分,都在这里举行。20世纪70年代,文乐别墅归还其主人。陈铭:《别了,最后一幢地主别墅》,《南方都市报》2009年10月27日。

③ 谢涤湘、常江:《文化经济导向的城市更新:问题、模式与机制》,《昆明理工大学学报》(社会科学版)2015年第3期。

因此，他们还面临着社区内融洽邻里关系和相互信任关系的重构。

面对以上社区文化领域呈现的种种问题，城中村社区可持续性发展如何通过遗产价值体系重构，建立社区居民新的价值认知，是本书探讨的重点。笔者认为，与早期原住族群聚落而居，流动性弱相比较，当前总体上城中村呈现出流动性特征。如何让这种流动的优势发挥出来，形成社区内部开放性、共享性、包容性及多元融合的社会氛围，将有助于城中村社区文化、观念和治理制度的发育转型，是未来社区可持续发展的长远动力。行动的关键是构造"关联"，不仅让居住在社区的人们对身边的空间事物发生联系；而且能让社区居民形成紧密的网络，共同参与社区治理。本书试图从文氏宗祠功能及空间形态转型、民俗等非物质文化遗产公共价值再认知等路径，思考社区文脉和遗产保护的方式及地方性知识形成的可能性。

二 文氏宗祠功能及空间形态转型的可能性

宗祠在南方又称为祠堂，大多是为纪念某一地或某个村的开基先祖而建，也有的祠堂专门为祭祖而建，一般都为乡村内的宗族中心。从传统功能来看，祠堂既是安放祖宗牌位、祭祀祖宗的地方；也是家族宣读祖训、执行族规家法，进行议事、教育子弟、宴饮娱乐的公共空间。在国家与社会的互动关系下，祠堂承载的功能在不断发生演变。以深圳文氏宗祠为例[①]，大约1930年，福永凤凰村的文氏宗祠曾内设凤岭学校，供后辈学习知识之用。新中国成立后的1974年，祠堂改为大队办公室，也曾一度为会堂，作为族人表演粤剧的地方。后又因"文革""破四旧"，文氏宗祠及凤凰的其他文氏家祠均不同程度地遭到破坏。[②] 改革开放初期文氏宗祠还曾被改建

[①] 据史书记载，文氏先祖文天祥的弟弟文天瑞与其儿子文应麟父子最先流亡到宝安松岗镇一带，后来形成的文氏七大房散居于现在的深圳、香港和东莞等地。不同的聚居村落均建立了文氏宗祠，其中东方村文氏大宗祠是七房中最重要的文氏宗祠，其他宗祠则为普通宗祠。

[②] 位于松岗东方村文氏大宗祠也作为学校及村一级办公场所使用过，"文革"期间，祠内的神位、牌匾悉数被砸，连檐板上的人物花草装饰图案也未能幸免。参见梁二平《滨海深圳的"文脉"传奇》，《深圳晚报》2013年11月20日；彭全民：《深圳广府宗祠的调查与研究》。位于岗厦村的淑气公祠"文革"期间也遭到破坏。

成成衣加工厂①，后来用作村里老人活动中心。② 宗祠类似的功能转换在这一段历史时期具有普遍性。随着全国掀起的重修族谱和宗祠的寻根热潮，本地各处祠堂的重建与修缮工作也纷纷展开。③ 宗祠部分功能逐步回归，如每逢初一、十五，老人们都会在祠堂祭拜；每逢重阳节后的第二个周日，七房文氏后裔都会到开基祖文应麟墓前及东方文氏大宗祠举行隆重的祭祖仪式，这成为宗亲活动的重要内容。由于城市发展过程中外来人口的大量涌入④，本地人口的外流（包括早期的逃港，后来的海外移民、外迁等）；社会经济环境的巨大变迁，导致了祠堂日常功能在发生变化，许多祠堂在大部分时间里都处于闲置状态，有些甚至长期紧闭大门。中山大学城市化研究院调研报告曾指出：过去的祠堂主要进行功能性活动，包括祭祀、教化、调解纠纷、财产分配等宗族事务。而今祠堂活动除清明祭祀、过年聚会和偶有婚丧嫁娶外，仅剩日常休闲娱乐活动，且祠堂举办的大型活动的参与人数越来越少，日常活动也以外地人居多。⑤ 这一现状在华南地区城中村社区具有普遍性。祠堂日常功能的变化反映出其在宗族中的重要性在降低，随着社会宗族观念的消退，移民城市不断膨胀，本地宗祠变得越来越边缘化，很多甚至因年久失修而破败，或在城市更新中面临拆除。

宗族祠堂是城中村社区历史文化的象征。对于流动性社区来说，"他者"历史如何成为"我们"共同的历史？祠堂空间资源价值及文化价值能否充分实现？主要取决于它的功能及空间形态转型是否服务于新的社区文化结构，取决于社区居民和谐关系及社区感的建立。这里需要解决两方面问题。

---

① 这一时期祠堂挪作工厂很普遍，1984年，白石厦在文氏宗祠处办起了村里第一家来料加工企业——白石厦金银首饰厂。

② 凤凰文氏宗祠历史见吴翠明《深圳凤凰村居民家庭生活的人类学研究》，硕士学位论文，中山大学，2005年，第13页。

③ 松岗东方文氏大宗祠2003年开始修缮工程，福永凤凰文氏宗祠2010年开始重新修缮。

④ 原住民集居地外来人口远远大于本地人口。如凤凰村户籍居民约2000人，常住人口达13万；岗厦村本村户籍居民约1500人，2007年前居住人口高达11万余。

⑤ 李思颖、李欣怡、李晨曦、刘扬：《宗族文化的"前世今生"——广州赤沙村八大宗族聚落文化现状调查》，中山大学城市化研究院调研报告，2015年。

其一，传统意义的文氏宗祠作为宗族文脉的表征，如何与其他元素共同整合并凝聚全球化进程中日益离散的族群，维护族群集体记忆、文化认同及情感认知。无论是对于流离他乡的文氏族裔，还是留守的新一代文氏后裔来说，对本土及族群的根基性情感联系和认同是需要媒介来维系的，如族谱、仪式、聚会等方式保存。祭祀是中国华南汉族地区重要的文化传统，对太公（开基祖）的拜祭是整合宗族团体和强化世系认同的重要手段。[①] 每年祭祖扫墓是粤港文氏后裔的年度盛事，并以此凝聚文氏七房后裔。每房系每年都会派代表去东方文氏大宗祠参加祭祀拜祖活动。仪式严格按照传统十二道程序进行：鸣炮、净身、灌洗、迎祖驾、献香、参拜天地、洒酒灌地、献三牲果品、诵祭文、叩拜、焚祭文、送祖——以示不忘本。[②] 传统宗亲组织活动对于紧密流离异地的族人与家乡经济文化上的互动具有重要意义。文氏大祠堂修缮及文天祥纪念馆修建时，香港文氏宗亲会及香港宗亲以个人名义捐助了工程所需的大部分资金。许多参与当地投资创业或非物质文化遗产传承的文氏族人还都属于出生在本地，早期逃港谋生计，有一定经济基础后返乡之士。譬如香港文氏宗亲会会长文沛荣，其麾下的宝利来集团在家乡投资6亿元，已涉足酒店、地产、贸易等多个领域。还有其他常居香港、英国、荷兰、比利时的文氏族人在本地各行各业也都有投资。[③] 松岗赛龙舟及七星醒狮传承人文琰森老先生25岁去香港谋生，1968年在香港当教头传承"七星醒狮"，1997年退休后回到松岗山门社区继续醒狮技艺传授。[④] 与原住民外迁和流失相比，让很多祠堂族人更为担忧的是，新一代的年轻人能遵从传统习俗的人越来越少。即便2011年被国务院列入第三批国家级非物质文化遗产名录的松岗七星醒狮，也同样面临传承后继无人的窘境。

其二，以宗祠为核心的传统公共空间，如何通过价值多元、功

[①] 吴翠明：《深圳凤凰村居民家庭生活的人类学研究》，硕士学位论文，中山大学，2005年，第43页。

[②] 《岗厦涅槃》特刊，《南方都市报》2009年10月27日。

[③] 《创富传奇：从逃港少年到企业集团总裁》，《深圳商报》2009年9月20日；《宝安文氏：文天祥后人传唱〈正气歌〉践行忠孝事》，《深圳晚报》2014年5月23日。

[④] 《松岗第二小学成立七星醒狮队》，《宝安日报》2012年3月29日。

能拓展增强与新社区的互动，建立现代意义的功能与公共空间，并转化为更多的可能性和包容性。宗族祠堂作为传统公共领域及精神生活的载体，有着两面性：对内它有较强的凝聚力，可以敦祖睦族、启迪后世；对外它则表现出较强的排他性。如何再度发挥祠堂社区公共空间的功能，成为社区的凝聚力，避免社群区隔与排他性的负面效应，是祠堂在现代转型过程中必须面对的。现存的文氏宗祠有些为适应新的发展，已开始探索从传统的、封闭的、单一功能转向现代的、开放的、复合功能。譬如位于松岗东方社区的文天祥纪念馆是在文氏大宗祠原址上因地制宜改造而成的，重建的文氏大宗祠纳入其建筑群中，作为爱国主义教育基地，发挥地方文史影响及地方教育功能。岭下村（凤凰）文氏宗祠则重建于凤凰古村落建筑群中，修缮后的明清民居建筑群作为三百弄文化艺术区对公众开放。凤凰古村文氏还在文昌塔旁参照文天祥故里纪念馆的建筑、布局及参展内容，新建了一所文天祥纪念馆，除了介绍文天祥生平及精神以外，还梳理了文氏族裔迁徙路线和凤凰古村开村立户的历史。可见纪念馆同时也在发挥村落社区博物馆的功能。事实上，文史资料的收集整理和档案库的建立，对解救被遗忘的社区历史和彰显地方特色具有重要作用。当地政府准备将文天祥纪念馆与古村落一起作为本地人文旅游景点来运营，向外辐射影响，它所面对的受众群体也将进一步拓展。其他地方的祠堂也有向老人活动中心、非遗展示馆、社区图书馆、地方历史馆、非遗传习所等多类型公共文化空间拓展。然而，笔者在周边地区实地考察过程中发现，尽管有些祠堂功能拓展已经在进行，但因为缺乏现代文化组织管理机制及供社区居民参与活动的项目，大部分还是有名无实（仅挂牌），或开放时间不正常，社区公共文化空间并没有真正建立起来。祠堂空间形态的转型，不仅需要作为开放的、分享性的公共空间，而且还需要设计出可以让多元社区居民共同参与的活动——重塑文化空间活力，使社区文化遗产不只是静态展示，更要融入社区居民的日常生活中，与社区未来发生联系——服务于社区的文化、经济和社会发展。

三　民俗等非物质文化遗产公共价值再认知

在传统生活中，族群是通过共同的经验、生产生活习俗和情感来形塑血缘宗亲联系的,并在由血缘、地缘等地方性观念建立起来的社会和文化关系网络中,由此开始从个人到地方、国家身份意识的建构。如今多元社群的复杂性已无法以传统方式去统合,但我们仍可以通过文化传承、集体记忆、社区(城市)认同等媒介,激发地方性知识的生产、流通及在社区日常生活中的融入,重塑地方与全球、传统与现代的新关系——从"对立"走向"融合"。

首先,需要探讨的是在历史及当下,本地文氏族群是如何通过传统文化、民俗等非物质文化遗产来凝聚族群认同的;作为媒介的非物质文化遗产,其影响是否具备延展性。虽然本地文氏非文天祥直系后裔,但传承先祖——文天祥精神仍是族群共同记忆的核心。一些研究者认为文天祥的历史地位及形象塑造,是随着不同的时代氛围与不同人群的需求而不断被想象与改造的。文天祥忠节典范在明代中后期以后逐步获得稳固,到了清代更是极受世人推崇,清末民初以来文天祥作为"民族英雄"形象的书写等,都是与他可以作为统治者推行教化的范本有着密切关系。[1] 这一历史背景在本地文氏族裔历史发展中也得到了佐证与体现。据深圳本地文史学者考证,明朝以前流落新安县的文氏后裔一直过着隐姓埋名的生活,到了清代才开宗祭祀。嘉庆年间,南头城建信国公文氏祠纪念太伯祖文天祥[2];文氏聚居的各村落也相继建立或修缮了纪念文天祥,供奉和祭祀文氏先祖、团结族人的宗祠。[3] 这些宗祠通过建筑风格(坐南向北或设计照壁墙,书写《正气歌》等,意指挡住北方异族的入侵,永不屈服的民族气节)、楹联、牌匾(正气堂)、画像、雕塑等不同方式表达了族人维持世教,以先贤激励后人的思想。深圳本地重要的民俗活动、地方上的传说(价值观的内化与传统的想象建构同步)及一些历史遗存,都保留了许多和纪念文天祥有关的记

---

[1] 蔡佳琳:《典型在夙昔:明清时期文天祥忠节典型的形塑与流传》,硕士学位论文,台湾师范大学,2009年,第9—10、62、190页。

[2] 能选址当时新安县的政治中心大约是因信国公文氏祠的教化功能受到地方官的重视,有助于社会崇往效来,维系纲常。从另一角度来看,也是文氏积极参与推展地方教化的表征。

[3] 廖虹雷、彭全民:《文应麟:炊烟断,济饥民》,深圳档案信息网(http://www.szdaj.gov.cn/dawh/szzg/201310/t20131030_2230242.htm),2013年10月30日发布。

忆（见表3—3），而这些"传统的发明"也基本是从清代开始延续并产生广泛影响的。它们作为媒介使"文天祥"不因朝代更迭而被遗忘，反而不断在回忆中得以深化。

表3—3　　　　　深圳地方与文天祥相关的文化遗产

	分类	文物、非遗名称及保护级别	备注
物质文化遗产	古祠堂	信国公文氏祠 市级文物保护单位（古建筑）	该祠是文氏族人为了纪念民族英雄文天祥而修建
		东方村文氏大宗祠 区级文物保护单位（古建筑）	始建于明洪武年间，2003年在原址基础上新建文天祥纪念馆
		白石厦文氏宗祠 镇级文物保护单位（古建筑）	宗祠以"正气堂"来命名，宗祠大门两侧挂着"烟楼世泽，正气家风"的对联
	古民居	凤凰社区古建筑群 区级文物保护单位（古建筑）	明代建筑4座，清代建筑60座，民国时期建筑96座，包括文氏宗祠、书室、民居、古井等建筑
	古塔	凤凰塔 市级文物保护单位（古建筑）	塔建于清嘉庆年间，1991年重修
	民间习俗活动	松岗赛龙舟 省级非物质文化遗产代表作名录项目（2007）	其发展兴盛与本地文氏家族纪念文天祥有密切关系
		松岗（山门）七星狮舞 国家级非物质文化遗产代表作名录项目（2011）	该民间舞蹈在松岗等地流传百余年，与当地民众对文天祥的怀念有关

资料来源：根据《深圳市不可移动文物主体责任登记表》（2014年5月版）、《深圳市各级文物保护单位名单》（2014年12月版）等资料整理。

从历史上看，本地文氏族人通过强化与文天祥的渊源，获得地缘社会文化身份确立；在实践中重视地方参与及乡里关怀，借此途径建立并提高宗族在地方社会上的声望。① 至今，本地文氏宗族仍在延续这一传统。譬如，香港文氏宗亲会（正气堂）1976年成立以来，宗族已累计向社会捐款1亿多元，绝大部分善款用于深圳、江西文天祥精神的保存、传扬，也有用于社会救济。② 有媒体报道：深圳文氏后人认为，中央领导在阐述"讲正气"时，提到了两个人，一个是郑成功，另一个就是文天祥。所以，文氏后人深以为傲。③ 岗厦村河园片区全部拆除后，原住民仍希望未来在原址上重建新的文氏宗祠及文天祥纪念馆，以保存集体记忆与传统文化。从文氏宗族代际关系来看，参加宗族活动的人员结构以中老年人为主，年青一代兴趣则明显下降；但从媒体等不同渠道的访谈资料来看，文氏年青一代内心仍保留着对本宗族的归属感和文化认同，这与作为文天祥后裔的身份密切相关。在外人看来他们就是文天祥后裔，这让文氏在地方上有很强的荣誉感和归属感。在岗厦城中村问卷调查中发现，尽管外来的租住客对文氏排他性空间设置（包括文氏宗祠）有负面看法，但对本社区原住民是文天祥后代心存敬意、羡慕等复杂情绪，对未来社区建立文天祥纪念馆以及反映社区变迁的博物馆也持积极态度。可见"文天祥"文化符号即便在多元社区中，也具备可重新认知的遗产价值。这一议题的延伸即是：既然有一种公共性的传统精神遗产存在，是否城中村租住客移民精神也可作为现代精神遗产去凝聚新的社区认同。笔者认为，这方面价值也不容忽视，有待进一步研究，且需要在社区文化结构中予以强化，与城市发展相融合。

其次，需要探讨的是如何通过现代科学方法及有效制度，解决松岗赛龙舟、松岗七星狮舞等传统非物质文化遗产的保护、发展及传承问题；并将传统艺术形式、民俗活动中的仪式及相关的文化空间再度

---

① 科大卫、刘志伟、叶汉明等认为：明清以后在华南地区发展起来的"宗族"，不是一般人类学家所谓的"血缘群体"。士大夫所建构的家族已成为他们用以提高其地位的文化资源，作为血缘纽带的家族制成了建构地缘社会文化认同和正统合法性的根基。转引自周建新《人类学视野中宗族社会研究》，《民族研究》2006年第1期。

② 《宝安文氏：文天祥后人传唱〈正气歌〉践行忠孝事》，《深圳晚报》2014年5月23日。

③ 《滨海深圳的"文脉"传奇》，《深圳晚报》2013年11月20日。

与现代、多元社区生活发生密切关系。深圳本地端午节有扒龙船的习俗，松岗（属珠江口水系，河涌交错）赛龙舟被列入省级非物质文化遗产代表作名录，则与本地文氏族裔纪念文天祥有关。自清光绪年间起，他们沿袭水军习俗，在端午期间纪念屈原的同时，还在文氏祠堂祭奠文天祥，到茅洲河或后来的五指耙水库举行长达十多天的盛大龙舟赛。文氏族裔为松岗赛龙舟活动赋予了独特的族人凭吊祖先的宗族色彩，并形成了一套完整的、规范的、严谨的仪式，成为当地老百姓重大的民间活动。现在茅洲河污染严重，已无法用来比赛。从2000年开始，本地再也没有举行过龙舟比赛，这一传统只存在于一些老人的脑海中，文化记忆也渐趋淡化。① 松岗赛龙舟被纳入省级非遗保护对象后，当地重组了龙舟队，恢复了祭拜龙舟的仪式，还将其作为素材编排了舞蹈《龙舟竞渡》，甚至新建的松岗文化艺术中心整体设计也采纳了类似龙舟的造型，以纪念地方记忆。然而当传统习俗生发的环境和活动空间都改变了，非遗的原真性还存在吗？茅洲河作为传统文化表现形式的空间载体，周边环境整治和生态修复工作虽然已经在进行了，但茅洲河流域环境问题仍十分严重。如今龙舟赛仍然在举行，新传承人与老传承人对待非遗的观念发生了变化，对于年青一代来说，更看重其中的娱乐性和强身健体作用，而不是传统的仪式。② 这是非遗适应现代社会创新性发展的一种体现，如何处理原真性与创造性之间的关系是未来非遗面临的挑战。

　　松岗七星狮舞是本地另一项国家级非物质文化遗产，其在本地流传百余年，曾一度濒临失传，后经挖掘整理、记录保存。七星狮舞集娱乐、民俗、舞蹈、音乐于一身，以鼓乐雄壮、动作威猛而著称。③ 这一民间舞蹈设计蕴含着对文天祥大义凛然的民族气节和尚

---

① 廖虹雷：《深圳民俗寻踪》，海天出版社2008年版，第181—182页；《"非遗"之憾：松岗龙舟赛九年未举办》，《南方都市报》2009年5月29日。

② 新传承人龙舟队队长赖伟平认为，"赛龙舟是一个很有意义和历史文化的体育项目，既是娱乐项目又是健身项目……赛龙舟取胜最关键的就是要有团结和拼搏的精神，爱拼才会赢"。《端午节前后赛龙舟　松岗已形成龙舟文化》，《宝安日报》2014年6月24日。

③ 其音乐节奏和步伐为七点半鼓，即七拍半。步伐上，有碎步、马步、弓步、麒麟步等，造型有狗形、鹤形、八马朝头、单蹄等，玩法主要有逗蛇、逗蜈蚣、逗螃蟹、逗鲤鱼、踩砂锅、狮子书法等。

武精神的推崇，带有一定的仪式感。它寄寓的不仅是爱国英雄的浩然正气，还有讲礼节、好学问、尚教育、尊师道等优良传统的传承。以前每逢过年过节，或者喜庆集会的时候，七星狮舞表演必定要在文氏大宗祠前举行。[①] 2006 年松岗街道成立了山门文琰醒狮训练社，招募本地青年和外地有志学艺青年一起研习。松岗街道还组织编排了反映该项目起源和保护传承情景的舞蹈《心传》，对社会公众展演；每年春节、元宵节和"文化遗产日"，七星狮舞也在广场、社区、工业区表演，丰富市民节日生活。同时，松岗街道积极推动"非遗"进社区、进校园：不仅编写《松岗七星狮舞》教材用以传播；而且还在当地学校成立了松岗第二小学七星狮舞队，开展常规训练。[②] 高小康认为，非遗保护方式应从消极保护向传承复兴发展，民俗活动的保护重点是重构都市社区的文化交流环境。从个别传承人转向对社会公众的展演、欣赏和参与性活动，变成民众文化消费的有机组成；纳入青少年教育体系也是培养公众基础的重要方式。[③] 从目前传承情况来看，无论是地方性知识的延续，还是非遗的未来发展空间，都还有赖于逐步复苏公众对非物质文化遗产的尊崇欣赏意识及价值认同，并扩大社区群体的需求和积极主动的参与。

城中村是全球化时代各种流动资源冲积形成的产物，并在其中产生了新的文化结构及诉求。地方与全球、传统与现代的关系在这里获得了重新审视的机会。城市（社区）更新不应狭义理解为简单的拆建模式，当务之急需要加快推动城市（社区）的有机更新。保留和利用社区重要景观因素及公共空间，延续城市记忆；传承和共享传统及创新文化的内容与形式，凝聚价值共识；调动和培养各主体力量的积极性与参与性，激活社区治理；从而实现城中村社区文化、观念和治理制度的发育转型，完成延续社区文脉及可持续性发展的目标。

---

① 《鹏城遗韵·松岗七星狮舞》纪录片，深圳市非物质文化遗产保护中心、深圳广播电影电视集团联合制作，2010 年。
② 《七星狮舞 进学校觅传人》，《南方日报》2015 年 1 月 13 日。
③ 高小康：《非物质文化遗产的保护与公共文化服务》，《文化遗产》2009 年第 1 期。

第四章

研究结论及发展建议

　　中国公共财政文化资助机制及分类资助模式的建立，直接受改革开放以来国家文化发展战略及社会主义市场经济体制影响，同时也与财政体制改革和文化体制改革息息相关。从计划经济向市场经济转轨过程中，财政管理体制从生产建设型财政向公共财政模式转变，文化体制改革也逐步推动向服务型政府治理模式发展。政府将财政投入的公益性文化事业与市场驱动的经营性文化产业相区分，传统文化事业体系逐步朝着完善现代公共文化服务体系及健全现代文化市场体系两个方向发展。总体上，中国文化资助机制的特征表现为政府干预——既注重发挥市场配置资源的基础性作用，又强调政府的价值导向作用。其运作特征主要表现为以下几方面。

　　首先，初步建立以公共财政资助为主、社会融资为辅的筹资机制。改革开放40年中国经历了对政府与市场关系的认识不断深化的过程，最终确立了"使市场在资源配置中起决定性作用和更好发挥政府作用"。市场调节的分配功能有助于提高效率，却无力解决公共产品的生产问题，需要通过政府的作用加以解决。中国是政府主导文化管理和政策的体制，公共财政的资源配置职能比成熟市场经济国家要更加广泛，公共财政支持在文化资助体系中占据重要地位。同时中国公共财政也在不断创新投入方式，积极构建多渠道社会投入机制，调动市场主体、社会团体、行业协会、基层群众等参与文化治理的积极性和作用。从一元主体到多元共建的转变，不仅打破了资源垄断和固化配置，而且也使资金来源更为多元化，吸引了包括多种形式的社会组织机构、公民个体等以志愿工作、捐赠、慈善行为等方式参与到公共文化产品生产当中。但由于中国还存在地区发展的不平衡，多元共建模式在实际运作过程中也存在明显的地区差异。东部发达地区资源的开放度优于中部及西部地区，社会力量参与的积极性也普遍较高。近年来，政府通过制度创新、文化立法、政策规范等形式鼓励并支持政府与社会形成良性互动。

其次，文化资源分配和使用逐步从财政直接资助向多元混合方式发展。中国自1994年实施分税改革以来，初步构建了中央与地方财政事权和支出责任划分的体系框架。文化领域公共财政投入由中央和地方共同分担，中央政府投入比例较地方政府投入比例低。中央财政主要发挥导向性和示范性作用，带动地方财政将有限的资金投向文化领域发展的重点项目。总体上，政府财政给予公益性文化事业重点保障；准公益性事业则为重点扶持对象，予以差异化的财政资助，改变直接拨款的方式，逐步向项目资助、服务购买等方式转变。对于转企改制的经营性文化单位，政府则通过制定相关税收优惠政策，财政承担必要的改革成本，帮助其在市场中做大做强。

文化类财政专项资金/政府性基金制度是资助文化发展的一种模式。譬如，公共文化服务体系建设资金主要用于资助公共文化设施网络布局；资助普及性文化艺术活动，使更多的人有机会参与到文化、接触到艺术，较为强调文化传播教育的公共性，背后是社会主义传统中的人民主权思想及平等价值。国家艺术基金，重点资助原创内容建设，引导优秀作品植入国家叙事，彰显国家意志、民族特色、中华优秀传统文化及主流价值观念，支持中华文化"走出去"，支持文化传播能力建设。文化产品承载着民族的精神价值和身份认同，文化产业发展专项资金促进文化产品创作生产，促进市场为社会提供双效（社会效益与经济效益）统一的文化产品，也促进整个文化产业与文化事业的协调发展。建立健全文化艺术项目基金管理机制是未来文化艺术资助政策改革方向之一。

目前中国文化资助政策存在的问题主要体现在：其一，公共财政在文化领域投入总量仍显不足，公共文化投入未能与财政总收入同步增长。虽然国家财政对文化领域的投入，近年来总量上有显著增长①，但在财政总支出中的比重却在相对下降。文化事业财政拨款占财政支出的比例呈下滑并维持低位平稳发展趋势，2000年以来比重一直在0.4%左右徘徊（近些年略有提升），这与国外许多发达国家相比，差距还是明显的。可见仅从财政支出角度来看，中国公共财政在文化领域投入总量就亟待加强。

其二，公共财政资金使用效能有待提高。近年来大量文化场馆、文化商业项目的涌现，同时带来了文化艺术机构管理方面的困境——巨大的维护成本及效率低下的运营能力——限制了文化机构/项目的可持续发展。与各地掀起的文化设施建设热潮相比，文化艺术管理等能力、内容建设，人才培养等方面还未得到足够重视。这直接导致有些地方公共文化设施建立起来了，但核心产品内容匮乏、公共文化服务效率低下。公共文化机构自身内在活力未能有效激发，对社会及民众需求不够敏锐，与公众及社区互动不足；更遑论开展跨界融合，孵化出创新模式了。

其三，体制上旧的制约因素仍在一定范围内发挥着作用。改革开放40年，以渐进式改革实践促进文化领域发展，已取得一定的成就。但我们仍要看到体制机制背后的问题和脉络，以及政策执行上遭遇的困境。譬如，公共文化机构仍较多依赖于公共财政资助，资金渠道较为单一，社会捐赠获得的资金非常有限，民间捐赠几乎没有激活。调动社会力量投入文化建设的法规政策不足，政府在某些领域管理体制机制不灵活，以及技术能力、人力资源等方面因素，均限制了多元化投入。在文化治理体系和治理能力现代化方面，规范文化管理机制的立法领域还不完善，文化资源整合协调机制尚不健全，民众文化参与机制还有待向能力建构层面发展，多维文化信息收集及传递机制还不畅通，监督管理机制及评价体系的科学化水平有待提高，等等。随着经济社会的发展，新情况、新问题还会不断涌现，有效供给与需求对接的问题始终会存在。建立开放的、灵

---

① 文化事业费投入从2000年的63.16亿元，增长到2016年的770.69亿元，增长了11.2倍；人均文化事业费从2000年的5.11元，增长到2016年的55.74元，增长了9.9倍。

活的文化资助机制，形成可持续性发展的内生动力，对于中国当前而言，仍是亟待建设的任务。

本书通过考察现代国家/地区文化艺术资助政策变迁及机制调适路径，发现其中一些基本经验，即从立法领域规范文化艺术管理机制，建立文化政策研究及文化数据多维信息收集及传递机制，不断创新文化资助资源整合协调机制，注重加强民众文化艺术参与机制，通过健全文化艺术资助的监督评价机制提高公共资助综合效益。任何一个国家/地区都不是孤立存在的，所以建立开放的、灵活的机制因应国内国外环境变化是十分需要的。当前中国正在实施创新驱动发展战略，文化创新是全面深化改革的应有之义。笔者通过考察深圳实践发现：文化创新的根本是价值观念的变革、创新。传统文化的继承需要与现代价值观念相连接，需要坚持有利于个体发展与有利于共同体发展相统一的原则，在社会实践中转化为促进人类社会发展的创造力。将推动中华优秀传统文化的创新发展，与借鉴吸收适合中国现代化发展的人类文明成果相结合，保持开放包容是深圳模式的重要经验。激发社会创造活力需要推动文化治理体系和治理能力现代化，坚持以人民为中心的发展理念，积极回应新时代国家发展与人民需求。本书针对如何完善中国文化艺术资助机制及政策，提出以下发展建议。

第一，增加对文化艺术的公共投入，创新社会支持文化发展机制。建立公共财政文化投入稳定增长机制，保证公共财政对文化建设投入的增长幅度不低于（或高于）财政经常性收入增长幅度，同时提高文化支出占财政支出比例。[①] 推进公共文化领域中央与地方财政事权和支出责任划分改革，科学划分政府间的事权划分标准，合理界定各级政府间的支出责任。推动政府角色逐步从文化艺术产品的生产者、提供者向资助者及资源的调节者转换，增进资源整

---

① 事实上，2007年国务院办公厅、中共中央办公厅《关于加强公共文化服务体系建设的若干意见》首次提出中央和省级财政每年对文化建设的投入增幅不低于同级财政经常性收入的增幅。2011年10月18日，在中国共产党第十七届中央委员会第六次全体会议上通过的《中共中央关于深化文化体制改革 推动社会主义文化大发展大繁荣若干重大问题的决定》则进一步将该标准明确为"高于"，但以上规定并没有很好落实。

合、协同与创新发展。建立政府与市场、社会之间的良性互动，创造不同层面的协同效益，确保不同利益相关方之间的有效沟通与合作，包括公共部门、私营部门和民间组织。制定普惠型政策框架吸纳社会资金，出台文化艺术赞助法律法规，建立公共激励机制引导社会力量支持文化创新，同时关照到赞助者的利益并以法律形式予以保障。这方面财税鼓励政策可从地方性法规试点开始。在利用社会资本的同时，也要警惕新自由主义对公共政策的影响，科学合理地对待民间融资、伙伴合作与商业赞助。

第二，建立能充分回应社会需求及变化的文化资助机制。将文化艺术发展视为一个整体的生态系统，从创作者/文化艺术生产者、作品/文化艺术产品到文化艺术公共领域/文化艺术市场、欣赏者/文化艺术消费者，环环相扣。对文化艺术的公共投入及资助需要关照到各个环节前后贯通的运行环境。这既可满足广大民众追求"美好生活"的权利，也让民众在文化参与、艺术创作中获得快乐、愉悦和满足。当前文化艺术实践中发现、学习、交流、协作的精神开始被重视，公众互动性、参与性及情感建构性被广泛运用于社会整合及治理过程中。文化艺术实践与个体（群体）赋能、社会教育活动紧密结合，甚至被视为可以改善地方文化资源管理及社区能力建设，协助解决特殊社会问题或地区文化传承及经济发展问题。当前亟待基层文化建设提高公共文化服务效能，促进民众主动性文化参与（创造），鼓励文化生产和艺术实践与地方再造、传统文化传承及广大人民群众的日常生活紧密相连。推动有条件的地方进行创新实践，将好的理念转化成可操作性的政策措施予以推广。完善间接资助机制，通过税收优惠激励政策或面向市场的文化艺术消费者端的补贴来刺激广大民众对文化艺术活动的参与和支持。将补助给生产端的文化产业政策，部分改为补助给使用者的消费端。通过文化志愿者及青少年学生群体文化消费补贴等措施培养更多文化艺术消费群体。

第三，提高公共文化机构可持续发展能力，发挥其在创新孵化中的作用。重新调整利益相关方的角色定位，政府的支持不能局限于"财政资助"——资金支持，还需提供更为综合性的政策援助：

从满足民众文化消费权利走向促进民众文化参与权利和文化创造权利；搭建平台帮助公共文化机构获得社会多元支持等。从具体实践中寻求有效运转的经验，推动公共文化机构建立以理事会为主要形式的法人治理结构，鼓励文化艺术机构探索更多样化的资助来源和更可持续的组织模式。公共文化机构在跨部门跨领域合作方面，应予以政策引导和资金保障。应鼓励多元共治机制及市场效率机制在公共文化机构运营环节中的运用，增强机构发展活力和回应社会需求的服务能力，加强文化艺术推广与地方/社区文化艺术的关联度，注重观众的培养和拓展。

  第四，推动国家艺术基金创新发展，丰富艺术资助机构的功能与角色。尽管国家艺术基金资助额度有限，但其权威性决定了获得资助即对相关项目、作品艺术水准的认可。建议搭建平台帮助获资助项目吸引更多的社会资源予以支持，扩大合作伙伴范围，拓展更多资源服务于卓越性艺术及普及性艺术发展，促进获资助项目开展国内巡展巡演及国际文化交流合作。改变原有的对外文化交流模式，上升至国家文化外交层面。打破部门意识，建立跨部门密切合作关系，增强文化外交与经济贸易之间的联系，通过互信互动增进相互间理解，树立良好的国家形象。

附录一

中国艺术品公益捐赠政策法规及存在问题分析[*]

一 艺术品及艺术品的公益捐赠

（一）艺术品

要清楚界定什么是"艺术品"（art work）其实并不容易。艺术学、法学、文化政策学、艺术管理学等不同学科，出于不同目的对艺术品的界定各有侧重。通常说的艺术品一般指造型艺术作品[①]，包括各类绘画（国画、油画、水彩画、水粉画、版画等）、书法、雕塑、雕刻、工艺品（陶器、玉石、古玩、玻璃制品）、古家具、建筑设计、服装设计、装潢设计、花艺等。艺术学、美学侧重从审美的角度看艺术品，通常把艺术品视为含有两个成分：一是作品上的线条、形状、色彩、光线、声音、曲调等配合，常称为"形式的成分"或"直接的成分"；二是题材，常称为"表现的成分"或"联想的成分"。一件好的艺术品，既有形式美，又有内容美，这种艺术独有的美可以从媒材（材质）、意象、风格、气韵、独创性等多个角度进行分析（常常成为美学的研究对象），赋予了艺术品特有的艺术价值。

自20世纪五六十年代以来，现当代艺术发展迅速，并对传统的"艺术品"概念的定义及边界进行了种种大胆的突破。形式多样的抽象艺术、观念艺术、行为艺术、装置艺术、多媒体艺术等纷纷出现，艺术遂被分为"传统艺术"（fine art）和"当代艺术"（Con-

---

[*] 该部分内容已发表在毛少莹、梁文婷《我国艺术品公益捐赠政策法规及存在问题分析》，载《深圳蓝皮书：深圳文化发展报告2017》，社会科学文献出版社2017年版。

[①] 除了造型艺术，艺术作品也指音乐、舞蹈、戏曲等表演艺术、数字艺术（多媒体艺术）作品，还包括内容丰富的文学作品。

temporary art），艺术品也可分为传统艺术品和当代艺术品，遂致"艺术品"的概念范围越来越扩展，给"艺术品"的界定带来了新的挑战。面对现当代艺术的迅猛突破，美国著名分析美学家布洛克站在后分析美学的立场上，尝试从艺术品与人的意图、艺术品的非功利性、艺术品与艺术习俗、开放的艺术品概念等四个方面，来重新界定艺术品的概念。总之，从艺术学、艺术史的角度看，艺术品是一个内涵丰富的、动态发展的概念，随着不同的使用语境而发生变化，也随着时代的发展而发生变化。因此，很多艺术类的著作并不直接界定什么是艺术品，如英国学者尼古斯·斯坦戈斯编撰的《艺术与艺术家词典》一书，就没有对艺术品概念做出明确界定。[1]

然而，在实务界，为了管理的可操作性，政府的相关管理部门，如文化部、海关等，仍需要对艺术品进行严格、准确，具可操作性的界定以及分类。比如在美国，由于艺术品在经济诉讼或国际流转中需要进行法学意义上的认定，很多时候需要关于艺术品更为精确的界定。美国实行英美法系，具有判例法的传统，美国海关累积的判例即为艺术品的法律界定提供了种种有益的尝试。如美国早期海关判例中，将艺术品严格限定在纯艺术（fine art）的范围，提出纯艺术品是一种"仅仅旨在装饰"的物品，将纯艺术品与其他使用商品（包括工艺品）区别开来。美国海关早期判例的另一个要求是艺术品必须是具象的，但后来也承认了抽象艺术的发展。1988年，美国《协调关税表》将艺术品界定为包括：（1）绘画和素描原件；（2）拼贴画和装饰板；（3）拓印、雕刻和版画原件；（4）雕塑和塑像；（5）邮票；（6）珍藏品；（7）古董。并且对免税入境的"纯艺术品"作出了种种规定。[2]

中国对艺术品的操作性定义，主要见于《中华人民共和国文物保护法》（1982年通过，2002年、2007年经人大授权两次修订）、

---

[1] ［英］尼古斯·斯坦戈斯编写：《艺术与艺术家词典》，刘礼宾等译，生活·读书·新知三联书店2010年版。

[2] ［美］伦纳德·D. 杜博夫、克里斯蒂·O. 金：《艺术法概要》（第4版），周林译，知识产权出版社2011年版，第3页。

《中华人民共和国文物保护法实施条例》（2003年通过，2013年经国务院授权修订）和《美术品进出口管理暂行规定》（2009年）。《文物法》将古代艺术品列为保护对象之一，但并没有进行详细界定，可理解为依约定俗成被视为艺术品的各类文物。国家文化部、海关总署联合发布的《美术品进出口管理暂行规定》（2009年）则明确说明："一、本规定所称美术品，是指艺术创作者以线条、色彩或者其他方式创作的具有审美意义的造型艺术作品，包括绘画、书法、雕塑、摄影、装置等作品，以及艺术创作者许可并签名的，数量在200件以内的复制品。"

总体来看，国际上通常称为艺术品的物品，包括文物（古董、美术品），中国则将文物和艺术品做了明确区分，并且关于文物和美术品的管理职能，也分属不同的文化行政管理部门（国家文物总局总管文物保护事务；涉及美术品的事务则归文化部艺术司管理）。因此，本文所使用的"艺术品"一词，涉及国际问题时采用包括文物在内的国际通行用法，但在涉及国内问题时，主要指美术品，即主要不涉及具有文物性质的古代珍稀艺术品，即指现代当代艺术品。

（二）艺术品的公益捐赠

"艺术品捐赠（公益及非公益）"是艺术品流转的一种常见形式。所谓艺术品流转，简单讲就是艺术品在不同国别间、不同拥有者之间的流动、转手。流转的方式可以是在文化市场上以交易的方式完成，也可以是以公益捐赠，甚或走私、盗窃等方式完成。从世界范围看，包括捐赠在内的艺术品的国际国内流转都是一个历史悠久的现象，文物艺术品很早就作为一种宝藏、一种财富、一种特殊商品发生着形式多样的流转。顺便说一下，中国诸多古代文物艺术品，为保证其真实性和历史脉络的延续性，更讲究所谓的"传承有序"或"流传有序"。为提供流转说明或"证据"，一件艺术品，如字画等，每次流转到不同人手上后，拥有者常在艺术品上留下题跋、诗句、印章等。也因此，"流传有序"也往往成为鉴别文物艺术品年代、作者、真伪、权属等的重要依据。然而，随着艺术品市场价值的攀升，人为制造"流传有序"的假象，也常常成为一些文物艺术品售卖或捐赠者作假以抬高价格，售卖、捐赠赝品的手段。这时，看上去"流传有序"的不一定就是真品，没有清晰流传的也不一定就都是赝品，如何鉴别文物艺术品的真伪，就需要更加专业和高明的手段了。

包括捐赠在内的艺术品的流转可以分为国内流转和国际流转。国内流转，即艺术品在国内市场的流转，包括买卖或捐赠等。艺术品的国内流转，受特定国家相关文化艺术品交易的政策法规约束。艺术品的国际流转形式很多，情况比较复杂。就法律规管的情况看，在很长的历史时期中，国际艺术品市场实际上是在并没有任何有效的法律、道德或伦理制约的情况下运转的。例如，哥伦布到达美洲前的文物非法贸易；又比如鸦片战争期间中国大量珍贵文物和艺术品遭到流失、破坏等。事实上，毫无规管的艺术品国际流转，结果往往导致无数价值连城的艺术品惨遭洗劫和破坏，给很多民族都带来了巨大的文化损失。[①]

艺术品是人类文明的结晶，往往代表着一个民族、国家的文化成就，反映着特定民族、地域在不同历史阶段的审美风格、文化特征乃至技术水平、生活方式，具有重要的审美、科研和史料价值。因此，艺术品的国内与国际流转（含各类捐赠），就文化意义上看，有利于推动艺术品收藏展览等事业的发展，提高人们的艺术品位和鉴赏力，满足人们深层次的精神文化需求；更有助于增进不同民族、不同文明之间的了解，以消除偏见，促进国家间的相互理解与交流合作。值得注意的是，由于艺术品是一种蕴含文明成果、社会价值、民族文化、高超技艺的特殊物品，历来也是蕴含着重要经济价值的特殊商品。尤其近一二十年来，国际国内艺术市场发展迅速，"艺术品金融"快速发展，"艺术品投资热"日益兴起，包括利用艺术品洗钱等非法行为也屡有发生。于是，艺术品的流转、交易以及捐赠等，也必然不同于一般商品的流转、交易以及捐赠，需要针对艺术品及艺术市场的特殊性给予特殊对待。因此，多数国家基于本国国情和民族文化利益与经济利益的综合考虑，纷纷利用政策

[①] [美] 伦纳德·D. 杜博夫、克里斯蒂·O. 金：《艺术法概要》（第4版），周林译，知识产权出版社2011年版，第5—8页。

法律等手段，对艺术品的流转（含捐赠）进行规制。这类规制涉及了大量的政策法规问题。就艺术品的国际流转来看，还特别涉及海关法的问题。而不同国家的法律体系不同，其具体规定条款差异也很大。显然，开展艺术品的流转（交易或捐赠），如在国内流转，主要涉及国内捐赠政策法规；如进入国际流转，则必须正视国际法律问题。限于篇幅，本文仅对中国国内艺术品公益捐赠的政策法规，以及公益机构接受海外捐赠涉及的进口海关相关法律规定进行初步梳理与分析。

二　中国艺术品的公益捐赠政策及其存在问题

（一）中国艺术品的公益捐赠政策

作为一个历史文明古国，中国具有悠久的艺术品生产史，各类艺术品种类丰富，质量上乘，拥有悠久的艺术品收藏、买卖、捐赠的历史。改革开放以来，随着人们物质生活水平的提高，随着各地数量众多的艺术博物馆的建立，国内国际艺术品市场逐年火爆。尤其是党的十六大以来，面对新一轮全球化的加快和后工业社会的来临，文化创意经济的崛起，文化战略地位日益凸显，各级政府出台了一系列关于促进文化艺术发展的政策措施，其中，涉及艺术品的收藏、交易和捐赠的政策法规问题也日益受到重视。

具体就艺术品公益捐赠来看，中国现行涉及的相关政策法规见附表1—1：

附表1—1　中国涉及艺术品公益捐赠的主要政策法规

名称	颁布机构及时间	文号
《中华人民共和国公益事业捐赠法》	全国人大；1999年	中华人民共和国主席令第19号
《关于公益性捐赠税前扣除问题的通知》（公益捐赠法配套政策）	财政部、国家税务总局、民政部；2008年	财税〔2008〕160号

续表

名称	颁布机构及时间	文号
《关于公益性捐赠税前扣除资格确认审批有关调整事项的通知》（公益捐赠法配套政策）	财政部、国家税务总局、民政部；2015年	财税〔2015〕141号
《中华人民共和国文物法》	1982年出台，2017年第五次修订	中华人民共和国主席令第76号
《文物保护法实施条例》	国务院；2003年	国务院令第377号
《博物馆条例》	国务院；2015年	国务院令第659号
《传统工艺美术保护条例》	国务院；1997年	国务院令第217号
《文物藏品定级标准》	文化部；2001年	文化部令第19号
《中华人民共和国继承法》	全国人大；1985年	
《美术品进出口管理暂行规定》及其配套政策：《关于享受进口免税政策的第一、二批国有公益收藏单位的公告》	文化部、国家海关总署、国家税务总局	文市发〔2009〕21号，及〔2010〕2号、〔2014〕96号
《国家美术作品收藏和捐赠奖励项目实施办法（暂行）》	文化部；2015年	文艺发〔2015〕13号

除了国家层面政策法规以外，还有一些地方性的法规，如《北京市博物馆条例》《深圳经济特区捐赠公益事业管理条例》《深圳市文物和艺术品征集收藏管理办法》《深圳市鼓励社会资本捐助公益文化体育事业实施办法》等。

根据1999年9月1日施行的《中华人民共和国公益事业捐赠法》（以下简称《公益事业捐赠法》）规定，在中国，捐赠活动根据捐赠对象的不同大致分为"公益性捐赠"和"非公益性捐赠"。其中，公益捐赠的对象——"公益性社会团体"是指依法成立的，从事公益事业的，不以赢利为目的的教育机构、科学研究机构、医疗卫生机构、社会公共文化机构、社会公共体育机构和社会福利机构等。

根据《中华人民共和国宪法》："第二十二条 国家发展为人民服务、为社会主义服务的文学艺术事业、新闻广播电视事业、出版发行事业、图书馆博物馆文化馆和其他文化事业，开展群众性的文化活动。国家保护名胜古迹、珍贵文物和其他重要历史文化遗产。"中国基本按照中央、省、市、区、镇等不同的行政层级，举办了包括公共图书馆、文化馆（群艺馆）、公立博物馆、公立美术馆、乡镇文化站、社区文化中心在内（在事业单位分类改革中，上述机构均被定性为公益性事业单位）的公益性文化事业。显然，上述公益性文化事业单位接受的捐赠，按《公益事业捐赠法》，都应当属于"公益性捐赠"的范畴。此外，根据《公益事业捐赠法》，中国大量社会办文化组织，登记为"民办非企业"的，其接受的捐赠若用于公益目的的，也应可视为公益性捐赠。

国家鼓励公益性捐赠，为此《公益事业捐赠法》规定了种种鼓励措施，主要体现在该法的下述条款：

> 第二十四条　公司和其他企业依照本法的规定捐赠财产用于公益事业，依照法律、行政法规的规定享受企业所得税方面的优惠。
>
> 第二十五条　自然人和个体工商户依照本法的规定捐赠财产用于公益事业，依照法律、行政法规的规定享受个人所得税方面的优惠。
>
> 第二十六条　境外向公益性社会团体和公益性非营利的事业单位捐赠的用于公益事业的物资，依照法律、行政法规的规定减征或者免征进口关税和进口环节的增值税。

可见，中国将艺术品捐赠给公益性文化事业单位或社会组织的，即可归入公益性捐赠的范畴。这也就是本文说的"艺术品的公益捐赠"。根据相关政策，艺术品的公益捐赠，可享受相关税收减免优惠。与公益事业捐赠法相配套的《财政部　国家税务总局　民政部关于公益性捐赠税前扣除有关问题的通知》（财税〔2008〕160号）则具体规定了税收减免优惠的比例。

（二）艺术品公益捐赠政策分析

上述政策法规中，《文物法》及相关配套政策法规对文物级别

（古董）的艺术品流转做出了严格规定。此外，对包括艺术品在内的公益捐赠做出了明确的鼓励性政策，也在一定程度上促进了中国公益性捐赠的发展。但是，中国艺术品公益性捐赠与发达国家相比，却显得十分乏力，甚至出现一些藏家想捐赠、接收单位也想接收，但还是办不成的情况。究其原因，相关政策力度不够大、配套不够完善是重要因素。中国鼓励艺术品公益性捐赠政策法规的不足主要体现在以下方面。

1. 鼓励捐赠的税收优惠力度不大，奖励力度也不大

根据与公益捐赠法相配套的《财政部 国家税务总局 民政部关于公益性捐赠税前扣除有关问题的通知》的规定：

> 一、企业通过公益性社会团体或者县级以上人民政府及其部门，用于公益事业的捐赠支出，在年度利润总额12%以内的部分，准予在计算应纳税所得额时扣除。年度利润总额，是指企业依照国家统一会计制度的规定计算的大于零的数额。
>
> 二、个人通过社会团体、国家机关向公益事业的捐赠支出，按照现行税收法律、行政法规及相关政策规定准予在所得税税前扣除。

按照这一规定，企业和个人进行公益捐赠，国家实行税前扣除的税收优惠。但是，企业实施的公益捐赠，只有捐赠支出在其年度总利润12%范围内的部分，才准许在计算应纳税所得额时扣除。

对比发达国家，国外对于艺术品捐赠的优惠政策十分详尽，包括减免税收、抵免、受益方案和指定方案等多种。事实上，西方普遍以完备的法律来鼓励艺术品等的公益捐赠，主要体现为减免税收。以美国为例，美国早在1917年开始实施的联邦税法中，就规定向非营利组织提供捐助一律扣除税费。美国的《1969年税务改革法案》规定：收藏家捐赠艺术品，可以在联邦税款中扣除其全额市场价。此外，相关减免税收政策扩展到企业。1995年美国税务部门印发的个人税务手册，更是标明纳税人捐献时"可扣除捐品的市场价值"，且"无论其购买时出价多少"。也就是说，"捐献人无须对

捐品的增值部分纳税"。例如，一件购买市场价为 5000 美元的美术品，保存多年后，其市场价涨到 2 万美元，捐献人将其捐给博物馆，可获得市场价 2 万美元报酬而无须纳税。但是，若该艺术品在市场上拍卖，则必须偿付资产增值税，此外，政府还会向买卖双方征收交易税。可见，美术品的公益捐赠对藏家更有诱惑力，法律的种种规定使得纳税人捐献藏品比出卖藏品更有利。[1] 资料显示，美国国税局每年处理的艺术品捐赠退税达 10 万宗以上、近 10 亿美元。捐赠抵税政策使美国公共博物馆收获了海量的艺术收藏，造就了美国博物馆业的繁荣。[2]

西方更普遍以《遗产法》等相关规定，规定较低的财产遗产税的起征点，来鼓励公益捐赠。如英国政府规定，遗产总额超过 25 万英镑就需要缴纳高达 40% 的"遗产税"，但与此同时，英国早在 1956 年就出台法案鼓励公益捐赠，即如果纳税人将艺术品捐赠给英国的博物馆，所捐赠的艺术品市值可以直接冲抵"遗产税"。而如果通过拍卖途径来变现艺术品，藏家则需要向拍卖行缴纳佣金，还需要向税务局缴纳"个人所得税"。换言之，交易所得还不如直接将艺术品捐赠所能抵充的金额。[3] 因为有这样一些鼓励政策，自该法案实行以来，有许多的艺术珍品回归英国公立博物馆收藏或展览，很大程度上缓和了公立博物馆馆藏和收购能力下降的情况。近年来，西方国家还有许多社会团体在游说政府进一步通过其他的规范，让艺术品捐赠抵消更多的其他税收，如个人所得税等，鼓励藏家在有生之年就进行艺术品的捐赠。[4]

《公益事业捐赠法》规定："个人进行公益捐赠，国家实行税前扣除的税收优惠；企业实施公益捐赠，只有捐赠支出在其年度总利润 12% 范围内的部分，才准许在计算应纳税所得额时扣除。"与西方国家相比，中国的税收减免力度是不够的。而就遗产继承来说，我国有《继承法》但没有开征遗产税，按照《继承法》，假如继承

---

[1] 商伟：《中国美术制度与美术市场》，东南大学出版社 2014 年版，第 343 页。
[2] 陆斯嘉：《中西艺术品捐赠抵税冰火两重天》，《东方早报》2013 年 5 月 31 日。
[3] 同上。
[4] 同上。

的是动产（现金、古董、艺术品），是不需要纳税的，只有继承的是房屋等不动产时，才需要征收房产等过户所需要的契税。这样的规定，显然也不利于鼓励艺术品捐赠。

就捐赠奖励来看，文化部出台《国家美术作品收藏和捐赠奖励项目实施办法（暂行）》（文艺发〔2015〕13号），这一办法是国家层面第一个关于美术品收藏和捐赠奖励的办法。但也因存在严格资质限制[①]，以及奖励项目资金有限，鼓励捐赠的力度并不大。

2. 海外公益捐赠关税优惠范围有限，艺术品进口关税过高

全球化时代，艺术品捐赠也往往发生在不同国别之间，因此，很多国家规定了海关税收减免的政策，以鼓励外国捐赠者。如美国，作为强大的移民国家，美国人来自全球各地，意向中的捐赠者也富有国际性。有鉴于此，美国于1909年通过了《佩恩·奥尔德里奇关税法》，按照该法案的规定，进口20年以上的美术品一律免除关税。1913年，美国又将其修订为"对一切美术品实现进口免税"。这样，很多海外艺术品无关税地流入美国，为美国大都会博物馆等馆藏的跃升起到了极大的推动作用。甚至"美国博物馆成为一个过度收藏的机器"，[②] 当然，丰富的藏品也推动美国成为名副其实的当代艺术中心。

《公益事业捐赠法》规定：

> 第二十六条　境外向公益性社会团体和公益性非营利的事业单位捐赠的用于公益事业的物资，依照法律、行政法规的规定减征或者免征进口关税和进口环节的增值税。

但根据《美术品进出口管理暂行规定》及其配套政策《关于享受进口免税政策的第一、二批国有公益收藏单位的公告》，享受公益捐赠进口免税的机构十分有限，比如深圳就只有何香凝美术馆和

[①] 参见该办法："第五条　国家美术作品收藏和捐赠奖励项目实施单位包括：中国美术馆、中国艺术研究院、中国国家画院，以及文化部评定出的国家重点美术馆。"深圳仅关山月美术馆在名单内。

[②] 商伟：《中国美术制度与美术市场》，东南大学出版社2014年版，第344页。

深圳市博物馆在免税名单内。除名单内少数可免税的重点博物馆外，按一般情况，艺术品进口仍需缴纳规定的关税，且进口关税较高。

中国原则上不限制艺术品进口，但进口需要征收关税。在海关关税归类总则中，艺术品与收藏品、古物一起被列在第21类第97章中，进口税率根据不同国家与中国的贸易关系，分别设定了最惠国税率、零税率。值得详细指出的是，在中国，进口艺术品被列为和奢侈品同类的第21类，艺术品进口时需要申报缴纳进口关税和进口环节增值税。进口关税根据出口国国别和艺术品种类而适用0—14%的税率。古董类艺术品能够适用零税率；与中国建立最惠国贸易关系的国家进口的艺术品原作适用12%的税率，复制艺术品适用14%的税率；与中国没有最惠国贸易关系的国家中艺术品原作进口税率50%，复制艺术品税率14%。除了关税，还要缴纳进口环节增值税17%。尽管2012年初国务院公布的《关于2012年关税实施方案的通知》规定，当年的油画、粉画及其他手绘画原件，雕版化、印制画、石印画的原本，各种材料制作的雕塑品原件进口，适用的进口关税税率从12%下调至6%，此后《关于2013年关税实施方案的通知》《关于2014年关税实施方案的通知》分别规定了当年的艺术品进口继续实行暂定6%的关税税率，但在关税的基础上加上艺术品进口环节增值税17%以及针对奢侈品课征的消费税，因此，艺术品进口的综合税率往往达到甚至超过30%。[①] 进口关税过高，成了限制艺术品流入中国（包括接受捐赠以及中国艺术品回流）的主要原因，影响了艺术品市场的快速成长。

实际上，中国也为此尝试性地进行了关税的试点改革。2017年年初国务院关税税则委员会审议通过《2017年关税调整方案》，方案中对822项进口商品实施暂定税率，其中97011019（油画、粉画及其他手绘画原件）、97020000（雕版画、印制画、石印画的原本）、97030000（各种材料制的雕塑品原件）三个税则号的关税暂行税率再次降至3%（正常税率为12%，2012—2016年暂调至

[①] 蔡妮：《艺术品国际流转法律规制研究》，硕士学位论文，华东政法大学，2015年。

6%），除此之外，将继续维持17%进口增值税。中国是世界上对艺术品进口综合征税较高的国家之一。虽然对艺术品进口征收关税暂行税率再次下降，但仍执行高额增值税，多种税费累积导致艺术品进口的综合税率往往超过20%。这很大程度成为影响和阻碍中国艺术品市场发展的重要因素。同时，由于税收成本高，易导致偷税逃税行为的同时，致使艺术品更多地进行私下交易，造成无法准确统计市场交易数据，也导致政府无法制定科学合理的指导性政策，为更适当地规范管理艺术市场带来困难。

3. 针对艺术品公益捐赠的可操作性不足

公益捐赠法涉及范围较为宽泛，实施办法过于笼统，既没有明确区分捐钱与捐物的行为，更没有针对艺术品的具体规定。而与一般公益性捐赠相比，艺术品具有其特殊性，严格地讲，界定"艺术品"本来就困难，艺术品的真伪品质鉴定、价值、价格评估核定等更是存在很大难度，这些问题都使得针对艺术品公益捐赠的可操作性不够强。换言之，虽然有以上国家有关法律法规及省市相关政策及规定，但在实际操作过程中却存在不少问题，尤其对艺术品捐赠来说操作难度大，如何针对这些问题，制定更具可操作性的配套实施办法，应当予以积极考虑。

4. 限于地方立法或鼓励政策力度小

各地根据《公益事业捐赠法》的配套政策《关于公益性捐赠税前扣除问题的通知》，制定出台了相应的政策，但立法层次比较低，各地政府财政实力存在差异，鼓励艺术品捐赠的规定大多力度较小，执行效果不理想。

5. 捐赠政策滞后于社会经济发展

鼓励和提倡艺术品公益捐赠行为的同时，还应充分了解和分析艺术市场、社会大环境和捐赠者的心理因素。新中国成立初期，国家和政府表现出对文化事业的高度重视，当时良好的社会风气推动了国民捐赠的热潮，人们怀着对政府的感激、对国家的热爱主动把家藏的互送的、捡拾到的、凭兴趣爱好收购的都毫无保留地捐献出来。当时谈不上具有严格意义上的艺术市场，艺术品价格不高，出售途径也极为有限，这都促成了踊跃捐赠的基本条件。翻看中国艺术品捐赠历史，私人慷慨公益捐赠的例子很多。如著名收藏家张伯驹为不使文物流失，不惜家产重金买下百余件艺术品，其中不乏稀世珍宝，如隋代展子虔的《游春图》及陆机的《平复帖》等。1956年他毫无保留地捐给了国家。许多艺术家本人，如徐悲鸿、潘天寿、李可染、刘海粟、吴作人、黄胄、吴冠中、朱屺瞻、程十发、贺友直等，都将大量艺术精品捐赠给国家博物馆、美术馆，中国捐赠文物艺术品的传统正是形成于这一时期。遗憾的是，这一风气随着"文革"的到来戛然而止。

80年代改革开放后，逐渐形成了艺术品市场，艺术收藏逐渐升温。出于利益考虑，很多捐赠者出现了惜捐或带有一定条件的捐赠。90年代以来，艺术市场日渐火爆，中国文物管理的严格规定，以及市场的价格等因素，直接决定了收藏品大多只能局限于现当代艺术品。很多财力、物力、人力兼得的收藏家多倾向设立自己的私人博物馆，纯公益的捐赠行为就更加难得。因此，适应社会心态的转变，及时调整完善鼓励艺术品捐赠的政策法规十分必要。

综上可见，中国鼓励艺术捐赠的政策法规力度不够大，申请税收减免程序烦琐，此外包括捐赠艺术品在内的艺术品进口免税范围小、艺术品进口关税过高，经济社会发展带来的艺术品市场发展、社会观念变迁等，都成为影响中国艺术品公益捐赠的因素。如何进一步修改完善《公益事业捐赠法》及其配套实施细则，甚至研究制定专门用于鼓励艺术品公益捐赠的政策等都值得进一步研究。此外，随着人民群众对艺术品需求的日益增长，文化创意产业的快速发展等，扩大进口艺术品免税范围，加大相关政策法规宣传力度，广泛普及和宣传捐赠理念，都是促进中国艺术品公益捐赠良性发展面临的重要任务。

附录二

"文化科学"如何帮我们
理解文化演化系统

  有别于社会学或人类学意义上研究文化现象或文化系统的文化科学（The Science of Culture），"文化科学"（cultural science）在《文化科学：故事、亚部落、知识与革新的自然历史》一书里是一个全新的概念，其宗旨是"阐述文化的实际运行和功能"[①]。澳大利亚学者约翰·哈特利及贾森·波茨分别来自不同的学科及专业领域，为这项合作性研究带来了鲜明的跨学科色彩。他们批判性借鉴了进化人类学、文化研究、心理学、语言学、社会科学、行为科学等学科的思想和方法，对于如何分析文化运作机制等问题进行了整合性研究。尤其对公民身份、文化全球化、文化湮灭和文化创新等当代文化现象与实践给予了独到的解读。全书探讨了文化持续和演化的因果机制及群体形成变动的过程（自然历史），提出重构群体认同模式，革新政策及文化遗产保护等问题。尽管有些问题他们并没有明确的答案，只提供了一种思路或仅为一家之说，但他们的论述启发我们重新思考：种种在过去可能是理所当然的结论，在未来却可能是发展的障碍。

  一 何为文化的性质

  哈特利和波茨的文化科学理论致力于"建构一个通用的模式，以显示文化如何运转，何为文化功能，同时又显示如何在众多地方

[①] ［澳］约翰·哈特利、贾森·波茨：《文化科学：故事、亚部落、知识与革新的自然历史》，何道宽译，商务印书馆2017年版，第221页。

差异的语境下分析文化的运行机制"①。在这里，两位学者为分析框架提供了一组概念工具——亚部落、表意功能及围绕其核心内容的子概念，并在此基础上展开逻辑性阐述。

哈特利和波茨认为文化是群体形成的一种机制。"结群性"是其中的关键概念。虽然个人是群体的一部分，但文化体现的不是个人的特征，文化也不是任何个人的创造。唯有群体才拥有文化，文化是群体的"生存载体"，我们只能在交流群体和系统的层面上去理解文化的生成及演进。文化动态是群体的变革或知识的变革，跨界发生在群体层次，而不是个体层次上。因此，哈特利和波茨提出，不是我们造就文化，而是文化造就"生成知识的群体"。群体概念在此获得了拓展和具体化，群体不再是"部落群体"或民族国家。在文化科学理论中群体更多的是指"亚部落"（demes），即"围绕一个身份组织起来的一群人"，他们也是知识和技术造就的（非亲属关系）群体。群体可以是城市、人群、民族或语言。在群体和个人两者关系中，群体发挥复杂系统的功能，个人的选择和创新均是在这个系统里发生的。

"外在论"是另一个重要概念。哈特利和波茨指出文化的生成和维护即依靠外在论，并在社会系统中不断自组织和再生产身份。社群身份是通过语言、合作、知识、技术、群体关系与互动等形式建构的，用以确定"我们"群体和"他们"群体的边界。外在论与人的结群性是密不可分的，外在论塑造了普遍—对立的群体属性，我们不仅"因文化而连接"，而且也因"普遍—对立"的观念来识别"我们"自身。

对作者来说，"故事为给定的'我们'社群生成有意义的身份，把社会世界置于有故事情节的世界里，把社会价值注入人物、动作和情节"②。显然，讲故事是构造群体的重要机制，它需要解决"集体行为问题"，以建立社会群体内相互信赖的关系。日常生活中十分普遍存在的政治性叙事，每天都在新闻和其他大众媒体中再造

---

① ［澳］约翰·哈特利、贾森·波茨：《文化科学：故事、亚部落、知识与革新的自然历史》，何道宽译，商务印书馆2017年版，中文版序第7—8页。
② 同上书，第37页。

"我们"是谁的故事，建构着"想象的共同体"。当然还有其他以视觉、听觉展示表意功能的方式，如仪式庆典、歌舞、纹饰、绘画，乃至纪念性节日等。象征性的符号结构参与到群体情感、知识及价值观共生关系的建构中，从而建立个人及个人与（大于亲属群的社会网络）群体关系。

哈特利和波茨还认为文化的功能即为表意功能，表意功能是文化和知识演化动态理论的基本分析单位。文中指出："在文化科学里，文化的演化是表意功能的演化，即亚部落的变化……我们推出的文化进化概念是源自组合和关系网络的表意功能，又是亚部落内和亚部落间协商和使用而生成的表意功能。"[1] 可见，表意功能是指文化运行中的组合结构，它是借助符号系统发挥作用的。意义网络的演化，形塑群体内和群体间的知识演化，这一发展进程不是靠亚部落内生力量或外部提供的，而是靠不同系统"生产性的接触"（不同边界的连接或激烈碰撞）而形成的。

基于以上对文化性质的理解，哈特利和波茨为了阐明文化与群体的关系，以及意义如何在社会系统的互动中演化，颇为新颖地提出一个两阶段的文化演化模式："文化造就群体；群体创造知识，知识在（冲突的）群体边界上强劲增长。"[2] 由于在文化科学里，群体是系统生成的，并用整合性知识来划定边界，所以，研究文化动力问题的关键是：知识被引进群体的过程，尤其是要关注思想和知识在群体边界互动中产生的张力，它是促进社会新知识资源和系统生产、革新的发生器。

二 文化科学研究路径

哈特利和波茨对"文化的性质"研究是从反思文化研究方法开始的，在他们看来，当前的文化研究并不是科学研究，文化建构表征的是政治问题，当研究焦点集中到"政治"时，往往就遮蔽了对"文化"（观念）本身的关注。他们也不满意文化的科学研究现状，

---

[1] ［澳］约翰·哈特利、贾森·波茨：《文化科学：故事、亚部落、知识与革新的自然历史》，何道宽译，商务印书馆2017年版，第133页。

[2] 同上书，中文版序第19页。

认为进化人类学研究的是文化的意义研究，文化如何构成；社会学研究的是文化的功能元素、宏观基础和宏观生态。"我们构想的文化科学是研究文化的社会用途的科学。"① 譬如，美国文化人类学家怀特即是用唯物史观的决定论方法分析文化演化的。怀特所提出的"文化决定论"是为了阐释人类文化差异的由来，但无法用来理解文化在日常情况下的建构和使用。德国社会学家马克斯·韦伯则把文化视为个体的社会行动，其理论侧重对社会行动背后的观念系统进行解释说明。② 于是，哈特利和波茨试图重新发明文化研究，采用新的文化研究方法，即演化论③的研究方法；内容上仍指向文化研究的功能角色，但重点放在文化动力学的动因及文化生产机制方面。同时，他们从进化科学和复杂科学（经济学、生物学、网络理论和知识论）引进新观念，用知识系统和技术的进化来解释文化的演化，提出文化的功能——文化造就群体。文化造就的群体是创造知识的群体，当不同的群体互动和竞争时，革新和知识增长即在群体边界发生，这也是文化演化发生的地方。

　　哈特利和波茨在这本书中重新解释文化，并不是依靠文献研究，通过梳理前人研究结果寻找答案；而是在跨学科"现代综合"领域里进行演绎。譬如，在文化科学里，"新颖性"是创新的表现，是新思想被认可、接受，并在群体中扩散。这一概念如何发生作用，是基于其他学科新异理论概念的不同研究路径达到的。哈特利和波茨从生物科学获取新异概念，将文化演化论从决定论走向随机性，随机性产生多样性。他们还通过行为科学和社会科学的新异概念，解释系统如何走向个体的意识和创意；最后达到文化科学的新异概念，从个体到亚部落，并推演出"新颖的创造发生在亚部落层次；

------

　　① ［澳］约翰·哈特利、贾森·波茨：《文化科学：故事、亚部落、知识与革新的自然历史》，何道宽译，商务印书馆2017年版，第222页。
　　② 杨小柳：《怀特和韦伯"文化科学"思想之比较研究》，《贵州民族研究》2002年第4期。
　　③ 译文采用的是"进化论"，"进"在中文中表示方向的词，易产生"线性发展"的误解。两位作者观点表述中并没有指出文化发展的方向或以某文化为中心的发展论，而是认为文化演化是一个复杂的过程。

新颖的创造是亚部落的创造"①。不同理论对于同一现象给予了不同的解释框架,文化科学里的"亚部落新颖性"在熊彼特那里就是我们熟知的"创造性破坏"。

文化科学是一门怎样的学科?作者的中文版序言以"寻求文化与科学的通约性"为题,已显示出其目标在于打破传统学科边界,试图进行科学和人文学科的调和,促进知识领域的一致性。实际上,书中并没有对这一新学科的特征进行集中描述,而是分散在不同章节针对具体概念讨论时有所涉及。文化科学学科特征的确立是建立在与其他学科研究方法比较基础之上的。比如,作者认为,"文化科学是研究过程的科学"②。因此,在看待问题上,会从较长的历史阶段审视,不会盲目悲观。文化科学抛弃了基于个人行为的社会学习文化机制,把文化演化看作是一种意义建构的群体过程。"通过分享的意义建构,亚部落结成相互依赖、身份相同的紧密合作的群体。"③ 文化成长和变革是沿着群体的边界发生的,通过变化的群体,新群体的自创生、再生产以及群体间冲突、对抗,生成革新和新颖的现象,产生社会文化动力。再比如,作者认为文化科学不是建构主义视角。"文化作为群体知识存在的方式,而不是群体身份的一种形式。"④ 还有,文化科学是将知识进化论、文化进化论和语言意义进化论三者组合成一个统一的理论⑤;文化科学是后现代主义理论⑥,等等。

通常我们把"文化是传承过去知识、身份和意义的一种机制"作为形塑文化政策的重要依据。大多数国家"福利模式"(welfare mode)的文化政策均通过公共行动与支出等形式,保护和再生产群体所有的文化资产和财富。哈特利和波茨并没有否定这类文化政策的必要性,但他们提醒我们需要关注文化的另一种可能

---

① [澳]约翰·哈特利、贾森·波茨:《文化科学:故事、亚部落、知识与革新的自然历史》,何道宽译,商务印书馆2017年版,第159、163页。
② 同上书,第102页。
③ 同上书,第82页。
④ 同上书,第196页。
⑤ 同上书,第127页。
⑥ 同上书,第227页。

性——文化也是一种创新机制，"文化又是新颖现象生产和知识增长的一种机制"[①]。而且，在文化科学理论中文化是参与性的、面向群体的未来，而不是过去。"亚部落在开放、适应性的生产力方式中生成新颖的事物，而不是根据先行'文化''包含'什么的定义生成新颖的事物。"[②] 可见，文化演化过程中呈现出的积极因素，正是我们重新思考文化政策目标及内容的意义所在。

三 阐释当代文化的实践

在详尽回答什么构成群体，群体边界上发生了什么，知识如何增长等问题时，哈特利和波茨结合文化科学分析框架和当代文化现象，阐释了一些概念或观念内涵发生变化的根源，并给出新的理论解释。以"公民身份"为例，公民概念产生于对社群组织模式的需要，用于塑造大型非亲属群体。进入现代社会，公民身份概念才与民族国家相关联。在哈特利和波茨看来，公民概念的全球化、抽象化，是通过共享的符号和社交网络得以实施的，这一过程赋予了公民行为多元的意义。他们眼里的公民群体是通过社会学习的自愿组合机制，通过亚部落知识的创造而形成的。由此，文化科学理论中的公民观并不谋求政治关系的获取或平衡，谋求的是创造力。[③] 哈特利和波茨突破了将公民仅作为群体问题研究对象的局限。把公民当作创意和知识问题来研究是文化科学的路径。"文化科学将公民模式界定为'知识生产的亚部落社团'……公民身份也许不仅是政治化的力量，还可能是创新和生产的力量。"[④] 通过公民概念，以群论为基础的文化科学重新发现了人的能动性，尤其体现在对"创意公民身份"的肯定上。

有关城市的研究命题不计其数，在众多治理者和研究者眼里，城市问题的探讨最终走向文化价值观念与人类的终极发展关系上。

---

① ［澳］约翰·哈特利、贾森·波茨：《文化科学：故事、亚部落、知识与革新的自然历史》，何道宽译，商务印书馆2017年版，第221页。
② 同上书，第80页。
③ 同上书，第107页。
④ 同上书，第105页。

哈特利和波茨也十分重视城市治理问题及未来持续发展的动力。他们认为资源使城市成为演化、自组织的，极富生产力的机制。城市是文化的载体，是亚部落的重要例证。全球性城市更是其中的典范。新兴城市若能把握住创新驱动的运作机制，就能胜过其他城市成为伟大的创意城市。我认为作者对城市性质的分析，有三个观点特别值得注意。其一，创生性符号生产力对城市极为重要。"使城市伟大的是其符号生产力——生成新符号和意义、新信息和参照物以建构机会和表征的新语言的能力。"[1] 因而，作者指出衡量城市不仅要评估人口、产业、市场规模和基础设施等，而且更需要知道"它如何促进新思想的表达，它能在多大程度上适应指向未来而不是过去的意义形式和价值形式"[2]。其二，开放的空间和机会，及对外来资源的融合有助于城市的有机发展。从历史上看，城市的兴衰与这一点密切相关，"城市向知识开放时就发展，过分保护自己的知识或文化时就衰败"[3]。流动性和规制上的弹性，对于文化再造和群体知识更新是有利的。其三，文化作为创新机制，是城市革新（创新）政策的软实力。"我们可以用文化机制去形塑新思想的发展和知识的协调，进而形塑革新的结果。"[4] 在哈特利和波茨眼中，伟大的城市一定有生产新思想的绝对优势，它们是知识生产型城市，不是知识消费型城市。

文化科学理论提出了许多新的观念，有些观念对当前民族国家普遍存在的文化政策内容及目标构成了挑战。例如，对全球化语境下的文化湮灭现象的解释。哈特利和波茨认为，文化湮灭表面看上去是文化的衰减，故出于国家文化安全考虑，文化政策干预模式往往会通过各种方式去保护文化，使之不至于湮灭，如法国文化例外政策。文化科学理论则提出不同的视角：他们认为过度保护文化并限制把文化用作知识，诱发僵化，随之发生文化湮灭。文化动态模

---

[1] ［澳］约翰·哈特利、贾森·波茨：《文化科学：故事、亚部落、知识与革新的自然历史》，何道宽译，商务印书馆2017年版，第213页。
[2] 同上书，第214页。
[3] 同上书，第197页。
[4] 同上书，第225页。

式需要思想和知识不断整合转化，生成新思想并与其他思想联系。他们还认为创意革新和文化湮灭不是对立关系，而是互补的。濒危文化"保护的最好办法是整合它，把它带进'我们'群体，也就是将其送进文化革新，而不是对它疏而远之"①。其实，当前我们对待传统文化的态度，也是坚持创造性转化和创新性发展的原则，而不是一味复古保护，要"使中华民族最基本的文化基因与当代文化相适应、与现代社会相协调"②。同理，非物质文化遗产的保护，需要将原生性保护与再生性保护相结合，使之重新回到民俗中，回到广大人民群众日常生活、生产中才能有效地转化成为一种文化力量、创新力量。

  人类的群体合作和冲突是否能得到整合，如何改变普遍—对立的群体认同模式，建立新的统一性的群体认同模式，哈特利和波茨在这本书中抛出了许多至今未能解决的问题。然而他们也并没有指示发展路径。未来人类文化演化系统中诸多可能性还需要我们继续思考和探讨。

---

  ① ［澳］约翰·哈特利、贾森·波茨：《文化科学：故事、亚部落、知识与革新的自然历史》，何道宽译，商务印书馆2017年版，第215—216页。
  ② 中共中央办公厅、国务院办公厅：《关于实施中华优秀传统文化传承发展工程的意见》，2017年1月25日发布。

附录三

新加坡文化艺术资助
机制及政策实践

一　新加坡文化艺术资助政策历史变迁

作为东南亚的岛国，新加坡在 19 世纪以后历经英国、日本、马来西亚的殖民和联邦统治，于 1965 年正式宣布独立。独立以后的新加坡除了占人口约 75% 的华人，还有马来族、印度裔和欧亚裔/混血等族群。其官方语言为 4 种：英语、马来语、华语和泰米尔语。早期背井离乡的移民将各自的文化带到新加坡，形成了新加坡的多元文化特色。面积虽小但地理位置优越的新加坡，自独立以后秉承自强不息的精神，不断根据世界经济发展趋势调整自身战略，成功跻身发达国家行列。在经济发展达到一定程度之后，新加坡政府开始重视对艺术与文化的投资，以实现经济与文化齐头并进，将新加坡建设成具有世界级文化与娱乐内容的"全球艺术之都"。

新加坡强调种族和谐，在立国之初就确定了各族平等的政策，并且鼓励多元文化发展。1988 年，新加坡政府成立了文化艺术咨询委员会（the Advisory Council on Culture and the Arts），研究文化艺术在新加坡的国家发展中所能担当的角色。该委员会检视了新加坡文化艺术的发展情况，出台了一个对新加坡中期文化艺术发展进行建议的报告，内容包括：（1）在大学及前大学阶段加强艺术教育；（2）改善文化设施；（3）强化文化遗产及视觉艺术收藏；（4）在社群之间借助媒体开展艺术推广。

作为对报告的回应，新加坡政府先后于 1991 年和 1993 年成立了国家艺术理事会（National Arts Council，NAC）[①]与国家文物局（National Heritage Board，NHB）[②]，以推动相关领域的发展。十年之后，当报告中的大部分建议都已经完成之际，新加坡政府为研究文化艺术在21世纪从工业经济向知识经济转变过程中所能起到的作用，对文化领域进行了第二次深入评估。评估结果使得政府意识到，新加坡需要在文化与艺术能力上进行更大投资，才能增强其创新能力，与世界上其他地区及城市展开竞争。1999年，新加坡内阁通过了一项为期五年的"文艺复兴城市计划"（Renaissance City Project），每年在国家艺术理事会及国家文物局预算之外，额外投入1000万新币，助力于发展新加坡的"文化软件"，包括国家的艺术发展能力、文化活力及对观众的培养等。"文艺复兴城市计划"的目标是将新加坡发展成"杰出的全球艺术城市"，使新加坡成为具有吸引力的工作、生活与休闲的地方，并帮助新加坡人继续学习以及获得新知识。"文艺复兴城市计划"的战略是充分利用现有的文化基础设施，达成下列目标：（1）加强新加坡文化艺术景观的整体活力；（2）为新加坡文化艺术的发展打造观众基础；（3）推进本地艺术家、人才及艺术公司的专业化发展；（4）提升新加坡作为"艺术中心"在国际上的知名度。为实现上述目标，该计划建议新加坡政府采取以下措施，加强对文化艺术的扶植：（1）向本地主要艺术公司提供1—2年的拨款，为艺术家及艺术团体提供项目拨款，并且提供培训费用、奖学金及助学金等。（2）推出与艺术、文化遗产等相关的教育及推广项目。

在完成项目的第一个发展阶段以后，2005年"文艺复兴城市计划2.0"作为《新加坡创意产业发展战略》的一部分出炉，该计划着重从产业角度阐述如何进一步推动新加坡的文化艺术发展。第二阶段的"文艺复兴城市计划"将扶植资金提升到每年1200万新币

[①] 1991年9月由新加坡文化基金会、社区发展文化部、艺术节秘书处、国家剧院信托合并而成，是主导艺术发展的法定机构，其宗旨是培育文化艺术的发展，使其成为新加坡人民生活中不可或缺的一部分。

[②] 1993年8月由国家文物局与国家档案馆、国家博物馆和口述史部合并形成，是文化部下属的法定机构，其使命是保存新加坡多元化的文化遗产，以此来进行文化教育与国家建设，进而使其文化获得全球性的认可。

(2005—2006)及 1550 万新币(2007),并在前一阶段的目标之外,增加了新的发展目标:(1)发展文化艺术领域的产业能力;(2)在文化/艺术与商业之间建立更多的伙伴关系;(3)推动新加坡的艺术发展走向国际化。

2008 年,新加坡新闻通讯及艺术部(the Ministry of Information, Communications and the Arts)出台了"文艺复兴城市计划 3.0"。面对世界城市间日趋激烈的竞争及由于社会与文化差异所带来的压力,该计划重申了未来的发展目标,确立了三个战略发展方向:一是打造独特的内容。在新加坡建设能够提供重要文化与艺术产品的世界级文化娱乐区;将新加坡打造成为制作及首演聚焦新加坡及亚洲的原创内容的首选之地;积极在国际上展示"新加坡制造"的内容。二是打造充满活力的艺术生态系统。建设繁荣的人才与产业聚集区;加强新加坡在文化艺术领域的专业能力,尤其是在艺术产业及专业艺术服务领域;在大学及大学预科的专业艺术教育与培训中,增加产业内容及艺术与产业的关联度。三是培育积极投入的社群。加强并丰富新加坡整体的艺术与人文教育;通过文化艺术活动增强社区人民的自豪感及彼此的关联度;鼓励文化艺术领域更多的私人慈善与赞助行为;通过举办各种研究与交流活动,加强对文化艺术的宣传。为实施该计划,新加坡政府宣布 5 年投资 1.16 亿美元,年均为 2325 万美元(约 3155 万新币)。[1] 为全面推进"文艺复兴城市计划 3.0"的实施,新加坡国家艺术理事会还发布了《艺术发展计划(2008—2012)》,每年拨款 1609 万美元用于新加坡艺术产业的发展,以此配合"文艺复兴城市计划 3.0"在艺术领域的发展。[2] 与上两个阶段相比,政府投入有了大幅度增长,显示了新加坡政府的决心——通过文化艺术发展保持城市活力。

1999—2015 年,新加坡持续 15 年实施了三个阶段的"文艺复兴城市计划",只是新加坡政府对文化艺术整体投资的一部分,但所提出的目标与战略,对新加坡文化艺术的发展起到了整合与引导

---

[1] 任明:《新加坡 21 世纪以来城市文化发展观测》,《上海文化》2014 年第 10 期。
[2] 薛菁华:《新加坡〈艺术发展计划〉》,2015 年 5 月 29 日,上海情报服务平台(http://www.istis.sh.cn/list/list.aspx?id=8576),访问日期:2018 年 9 月 30 日。

的作用，推动新加坡新闻通讯及艺术部与国家艺术理事会、国家文物局等机构朝着共同的目标前进。"文艺复兴城市计划"的宗旨是"以文化建设提升城市核心竞争力"，通过这一战略性规划，新加坡大大提升了在艺术活动、文艺欣赏、博物馆建设等方面的水平及能级，成功吸引了世界各地的人才与资金，提升了国际上对新加坡的关注度，新加坡人民的国家自豪感与艺术自主性也得以确立。2018年国家艺术理事会继续推出未来5年新加坡发展艺术的主要战略和优先事项——《我们新加坡艺术计划2018—2022》[1]，并决定每五年重新评议一次。报告涉及了艺术参与、扩大对文化多样性的社会共识及多元化方式支持艺术等问题，回应了国内和全球艺术景观不断发展变化的环境。

从文化艺术建设基础性发展、驱动工业经济向创意经济转型，到注重全社会积极参与发展新加坡多元文化、通过增加艺术体验的可及性促进社会包容。这一逻辑转换反映了新加坡政府开始反思文化的物质性，重新认识到文化艺术的精神性及社会治理功能，文化建设向平衡社会效益与经济收益方向发展。任何的社会结构都需要一定的凝聚力，无形的社会资本比有形的物质资本更易建构一个共同的身份认同，并形成强烈归属感。在"文艺复兴城市计划"等项目的大力推动下，新加坡文化艺术领域的人才及活力有了快速增长。1996—2007年，新加坡的艺术公司及团体从400家增长到800家，此后持续增长，2015年新加坡独立50周年时达到最高峰，为5749家，2016年稍有回落，为5423家，以音乐、视觉艺术和文学艺术类公司居首。文化艺术活动的数量也大幅度提升，新加坡文化、社区与青年部2016年统计数据显示，新加坡每天平均有23项艺术表演、72项视觉艺术展览。[2] 单就表演艺术而言，凭票入场的表演艺术演出（包括民族、传统、古典及当代形式的舞蹈、音乐及

---

[1] https://www.nac.gov.sg/media-resources/press-releases/National-Arts-Council-Launches-Our-SG-Arts-Plan-2018-2022，访问日期：2018年10月31日。

[2] *National Arts Council Annual Report FY 2016/2017*, https://www.nac.gov.sg/media-resources/annual-reports/annual-report-2016-2017.html，访问日期：2018年8月10日。

戏剧演出）场次从 2010 年的 2267 场，增加到 2016 年的 3430 场；无须凭票入场的演出从 2011 年的 4311 场，增加到 2016 年的 5931 场。视觉艺术展览场次从 2010 年的 999 次，增加到 2016 年的 1114 次；展览天数从 2010 年的 26266 天，增加到 2016 年的 28740 天。① 新加坡国民对文化艺术的需求与欣赏水平也在逐步提升。1996 年，新加坡仅有 1/10 的民众每年至少参加 1 次艺术活动，到 2008 年，每三个新加坡人中就有一个参加艺术活动。每年参与凭票入场的表演艺术活动人数，从 2010 年的 157 万多人次，到 2011 年迅速增长为 231 万人次，然后有所回落，2016 年为 181 万人次。表演艺术活动的售票数从 2010 年的 132 万张，到 2011 年猛增为 186 万张，然后逐渐回落，到 2016 年约为 140 万张。表演艺术活动收入从 2010 年的 9190 万新币，到 2011 年猛增为 1.66 亿新币，后逐渐回落，2016 年为 8938 万新币。② 2015 年国家全民艺术调查显示，80% 的新加坡人至少参加过一次艺术活动，近 90% 的新加坡人认为艺术帮助他们更好地理解来自不同文化背景的人。日益活跃的文化活动与文化景观，使得新加坡在众多国际排名中被认为是"最宜居的城市"之一。

二 新加坡文化艺术资助机制及模式

新加坡文化艺术资助机制与模式基本上是以政府规划、推动为主，民间参与为辅。政府资助最初主要投资于艺术部门与艺术团队的发展（"文艺复兴城市计划"第一阶段），后来侧重从创意产业发展的角度投资文化艺术的发展（"文艺复兴城市计划"第二阶段），目前又回归对社会文化发展的投资（"文艺复兴城市计划"第三阶段）。虽然不同发展阶段新加坡政府文化艺术资助的重点不同，但始终重视艺术人才的成长及社会艺术欣赏基础的培育。

---

① Ministry of Culture, Community and Youth, Singapore, *Cultural Statistics* 2017, https://www.nac.gov.sg/whatwedo/support/research/Research-Main-Page/Arts-Statistics-and-Studies/Statistics/sg-cultural-statictics.html，访问日期：2018 年 7 月 21 日。

② 同上。

《新加坡文化统计》最新数据①显示，新加坡政府对文化艺术的拨款总额从2010年的4.96亿新币，到2015年（新加坡独立50周年）达到破纪录的9.37亿新币，2016年回落到7.13亿新币；其中4.13亿新币用于艺术与遗产领域的拨款，1980万新币用于文化配额基金，2.8亿新币用于图书馆服务（见附表3—1）。民间所进行的文化艺术捐赠从2010年的3990万新币，增长到2016年的7430万新币，其中2015年因为新加坡独立50周年及国家美术馆的落成，文化艺术捐赠总额更是达到1.5亿新币（见附表3—2）。

附表3—1　　2010—2016年新加坡政府文化财政资助情况　单位：百万新元

财政年度	2010	2011	2012	2013	2014	2015	2016
财政投入资金总额	495.9	554.0	541.4	689.4	884.0	936.7	712.7
艺术与遗产	280.6	344.2	320.4	439.6	495.1	522.7	412.8
文化配比资金	—	—	—	—	51.9	79.5	19.8
图书馆	215.3	209.8	221.0	249.8	337.0	334.5	280.1

资料来源：Singapore Cultural Statistics 2017。

附表3—2　　2010—2016年新加坡艺术及文化慈善事业情况

单位：百万新元

财政年度	2010	2011	2012	2013	2014	2015	2016
捐赠总额	39.9	43.1	45.4	54.8	74.4	152.6	74.3
艺术品实物捐赠	4.6	2.6	1.5	2.1	12.1	0.5	1.4
现金、物资捐赠和赞助	35.3	40.5	43.9	52.7	62.3	152.1	72.9

资料来源：Singapore Cultural Statistics 2017。

（一）政府艺术资助部门及机构

目前新加坡政府文化领域的主管部门是文化、社区及青年部（The Ministry of Culture, Community and Youth, MCCY）。该部门成

---

① Ministry of Culture, Community and Youth, Singapore, *Cultural Statistics* 2017, https://www.nac.gov.sg/whatwedo/support/research/Research-Main-Page/Arts-Statistics-and-Studies/Statistics/sg-cultural-statictics.html，访问日期：2018年7月21日。

立于2012年11月,其前身是新闻、通讯及艺术部,后来新加坡政府将文化部门独立出来,和社区与青少年发展部整合在一起,成立新加坡文化、社区及青年部。这一行政结构上的变化,显示了新加坡政府日益重视文化艺术作为社会建设与整合力量所发挥的作用,将文化艺术的软工具性与国家构建、社会凝聚紧密联系在一起。重新组合成立的部门,其工作主要涵盖以下六个领域:(1)艺术与文化遗产;(2)体育;(3)社区;(4)慈善组织、社会企业与互动机构;(5)国家身份认同;(6)青少年。工作目标则是鼓励新加坡人参与艺术及体育活动,以推动新加坡社会的团结统一与活力发展,从而增强新加坡公民的身份认同感与归属感;帮助青年人融入社会,推广志愿者文化和慈善活动,使新加坡人能够共享高品质的生活,建设更为亲切友好和充满关爱的社会。[1] 其行动方针是:通过建立合作伙伴关系以有所成就;通过在各个层面发挥领导作用,推动社会发生改变。该部门在艺术领域的宗旨则是:鼓励民众对艺术的参与及投入;支持新加坡居民充分发挥并实践其艺术灵感,支持艺术卓越性的发展与艺术教育的发展;大力发展新加坡的艺术产业与艺术设施,推动社会文化活力及生活质量得到提升。[2] 该部门对文化领域的扶植主要体现为对社区艺术与文化发展的投资、帮助新加坡艺术家走向国际的投资及为鼓励艺术赞助与捐赠而进行的投资。该部门也负责新加坡公共艺术基金(1000万新币)等文化领域相关基金的运作和管理。[3]

作为主导新加坡艺术发展的法定机构,新加坡国家艺术理事会(National Arts Council,NAC)隶属于新加坡文化、社区及青年部。艺术理事会在为新加坡艺术的整体发展及各门类发展制定战略规划的同时,也负责政府在文化领域拨款的具体分配与落实。国家艺术理事会的战略使命是:弘扬艺术作为人们借以进行表达、学习与思

---

[1] 李婉珺:《2017年新加坡文化发展报告》,载刘志强等主编《东盟文化发展报告(2018)》,社会科学文献出版社2018年版,第47页。

[2] 参见新加坡文化、社区及青年部官方网站:https://www.mccy.gov.sg/en/About-us.aspx。

[3] 李婉珺:《2017年新加坡文化发展报告》,载刘志强等主编《东盟文化发展报告(2018)》,社会科学文献出版社2018年版,第49页。

考手段的价值；通过艺术活动推动新加坡的文化发展；为艺术创作提供可持续发展的环境，以实现艺术所具有的娱乐及启发功能。国家艺术理事会所发放的基金、奖学金、奖项等，以及所建设的各类平台，都是为帮助艺术从业者及专家发挥其能力与天赋、打造更加多样化及成熟的环境而服务。国家艺术理事会目前下设6个主要部门：艺术发展部（Arts Sector Development）负责文学艺术、新加坡作家节与相关项目、视觉艺术、舞蹈与传统艺术、戏剧与音乐等领域的发展；艺术参与部（Arts Engagement）负责推动艺术与社区、艺术与青少年等相关领域的互动发展；资源开发部（Resource Development）负责区域发展与能力建设；企业服务部（Corporate Services）负责提供财务、企业交流与市场推广、人力资源管理与行政等方面的服务；以及战略规划部（Strategic Planning）、内部审计部（Internal Audit）。[①]

自成立以来，国家艺术理事会大力拓展各种大型艺术活动——如新加坡艺术节、新加坡美术展、新加坡作家节和新加坡双年展等——以吸引人才，提升新加坡在国际艺术界的知名度。为发掘及鼓励有潜力的艺术人才，理事会设有奖学金及多种针对个人的艺术奖项，如文化勋章奖、青年艺术家奖等。目前，国家艺术理事会主要通过种子基金、重点团队发展计划、创作基金、制作基金、呈现及参与基金、市场与观众发展基金、能力发展基金、研究基金、艺术基金、传统艺术保护基金、艺术创作基金等各有侧重的项目，为新加坡艺术的发展提供支持。据最新年报显示，2016—2017财政年度，在政府上一年度拨款余额5546万新币的基础上，新增政府拨款1.26亿新币，即国家艺术理事会共获得政府财政拨款1.81亿新币。支出方面，国家艺术理事会拨付政府对文化艺术领域的拨款7002万新币，支付奖学金等158万新币，购买服务581万新币，用于广告、市场营销与推广的费用为300万新币，用于"艺术房屋补助计划"的费用为833万新币。[②]

---

① Organization Structure, https://www.nac.gov.sg/aboutus/manaement.html.
② *National Arts Council Annual Report FY 2016/2017*, https://www.nac.gov.sg/media-resources/annual-reports/annual-report-2016-2017.html, 访问日期：2018年8月10日。

附录三　新加坡文化艺术资助机制及政策实践　171

新加坡政府十分重视文化外交及艺术领域的国际化发展，国家艺术理事会和新加坡国际基金会①是其中两家重要的推动机构。2014年，新加坡政府设立了总值2500万新币的"文化外交基金"，资助艺术家到海外表演交流。在该基金的支持下，国家艺术理事会得以更进一步地推动国际交往活动。国家艺术理事会拨款支持的国际推广项目包括：国际游历资助计划、国际合作资助计划、市场发展资助计划等。②同年，新加坡文化、社区及青年部也宣布在未来五年里，将额外投入2000万新币，帮助新加坡艺术家、新加坡独特的文化遗产及艺术作品走向国际，以此作为对国家艺术理事会现有国际化扶植资金的补充。国家艺术理事会积极与国外机构合作，为新加坡艺术家提供国际发展机会，如威尼斯双年展、国际驻地活动、交流活动及培训工作坊等。新加坡政府将文化艺术作为新加坡国际形象推广的重要组成部分，积极通过各种国际平台，向国际社会展示新加坡文化艺术的独特内容。国家艺术理事会为在海外艺术机构、场所及活动中展出的"本地作品及展览巡展"提供资金支持，国家文物局也正在推出类似的海外巡展支持。新加坡通过对艺术国际传播与交流的资助和推动，既培养了具有全球视野和国际思维方式的艺术家和受众③，又降低了走出去文化折扣（Cultural Discount）的产生。

作为新加坡政府法定机构，新加坡国家文物局④2008年推出"文化遗产事业援助计划"（Heritage Industry Incentive Programme），预算5年内政府拨款800万新元，协助修建博物馆、扩展市场、提升相关知识与技能、加强遗产与文艺产品的发展工作，以及发展科

---

① 新加坡国际基金会（Singapore International Foundation）成立于1991年，是新加坡专门致力于国际合作与交流的社会组织。艺术与文化是新加坡国际基金会五大重点领域之一，基金会积极推动新加坡艺术家到国际上分享新加坡的文化艺术成就，通过艺术来推动新加坡与国际社会的文化交流。如基金会资助的"共善艺术"团队（Arts for Good Fellowship）年度国际艺术交往活动，以艺术活动推动社会改善与进步。

② 资助项目发展从2010年的214项迅速增长到2015年的435项，2016年稍有回落，为401项。

③ 岳晓英：《资助艺术国际传播与塑造国家形象——新加坡的经验》，《东南亚南亚研究》2016年第4期。

④ 成立时下属文化部门，目前为新加坡文化、社区及青年部下属机构。

技与研究等。从事推动和保存文化遗产工作的私人机构和民间组织可在这一计划中申请最多10万新币的拨款资助或50%的发展经费。这个计划也鼓励个人和公司把维护文化遗产视为一种商业活动，既可申请补助来创立私人博物馆，也可用补助来开拓市场，开发文化产品。① 此后，2013年7月启动的"文化遗产补助金计划"，由新加坡政府拨款500万新币，资助一些能力有限但又想开展文化项目的个人或团体，帮助他们参与推动本地社区文化遗产项目。该计划的拨款分为两种：一种是参与津贴，资助展览或文化活动等小规模的计划，每个项目每年最高拨款5万新币；另一种是项目津贴，每个项目每年拨款最高为15万新币。② 此外，为了提升新加坡文化遗产及博物馆景观，新加坡博物馆定期与国家文物局和其他公私合作伙伴举办联合活动，如每年5月举行的国际博物馆日（International Museum Day）和旨在培养儿童兴趣的儿童博物馆季（Children's Season）。从以上项目可见，即便有政府财政拨款和支持，项目运作也十分强调多元参与，注重借助社会力量协同推动地区文化艺术发展。

（二）政府对艺术家及艺术团体的资助

新加坡政府希望新加坡的艺术活动能够反映社会的不断成熟与发展，同时响应全世界对亚洲日益浓厚的兴趣。艺术创作与艺术活动的活跃离不开艺术家与艺术团体的参与及创作力。为厚植新加坡的艺术土壤，新加坡政府始终非常重视对个人与艺术团队的鼓励与扶持。以2016—2017财政年为例，国家艺术理事会下发政府拨款1634万新币，分别通过"重大团队基金"对48个新纳入及原有团队进行扶植，通过"种子基金"对15个新纳入及原有团队进行扶植。

为满足打造新加坡本地内容的需求，国家艺术理事会不断推出新的委托项目及艺术家驻地计划，扶植本地艺术家及团队创作具有

---

① 《新加坡推出文化遗产事业援助计划》，2008年10月1日，新华网（http://news.163.com/08/1001/07/4N5FICPP000120GU.html），访问日期：2018年9月27日。

② 《新加坡政府拨款五百万设文化遗产补助金计划》，2013年7月22日，新华网（http://sg.xinhuanet.com/2013-07/22/c_125043783.htm），访问日期：2018年9月28日。

原创性的内容，聚焦于表现新加坡的历史，在亚洲的身份、地位及未来。新加坡艺术节、新加坡双年展及新加坡作家节即是发现新加坡本地人才及亚洲人才的重要平台，它们通过委托创作及首演更多新作品的方式，旨在将新加坡发展成为新晋人才走向国际化的理想跳板。随着新加坡政府对艺术资助的逐步深入，新加坡艺术界也变得更加富有活力，艺术团体数量大量增加，不少艺术家和艺术团体逐渐从半职业转为职业。[1] 国家艺术理事会通过设立专项基金的方式，鼓励艺术家和艺术团队申请资助，以满足他们在不同领域及不同阶段的发展需要。NAC 基金[2]包括以下几种。

第一，种子基金（Seed Grant）。帮助新成立及正在成长的非营利艺术机构顺利展开活动及项目，并帮助其实现运作和管理的正规化。该项拨款最高不超过机构合理运营费用的 70%，扶植年限最高为 3 年，每年需要重新进行评估。每家机构每年可获得的扶持资金通常在 5 万到 15 万新币之间。

第二，重点团队基金（Major Company Scheme）。帮助新加坡的艺术机构成长为具有艺术卓越性及代表性的机构，面向已经有所建树的艺术机构。要求：（1）该机构能够反映、代表及塑造新加坡的文化多样性、文化身份、文化价值、文化传统与文化追求；（2）该机构的活动能够丰富新加坡观众及各社会群体的生活；（3）对新加坡文化景观、艺术实践、专业水平及青年人才的成长做出自己的贡献；（4）创作出高质量的、能被新加坡及国际观众共同欣赏的艺术内容；（5）表现出良好的管理水平及资金上的可持续发展能力。该项基金为艺术制作、艺术推广及艺术中介类公司分别提供不超过其运营费用总额 50%、60% 及 70% 的费用开支，以帮助提升艺术团队的能力，将相应领域专业化。

第三，创作基金（Creation Grant）。扶持杰出艺术内容的生产、改编及再发展，鼓励通过严谨的创作过程，进一步提升能够吸引海内外观众的新加坡作品的经典性及影响力。该项基金主要面向拥有

---

[1] 朱洁树：《新加坡艺术政策：不遗余力使其融入生活》，《东方早报》2014 年 9 月 3 日。

[2] 以下内容参见新加坡国家艺术理事会官网：https://www.nac.gov.sg。

良好艺术成就及艺术作品的艺术家，申请者必须是新加坡公民或永久居民，可申请的领域为表演艺术、视觉艺术、文学、数码艺术及跨界艺术等。艺术创作基金每年提供3—10项资助，每个项目最高可申请拨款5万新币，最长资助期限为18个月，资助内容可以是新作品创作，也可以是跨艺术门类或跨媒体的艺术改编及再度创作等；优先资助的范围包括对与新加坡相关内容的改编，将优秀新加坡作者所写的文学作品翻译成其他语言，尤其是新加坡官方语言及其他使用人数众多的语言等。2018年，该基金宣布将优先资助在创作及展示过程中大量使用数字技术的项目。对表演及视觉艺术项目，该基金还提供面向潜在制作人及发行人举行小型展演活动的经费，以及举办演后谈活动等。获得基金资助的创作成果需要体现为具有原创性与完整性的剧本、乐谱、记录、录音、展览及片段的现场展示；数码艺术项目的成果为模型、小样、宣传片、在线平台或网站等。具有国际合作性质的创作，需要有新加坡及海外两种展示活动或作品版本。基金对每个项目的资助最高不超过5万新币，用于作品开发及制作过程。

第四，制作基金（Production Grant）。为包括表演艺术、视觉艺术、文学及多媒体等多种艺术形式的项目制作、最终呈现及市场推广提供补助。受资助项目需要具有能够产生重大艺术影响的潜力。申请者需要拥有良好的前期制作经验及艺术成就，并且能够证明自身将长期投入该艺术在新加坡的发展。扶植的项目类型可以是表演、活动或展览（不管是作为原创作品、改编作品还是长期项目的一部分），也可以是主题系列活动的印刷与出版，以及大型会议、比赛、展览及艺术节等。2018年，该项基金同样优先扶持在创作与制作过程中大量使用数码科技的项目。该项基金平均每年扶持3—10个项目，有的可以作为项目获得赞助的配套资金。

第五，展示及参与基金（Presentation and Participation Grant）。扶持更多领域的艺术从业者与艺术机构表达及丰富新加坡的艺术多样性，提升新加坡人对艺术的欣赏与参与热情。该项资助可以覆盖个人及非营利机构或团体高达50%的真实预算，每年单个项目的资助金额不超过5万新币；对营利性机构来说，最高资助额度为项目预算的30%，每年对单个项目的资助金额同样不超过5万新币。对出版活动来说，对个人、非营利机构及营利性机构的资助都最高不超过真实预算比例的50%，每年单项资助金额不超过10万新币。对音乐出版的资助也有具体规定：对第一次出版音乐专辑或迷你碟的个人或非营利机构，一次性资助1万新币；已出版数张专辑的，资助金额不超过其真实预算的50%，每年单项资助不超过5万新币；对营利性机构初次出版音乐专辑或迷你碟的，一次性资助1万新币，其他资助额度不超过其真实预算的30%，每年单项资助不超过5万新币。该项基金资助每年约发放350项，每项资助额度在1000新币到3万新币之间。

第六，市场与观众发展基金（Market and Audience Development）。扶持在国内外为艺术项目发展观众、吸引艺术赞助人及支持者的活动。该基金不仅针对艺术家，也针对艺术中介机构，如画廊、组织者、经理人、出版商等，扶持资金用于帮助新加坡艺术家拓展新观众与新市场等。扶植内容包括：（1）市场推广及观众培养项目，包括市场调研，品牌打造，为艺术团队、艺术公司或某个项目进行市场推广与媒体宣传等，包括宣传材料制作或为赞助商及观众提供的辅助材料制作；（2）国际性活动，包括国际巡演或巡展，参加国际艺术节、博览会、双年展等，以及媒体及艺术家所参与的各种国际活动；艺术家参与国际竞赛或会议的经费则在"能力发展基金"项目下申请。

第七，能力发展基金（Capability Development Grant）。鼓励并支持艺术与文化领域的工作者持续提升其专业能力，扶持艺术界接触并学习不同艺术领域的各种功能与实践。该项资助可用于参与工作坊、大师班、研讨会、会议、驻地计划和其他各种专业发展及技能培训项目，时间不超过12个月。艺术家还可申请该基金资助其参加专业文凭培训课程及竞赛活动等；机构也可申请此项资助用以派遣雇员、会员等参与各种竞赛活动。机构可以申请基金扶持，在工作场所为雇员、会员等组织各种培训活动，如团队建设、参与或组织各种实习活动、导师活动等。对个人、非营利机构和营利机构，基金每年分别资助不超过其实际开支的70%、70%和30%，每年最多资助 7.5 万、7.5 万和 2 万新币。国家艺术理事会意识到培养下一代专业艺术工作者、为其不断提供学习与专业发展机会的重要性，故十分重视与国内外业界伙伴、专家一起，为新加坡艺术团队与个人提供领袖能力、机构建设能力及艺术专业能力发展的学习与训练机会。其对新加坡艺术专业技能发展的扶植主要集中在以下领域：（1）聚焦于教育的艺术实践，工作对象是社区及青少年，譬如辅助成长与教育等；（2）聚焦于传统艺术形式，能够反映新加坡华人、马来西亚裔和印度裔文化遗产的艺术实践；（3）视觉艺术策展；（4）文艺出版、编辑、翻译和创意写作；（5）技术产品设计、管理及科技艺术；（6）艺术管理；（7）艺术研究、批评与记录等。

第八，研究基金（Research Grant）。支持能够推动文化艺术领域的知识与信息增长的研究，包括对传统艺术及社区艺术发展实践的记录与保存等，个人与团队每年所获资助最高不超过 5 万新币，机构所获资助最高不超过 10 万新币。

第九，艺术基金（Arts Fund）。给新加坡人的艺术享受与艺术启迪提供高质量的表演与展览活动的艺术家及艺术团队提供进一步支持。该基金用于鼓励艺术团队更多地与当地社区联系，为社区人民提供欣赏和参加各种艺术活动的机会。2018 年度，该基金的总额为 150 万新币。申请者可以同时申请国家艺术理事会的其他扶持项目。

第十，传统艺术保护基金（Traditional Arts Repository）。支持传统艺术团队对具有历史价值、能够保存新加坡艺术遗产的传统艺术进行记录及数字化转换。成立 10 年以上并且经常举办活动的传统艺术机构才有资格申请该基金。每家机构每年所获资助额度不超过 2 万新币。从 2010 财政年到 2014 财政年年底，新加坡政府对传统艺术的资助总额将近 1700 万新元。年度拨款从 2010 年的 110 万新元，增加到 2014 年的 500 多万新元，增幅将近 4 倍。目前，新加坡拥有 100 多个活跃的传统艺术团体，每年提供约 1400 场艺术表演，占整个艺术表演的 19%。平均来说，26% 的国家艺术理事会的拨款资助是投放给传统艺术的。新加坡"国家传统艺术五年计划"为传统艺术的发展提供 2300 万新币的资助，包括提升展示与推广基金对艺术家及艺术团体的支持力度、种子基金对所有传统艺术机构开放、建立与传统艺术推广普及的战略伙伴关系三项新的资助活动。①

此外,新加坡政府每年都为表演艺术、视觉、文学及电影领域的艺术家颁发国家级奖章,以鼓励他们的成就,包括代表了新加坡最高艺术成就的"文化勋章奖"(Cultural Medallion)及为青年艺术家颁发的"青年艺术家奖"(Young Artist Award),后者的年龄不能超过35岁。两个奖项均由公众提名候选人名单,由专家组成的评选委员会根据评选标准选出最终的获奖名单。1979年3月由已故总统王鼎昌创建的"文化勋章奖",奖励那些在舞蹈、戏剧、音乐、文学、摄影、艺术(1997年以后增加了电影)等领域取得卓越艺术成果的个人,成立时由新闻、通讯及艺术部颁发,受新加坡国家艺术理事会管理,目前由文化、社区及青年部负责颁发。一位艺术家一生只能领取一次文化勋章奖,奖金总额不超过8万新币;自2001年起,奖项规定艺术家需要将奖金用于从事与艺术相关的项目,包括到社区举办工作室或展览,获奖者进一步深造或参与艺术家驻地项目,为新加坡本地艺术家提供指导,或者是以各种媒介整理与记录获奖者本人或新加坡本地的艺术成就。

"艺术安家计划"(Art Housing Scheme)始于1985年,为艺术团体及艺术家提供负担得起的、可以开展艺术活动的空间。国家艺术理事会贴补房屋的租赁费用,团体只需要支付公用事业费和维护费用。在此计划的帮助下,在滑铁卢大街、中国城和小印度形成了由数栋艺术空间大楼形成的艺术带,艺术带的很多建筑物是战前的废弃仓库或旧商店。目前已有60多家艺术机构和艺术家被安置在34幢建筑物中,包括29幢单栋住宅、3幢多租户的艺术中心、2幢混合功能大楼。艺术团队为当地提供了艺术创意的动力,艺术也帮助当地获得了复兴和重生。②

为了给艺术社区提供更好支持,为艺术家提供可以多元合作的创

---

① *New Initiatives To Grow Traditional Arts*,https://www.nac.gov.sg/media-resources/press-releases/New-Initiatives-To-Grow-Traditional-Arts.html,访问日期:2018年7月21日。

② *New Funding Framework in FY2017 promotes Diversity, Growth and Sustainability of Arts Landscape*,https://www.nac.gov.sg/media-resources/press-releases/MCSG-2017.html,访问日期:2018年7月21日。

作环境，增进艺术家和社区交流，2010年起，国家艺术理事会在新开发的古德曼艺术中心（Goodman Arts Centre）引入了新的"艺术空间框架"，该框架将逐渐取代实施了近30年的"艺术房屋计划"，由委员会属下的"艺术之家有限公司"（Arts House Limited，AHL）负责运营。该公司作为公共企业成立于2002年12月，原名"旧议会大厦有限公司"，隶属于国家艺术理事会；2014年3月正式改名为"艺术之家有限公司"。作为一家非营利机构，其目标是通过艺术丰富人们的生活。其运营的场所包括"旧国会大厦艺术之家"——一家位于新加坡市中心的市政区、由旧国会大厦改造而来、聚焦于文学活动的跨界艺术中心，同时负责管理为艺术家、艺术团队和创意公司提供"创意飞地"的古德曼艺术中心（Goodman Arts Centre）和艾丽华艺术中心（Aliwal Arts Centre）等。公司积极利用属下的艺术场地打造各种艺术节，包括新加坡国际艺术节、国家艺术理事会委办的庆祝新加坡表演艺术发展的年度盛典。上述场地的公共空间也对艺术团队、艺术家和艺术公司开放短期场租服务，供他们举办与艺术相关的活动。

（三）政府对民间资源的整合

国家艺术理事会通过举办各种活动，力争在新加坡实现艺术多方面的价值：吸引公众参与、建设社区、推动青年艺术发展、推动艺术教育、加强能力建设、大力发展公共空间中的艺术等。在与艺术家、企业及社区合作开展各种与艺术有关的活动过程中，国家艺术理事会与诸多社会团体建立了密切联系。

新加坡政府认为青少年学生与社群是文化艺术领域最重要的团体，因为他们代表了目前及将来的观众、消费者、参与者与创造者。国家艺术理事会通过艺术教育项目（Arts Education Programme）为学校提供组织艺术欣赏活动的资金，学校可以用这笔资金组织学生观看演出或展览，也可以请艺术家或艺术团体到学校来创作作品或是举办演讲，大约有99%的学校及60%的学生参与了至少一项由国家艺术理事会艺术教育项目所提供的活动。[①]

社区是整个文化生态系统的基础，对社区艺术的发展，国家艺

[①] 任明：《新加坡二十一世纪以来城市文化发展观测》，《上海文化》2014年第5期。

术理事会主要着眼于以下四个方面：（1）社区作为艺术实践者与创造者。鼓励公众不仅作为观众，而且作为参与者和创造者，与文化遗产领域的专家们一起，打造具有特色的社区艺术，以反映社区的身份与遗产，探讨社区问题，并加强社区间的联系。（2）针对具有不同需求的社群举办各种活动，譬如低收入家庭、年轻人、老年人、具有特殊需要的群体或处于危险边缘的个体等。（3）社区艺术人才的专业发展。以社区为基础的文化艺术群体大多处于业余爱好或是半专业水平，国家艺术理事会将为他们提供更多提升及展示他们艺术才华的机会，争取使其中一些团体可以成长为为新加坡争光的专业团体。（4）积极鼓励创新独特的街区艺术项目。

为实现上述目标，国家艺术理事会推出"为所有人的艺术"社区参与计划（Arts for All Community Engagement Plan），通过提供"社区参与基金"（Community Participation Grant），扶植为社区带来益处的、由社区发起的文化艺术项目。2014 年 5 月，文化、社区及青年部宣布投入 500 万新币建设社区艺术中心，使新加坡人能在未来 3 年间，就近接触到近 2300 种不同艺术活动，并宣布于 2025 年前，在全岛建设 25 个社区艺术中心。

此外，新加坡政府还通过各种手段推动民间资源参与到文化艺术环境营造及遗产保护中去。"艺术抵达"（Art Reach）是文化、社区及青年部和国家艺术理事会以艺术为手段对社会不平等进行干预及推动社区复兴的项目。该项目通过扶持艺术家及志愿者性质的社会福利组织，合作开展通过艺术实现社会干预的项目，譬如挽救在犯罪边缘的青少年、团结社区中的孤独老人、为来自贫困家庭的儿童提供自我表达的机会等。"我们关心"基金是国家艺术理事会与"人民联盟"（the People's Association）合作成立的基金，由新加坡的五个社区发展委员会运营管理，该基金的目标是为社会救济受益人提供接触艺术的机会。社会工作志愿者组织可以利用此项基金，与艺术家合作发展满足其援助对象需要与兴趣的互动性艺术工作室，包括表演、视觉、文学或多媒体等各种形式。

2013 年 11 月，新加坡文化、社区及青年部宣布启动一项"文化配比基金"（Cultural Matching Fund），划拨 2 亿新币，鼓励私人及企业对艺术和遗产部门捐款。该基金将为私人及企业对文化部门的现金捐赠提供等额的配比拨款，且不设最低捐款限制，但只有艺术和遗产类的慈善机构才有资格获得基金的配额拨款。文化、社区及青年部表示，每年收到配比拨款额不到30万新币的机构可以灵活支配捐赠资金，有申请资格的机构中约有90%属于这一类型；而每年收到配比拨款额超过30万新币的机构，则必须把资金用于可持续发展类项目，如业务发展、培训和研究等，此类机构包括新加坡滨海艺术中心、新加坡交响乐团等。每个机构划拨配额拨款的上限是1000万新币。① 从2015年9月开始，配比基金由1000万新币顶限提高到1500万新币。即每个组织或机构所筹款额在"配比"后，最高可达3000万新币。比如，2017年揭幕的新加坡华族文化中心，筹建期间，当地华人筹募超过2900万新币，中心以此获得"文化配比基金"拨款1500万新币。② 新加坡文化、社区及青年部希望通过这项措施，确保中小型机构也能从中受益。以2016年12月为例，有80多家公共性质的文化机构获得了文化配比基金的配额。2017年，该配额基金的拨放额度达到1.5亿新币。在没有推出"文化配比基金"以前，2012年和2013年新加坡企业与私人部门对文化领域的捐赠分别为2870万和2970万新币，推出配比基金以后，2014年和2015年企业与私人部门对文化艺术领域的捐赠分别达到5520万和1.49亿新币，拉动效果十分显著。③

三　艺术赞助奖及艺术捐赠减税政策

对新加坡实现全球城市目标来说，仅有政府的财政资助是不够的，成熟的文化领域需要建立一个同时包括私人领域与公共领域的经济模式。在新加坡，包括企业赞助在内的私人投入平均每年在4000万新币左右，大约占每年投入文化艺术领域运作资金的25%，

---

① 郑苒：《新加坡文化配比基金鼓励私人捐赠》，《中国文化报》2013年12月6日。
② 李婉珺：《2017年新加坡文化发展报告》，载刘志强等主编《东盟文化发展报告（2018）》，社会科学文献出版社2018年版，第51页。
③ National Arts Council Annual Report FY 2016/2017, https：//www. nac. gov. sg/media-resources/annual-reports/annual-report－2016－2017. html，访问日期：2018年8月10日。

但如果加上文化领域的基础设施建设开支，私人部门投入所占比例就低得多。① 为推动文化艺术的长期可持续发展，新加坡政府始终积极鼓励企业和个人对艺术进行赞助，并于1983年设立艺术赞助奖（Patron of the Arts，POA），奖励那些在过去一年中以金钱或实物支持艺术创作和发展的团体和个人。每年由国家艺术理事会颁发的"艺术赞助奖"，按企业与个人划分，各分为三个等级：对企业来说，"卓越艺术赞助奖"颁发给年赞助150万新币及以上的企业；"艺术赞助人奖"颁发给年赞助30万—150万新币之间的企业；"艺术之友奖"颁发给年赞助5万—30万新币之间的企业。对个人来说，获得"卓越艺术赞助奖"的标准为年赞助10万新币及以上；获得"艺术赞助人奖"的标准为年赞助5万—10万新币之间；获得"艺术之友奖"的标准为年赞助1万—5万新币之间。② 新加坡报业控股基金连续20多年获得最高殊荣。2016年，新加坡艺术部门获得来自118家机构和186位个人，共计6480万新币的捐赠，其中4420万新币为现金捐赠，2060万新币为实物捐赠；个人捐款为1940万新币，比上一年增长了两倍多。③ 2018年7月4日，新加坡文化、社区及青年部部长为2017年的302名艺术捐赠人进行了颁奖，包括104家企业及机构捐赠者、198名个人捐赠者；2017年新加坡企业与个人对艺术的捐赠总额为5160万新币，现金捐赠为3710万新币，实物捐赠价值1450万新币。2017年有80多位来自各界的新的捐助者，其中企业界对艺术的捐赠呈现多方参与的态势，获奖者包括葬礼服务公司、电器公司、跨国汽车公司及中小型企业等。④ 艺术赞助获得减税实惠并非赞助者唯一动机，荣誉感也

---

① *Renaissance City Plan* 3，2008，https：//www.nac.gov.sg/dam/jcr：18cf2883 - 7907 - 4938 - 9931 - 384333e210ce，访问日期：2018年7月21日。
② *Ministry of Culture，Community and Youth*，https：//www.mccy.gov.sg，访问日期：2018年8月10日。
③ Ministry of Culture，Community and Youth，Singapore，*Cultural Statistics* 2017，https：//www.nac.gov.sg/whatwedo/support/research/Research-Main-Page/Arts-Statistics-and-Studies/Statistics/sg-cultural-staticetics.html，访问日期：2018年7月21日。
④ *Help Fill our World with the Arts*，National Arts Council Singapore，https：//www.nac.gov.sg/whatwedo/championing-the-arts/arts-philanthropy/A-World-Filled-with-the-Arts.html，访问日期：2018年8月10日。

是其中极为重要的因素。

连续 20 多年获得企业"卓越艺术赞助奖"的新加坡报业控股集团于 2003 年成立基金会，并于 2011 年推出专门用于文化艺术领域的艺术基金，自成立以来已经为新加坡艺术领域捐献 800 万新币。基金会在文化艺术领域的目标是致力于打造推动创意与文学表达的充满活力的环境。新加坡报业控股集团（SPH）基金会所赞助的"SPH 音乐礼物"音乐会系列，自 2005 年推出以来一直为新加坡观众提供免费的音乐欣赏活动，在市中心、公园、购物中心等地举行免费音乐会，同时也为新加坡各交响乐团及音乐团队的人才提供了展示才能的机会。此外，凡是经过国家艺术理事会认可的新加坡艺术团队，都可以为演出向报业控股集团申请票务赞助经费，用该经费所购买的演出票，可以发放给表演团队所指定的慈善机构。这一举措既为名声不够响亮的表演团队提供了更多与不同观众接触的机会，也为经济困难、没钱买票的群体提供了观看演出的机会。[①]

在政府的支持与鼓励下，新加坡的各种社会公益组织，如新加坡中华语言和文化基金会、亚太酿酒基金会、新加坡联合拍卖艺术品基金会、新加坡国际艺术青年交流基金会、南洋美术基金会等，都积极参与到新加坡文化艺术活动的传播与发展之中。新加坡杨秀桃音乐学院，分别于 2003 年、2008 年接受杨路林信托基金每笔金额为 2500 万新币的捐款，作为新加坡第一所音乐学院，学院的发展从私人部门得到了很大的资金保障，也获得新加坡教育部等配套基金的支持。[②] 创立于 2008 年的亚太酿酒基金会特出艺术奖，由亚太酿酒基金会和新加坡美术馆联合举办，亚太酿酒基金会承诺为 2008—2020 年举办的五届特出艺术奖，提供总额高达 475 万新币的奖金及活动经费。该奖项三年一度，由国际评审选出当代艺术大奖，旨在从亚太

---

① *Singapore Press Holdings Foundation*，http：//www.sphfoundation.org.sg，访问日期：2018 年 8 月 10 日。

② 新加坡杨秀桃音乐学院是在新加坡国立大学里面的一个音乐学院，于 2001 年开始兴建，是新加坡第一所音乐学院。杨路林信托基金 2003 年向该学院捐赠了第一笔 2500 万新币，学院建成以后以其女儿、音乐教育家杨秀桃名字命名。——https：//www.ystmusic.nus.edu.sg/history/，访问日期：2018 年 8 月 10 日。

地区知名和新兴艺术家中遴选出最杰出的当代艺术创作,目前已成为亚太地区的艺术盛事。2014 年,来自泰国、韩国、巴基斯坦、新西兰、日本、中国、印度尼西亚、越南、澳大利亚、印度、孟加拉国、新加坡等 24 个国家和地区的共 104 件作品入围该奖。2018 年的奖项,有来自亚太和中亚地区的 46 个国家的 113 件艺术作品获得提名,其中五件作品来自新加坡;进入最终入选名单的 15 件作品,于 2018 年 5 月 25 日—9 月 2 日在新加坡国家博物馆举行入选作品展。2018 年该奖项的总价值为 10 万新币,其中 6 万新币颁给头奖获得者,另外 3 万新币分别颁给两名"评审团选择奖"获得者,余下 1 万作为"人民选择奖",颁给现场获得观众最高投票的作品。[1]

新加坡政府不仅通过"文化配比基金"为企业与个人捐款提供等额拨款,以扩大社会捐款的效益与影响力,还通过各种减税政策推动企业与个人对艺术的捐赠热情。新加坡国税局规定,从 2006 年 4 月 1 日起,企业及个人对公共空间艺术展示及维护提供捐款或者是向具有一定资质的博物馆捐赠艺术作品,可以获得捐赠价值 2.5—3 倍的税收减免额度。[2] 根据此政策,2018 年对新加坡美术馆进行捐赠的亚太酿酒基金会、星桥腾爱心基金(Ascendas-Singbridge Gives Foundation)、德意志银行和拥有 90 年建筑历史的新加坡富勒顿酒店都可以获得价值捐赠款项 250% 的税收减免。创立于 2012 年的星桥腾爱心基金赞助了新加坡美术馆的 2018 总理青年人才大展,以及一项新的社区项目——Touch Collection—Singapore Edition。

《商业时报》的艺术新苗基金(The Business Times Budding Artists Fund,BTBAF)认为,无论来自什么家庭背景的儿童,都应该享有追求艺术的机会。该基金为 5—19 岁、家庭经济条件困难的儿童与青少年提供接触艺术及发掘个人艺术才能的机会。从 2004 年基金成立以来,已有 16000 多名儿童与青少年受益于基金会所提供

---

[1] *Asia Pacific Breweries Signature Art Prize* 2018,https://sagg.info/event/asia-pacific-breweries-signature-art-prize-2018/,访问日期:2018 年 8 月 10 日。

[2] *Deductions for Individuals*(*Reliefs*,*Expenses*,*Donations*),https://www.iras.gov.sg/IRASHome/Individuals/Locals/Working-Out-Your-Taxes/Deductions-for-Individuals/Donations/,访问日期:2018 年 8 月 10 日。

的各项艺术活动。① 基金会所成立的"小小艺术学院"（The Little Arts Academy）拥有三座校园，分别为儿童和青少年提供免费的艺术教育与培训。滨海湾金沙酒店集团也是该项目的长期赞助者。滨海湾金沙酒店集团自2012年以来，连续6年获得新加坡政府颁发的企业"卓越艺术赞助奖"。其旗下的滨海湾金沙艺术科学博物馆，是新加坡的地标性建筑，共设有21个展览空间，目标是探索艺术、科学、文化与科技的结合，开业以来与世界各地的著名展馆联合举办过达·芬奇、达利、安迪·沃霍尔、凡·高、M. C. 艾雪等著名艺术家的艺术大展，以及大数据、海洋生物、天体物理等各种展览，此外还提供教育、表演、放映等各种活动，成为企业积极参与新加坡文化景观打造的典范。

新加坡关于艺术赞助奖及艺术捐赠减税等制度安排，激励了艺术投资、公共收藏和艺术赞助行为，企业或个人捐赠给博物馆艺术作品或向艺术项目提供赞助都能获得某种减税鼓励。这一运作机制不仅扩大了艺术消费人口，而且也拓展了整个社会的文化艺术空间，是将艺术大众化、民主化的重要手段。

四 新加坡文化艺术资助政策的反思及启示

新加坡文化政策呈现政府主导的模式，政策制定执行具有自上而下的典型特征。尽管政府投入了大量财政资金建设文化艺术基础设施及软环境，在调动社会力量、整合民间资源、集聚创意人才方面也出台了一些行之有效的激励政策，但新加坡在文化资源存量、艺术集聚的空间资源，及国内艺术消费的需求规模等方面的局限性，对其创意竞争优势的形成还是有制约影响的。② 今后，新加坡亟须处理好社会文化积淀及全球流动性资源的平衡及互动关系。从经济领域表现来看，2014年、2015年、2016年新加坡艺术、娱乐与休闲产业（Arts, Entertainment & Recreation）的实际增长分别为

---

① *The Business Times Budding Artists Fund*, http://baf.sg/，访问日期：2018年8月10日。

② 钱志中：《"全球艺术之都"：新加坡创意产业发展战略检讨》，《江苏社会科学》2016年第6期。

3.2%、-6%、-2%;① 同期，新加坡实际 GDP 同比增幅分别为 3.6%、1.9%、2.0%。② 新加坡以文化艺术投入为手段，未能达至拉动经济收益提升的目标，显然与"全球艺术之都"国家预设形象也有一定差距。经济发展背后的影响因素是复杂的，很难以独木力挽全局。之前欧盟委员会对欧洲 29 个文化城市的评估已经证明：通过公共文化的巨大投入刺激后工业城市经济增长、促进城市再生的目标基本是失败的。有学者反思新加坡政府仅在文化领域投入巨大资源是不够的，更重要的是要与其他方面——政治、经济、社会等建设的协同发展，只有建立了良性循环才能驱动国家的可持续发展。③ 也有人文学者认为政府的文化政策和民间社会的文化空间呈反比关系，政策愈多，空间愈少。亚洲华人地区中最没有活力的地方是新加坡，因为过度制度化和严密程序往往导致一般市民的文化生活受到过多的建制之累，失去其自动自发性，社会文化活力也受到极大影响。④

新加坡政府及相关机构根据国家文化建设的发展及民众的需要、潜力，不断调整文化艺术资助策略及资助重点。因应艺术从业者结构的变化、艺术新兴市场的兴起、新艺术形式的出现及艺术观众和社区的变化，政府文化艺术领域的整体投入呈现出一条从鼓励人才与团队发展，到侧重创意产业发展，到回归社会文化建设的轨迹。国家艺术理事会从 2011 年开始谋划，与艺术家、艺术团体进行多

---

① 2017 年新加坡经济调查数据中未显示艺术、娱乐与休闲产业的实际增长值。参见新加坡贸易与工业部官网：https：//www.mti.gov.sg，其他数据分别来源：Economic Survey of Singapore 2014，p. 69，https：//www.mti.gov.sg/ResearchRoom/SiteAssets/Pages/Economic-Survey-of-Singapore-2014/FullReport_AES2014.pdf；Economic Survey of Singapore 2015，p. 75，https：//www.mti.gov.sg/ResearchRoom/SiteAssets/Pages/Economic-Survey-of-Singapore-2015/FullReport_AES2015.pdf；Economic Survey of Singapore 2016，p. 75，https：//www.mti.gov.sg/ResearchRoom/SiteAssets/Pages/Economic-Survey-of-Singapore-2016/FullReport_AES2016.pdf，访问日期：2018 年 9 月 29 日。

② 新加坡统计局 2017 年 2 月 17 日发布。参见新加坡统计局官网：https：//www.singstat.gov.sg。

③ 钱志中：《文化工具主义与当代英国文化政策的实施效果评价》，《江苏社会科学》2015 年第 4 期；钱志中：《"全球艺术之都"：新加坡创意产业发展战略检讨》，《江苏社会科学》2016 年第 6 期。

④ 李欧梵：《文化政策与人文空间》，载《寻回香港文化》，广西师范大学出版社 2003 年版，第 93 页。

次研讨后，于2013年正式出台了新的资助架构，以更加灵活的方式满足被资助者的需求：对新的艺术形式更加包容、惠及更多艺术团体（甚至包括营利性机构）、延长艺术资助时间（从原有的1—2年延长至3年）、拨款上限有所提高（从批准合格成本的30%提高到50%），等等。① 新资助框架注重对艺术市场和观众的培植，体现了资助机构更加关注如何增强艺术家及艺术团体的竞争力和自立能力建设。学界及媒体对新加坡政府艺术政策——偏向于实用及商业考量，忽视学术体系发展———一直持有不少批评意见。这与新加坡艺术教育基础薄弱有关。新加坡于2001年才在国立大学内成立了第一所音乐学院——杨秀桃音乐学院。其他还有应付市场需求成立的南洋艺术学院、新加坡拉萨尔艺术学院、新加坡莱佛士艺术设计学院等。虽然政府逐渐意识到鼓励创意过程的重要性，但因其学术体系薄弱，导致各种创意过程难以形成学术性积淀及教育化推广。为了弥补这一欠缺，新加坡政府有意在2008年设立了"艺术创作基金"资助艺术创意创新发展。然而，艺术学术体系的建设与研究积累，对于艺术的可持续发展来说，仍是尤为重要的关键环节，仅仅依靠项目资助是很难建立根基的。

　　作为英联邦国家之一，新加坡的法律体系承袭英美法系框架。但在发达国家之中，新加坡又是对于言论自由表达、公共空间秩序审查最严厉的国家。新加坡政府针对艺术的审查常常成为争议性话题，被认为是不相信艺术家的责任感及观众的判断力。也有人批评新加坡社会缺少自由随意的空间及文化弹性的尺度，导致在这里自由、开放、活跃的创作空间受到压抑。严格的监察制度与苛刻的空间限制阻碍了艺术表达。② 2014年《公共娱乐和集会法案》（*Public Entertainment and Meeting Act*）公布后，艺术家们为法案中无数的惩罚性措施和警告而担心。艺术从业者为确保遵守权威的分类准则，必须对新加坡媒体发展管理局（Media Development Authority，MDA）

---

　　① 岳晓英：《资助艺术国际传播与塑造国家形象——新加坡的经验》，《东南亚南亚研究》2016年第4期。
　　② Darryl Wee, Countries Singapore, ALMANAC 2013, http://artasiapacific.com/Magazine/Almanac2013/Singapore/Zh，访问日期：2018年9月30日。

的内容评估标准十分清楚。可是，艺术家未必认同将自己的作品纳入分类中"不适合年轻观众"，或者"R18"（仅限于18岁及以上人士）及最严格的"不允许评级"。艺术家认为这是迫使他们站在官方角度去看待问题。而艺术的创新价值之一就是能够站在非常规的角度发现问题。依据法案，没有得到合适分类的艺术作品将会招致5000新币罚款，甚至有可能被吊销执照。[①] 2017年为制止业者利用公共娱乐场所进行非法活动，以及阻止不当业者钻法律漏洞等，新加坡政府又再次修订了《公共娱乐与集会法案》，更严格监管业者，同时提高相关刑罚。艺术公共干预中"支持"和"审查制度"之间的矛盾，在新加坡艺术实践与文化政策中较为凸显，如何化解并转化成为积极因素还需要各方面人员的沟通与互动。

新加坡政府十分注重文化艺术政策制定的科学性及适用性、阶段性评估政策实施的效果并作出调整。作为公共资助者（public funder）的国家艺术理事会，设立了专门的艺术研究机构，定期发布相关文化统计数据；并积极与其他非政府智库、学术机构以及统计组织合作，开展聚焦艺术与文化方面的研究项目。为了有更开阔的国际视野，国家艺术理事会还积极审议其他国家实施的与艺术相关的政策和法规，分析它们是否符合本地艺术产业的发展需要；并利用海外机构和智库的研究成果，考虑在地实施的可行性，确定本国文化艺术发展框架下优先事项、分配资金及需要执行的新措施。[②] 因此，"与时俱进"是新加坡艺术资助政策的显著特征。为了避免艺术团体/机构对政府财政资金依赖性过强，新加坡政府积极推动文化慈善事业，鼓励私人赞助并将贡献精神与新加坡精神相结合加以推广；完善现有获得认可的措施——艺术赞助奖；发展赞助中介类机构并组织各种工作坊及研讨会、宣传活动以提升艺术机构筹资能力；帮助商业机构深化对艺术行销的理解及在企业发展中的运用。许多获得艺术赞助奖的商业机构都指出支持艺术是他们企业文化的

[①] 朱洁树：《新加坡艺术政策：不遗余力使其融入生活》，《东方早报》2014年9月3日。

[②] 薛菁华：《新加坡〈艺术发展计划〉》，2015年5月29日，上海情报服务平台（http://www.istis.sh.cn/list/list.aspx?id=8576），访问日期：2018年9月30日。

重要组成部分，艺术赞助行为不仅有助于提升企业形象和品牌塑造，而且也是企业履行社会责任的重要方式，通过艺术实践来思考并解决社会问题有助于化解社会矛盾。同时，将艺术行销与商业营销相结合为企业带来经济收益，已被许多实证研究结果证明是有效的，越来越多的新加坡企业也正在认识到这点。

参考文献

一 中文文献

（一）专著

《邓小平文选》第 2 卷，人民出版社 1994 年版。

樊鹏：《文化与强国——德国札记》，清华大学出版社 2015 年版。

何志平、陈云根：《文化政策与香港传承》，中华书局 2008 年版。

洪银兴：《公共财政学》，南京大学出版社 2003 年版。

胡恩威主编：《文化视野 01》，香港：进念·二十面体 2012 年版。

黄玉蓉：《被资助的文化：中外文化资助体系及制度设计》，社会科学文献出版社 2018 年版。

江小涓：《经济转轨时期的产业政策》，生活·读书·新知三联书店 1996 年版。

蒯大申、饶先来：《新中国文化管理体制研究》，上海人民出版社 2015 年版。

吕澎：《中国当代艺术的历史进程与市场化趋势》，北京大学出版社 2010 年版。

李竞爽、李妍主编：《国外促进文化艺术繁荣政策法规读本》，中国文联出版社 2016 年版。

李凤亮、周建新、黄玉蓉主编：《文化科技蓝皮书：文化科技创新发展报告（2017）》，社会科学文献出版社 2017 年版。

林国良：《现代文化行政学》，上海学林出版社 1995 年版。

廖虹雷：《深圳民俗寻踪》，海天出版社 2008 年版。

良警宇主编：《中国文化志愿服务发展报告（2018）》，社会科学文献出版社 2018 年版。

齐勇锋等:《中国文化发展战略与公共财政研究》,中国经济出版社 2014 年版。

任珺:《跨域视角下的文化政策研究》,社会科学文献出版社 2014 年版。

荣跃明、郑崇选、徐清泉主编:《上海公共文化服务发展报告 2018: 公共文化服务的创新与实践》,上海书店出版社 2018 年版。

邵宏:《美术史的观念》,中国美术学院出版社 2003 年版。

商伟:《中国美术制度与美术市场》,东南大学出版社 2014 年版。

孙萍主编:《文化管理学》,中国人民大学出版社 2006 年版。

汪晖、陈燕谷主编:《文化与公共性》,生活·读书·新知三联书店 1998 年版。

魏鹏举:《中国文化产业投融资体系研究》,云南出版集团、云南人民出版社 2014 年版。

邢来顺、岳伟:《联邦德国的文化政策与文化多样性研究》,中国社会科学出版社 2017 年版。

雅昌艺术市场监测中心(AMMA)& Larry's List Ltd. 编:《私人美术馆报告》,Modern Arts Publishing,2016 年 1 月。

严飞:《城市的张望》,中信出版集团 2017 年版。

于平、傅才武主编:《中国文化创新报告(2015)》,社会科学文献出版社 2015 年版。

周林:《艺术法:立法与实务》,知识产权出版社 2017 年版。

郑新文:《艺术管理概论:香港地区经验及国内外案例》,上海音乐出版社 2009 年版。

张激:《国家艺术支持——西方艺术政策与体制研究》,中国美术学院出版社 2013 年版。

张一兵等:《当代国外马克思主义研究》,北京师范大学出版集团 2017 年版。

张晓明、胡慧林、章建刚主编:《2004 中国文化产业蓝皮书》,社会科学文献出版社 2005 年版。

(二)译著

[英]奥斯汀·哈灵顿:《艺术与社会理论——美学中的社会学争

论》，周计武、周雪娉译，南京大学出版社 2010 年版。
［美］埃德蒙·费尔普斯：《大繁荣：大众创新如何带来国家繁荣》，中信出版社 2018 年版。
［英］彼得·伯克：《意大利文艺复兴时期的文化与社会》，刘君译，东方出版社 2007 年版。
［荷］布拉姆·克姆佩斯：《绘画权力与赞助机制：文艺复兴时期意大利职业艺术家的兴起》，杨震译，北京大学出版社 2018 年版。
［瑞士］布鲁诺·S. 弗雷：《艺术与经济学：分析与文化政策》（第 2 版），易晔译，商务印书馆 2017 年版。
［荷］C. A. 冯·皮尔森：《文化战略》，刘利圭等译，中国社会科学出版社 1992 年版。
［美］戴安娜·克兰：《文化生产：媒体与都市艺术》，赵国新译，译林出版社 2012 年版。
［法］弗雷德里克·马特尔：《论美国的文化：在本土与全球之间双向运行的文化体制》，周莽译，商务印书馆 2013 年版。
［美］霍华德·S. 贝克尔：《艺术界》，卢文超译，译林出版社 2014 年版。
［美］J. 马克·舒斯特：《文化政策信息基础建设：基于不同国家的案例分析》，李妍、李竞爽、王列生译，清华大学出版社 2016 年版。
［英］吉姆·麦圭根：《重新思考文化政策》，何道宽译，中国人民大学出版社 2010 年版。
［美］凯文·马尔卡希：《公共文化、文化认同与文化政策：比较的视角》，何道宽译，商务印书馆 2017 年版。
［美］李铸晋编：《中国画家与赞助人——中国绘画中的社会及经济因素》，石莉译，天津人民美术出版社 2013 年版。
［英］露丝·陶斯：《文化经济学》，周正兵译，东北财经大学出版社 2016 年版。
［美］伦纳德·D. 杜博夫、克里斯蒂·O. 金：《艺术法概要》，周林译，知识产权出版社 2011 年版。
联合国教科文组织、世界文化与发展委员会编：《文化多样性与人类

全面发展——世界文化与发展委员会报告》，张玉国译，广东人民出版社 2006 年版。

联合国教科文组织编：《重塑文化政策——为发展而推动文化多样性的十年》，意娜译，张晓明审校，社会科学文献出版社 2016 年 6 月版。

［美］玛乔丽·嘉伯：《赞助艺术》，张志超译，中国青年出版社 2013 年版。

［美］马克·D. 雅各布斯、南希·韦斯·汉拉恩编：《文化社会学指南》，刘佳林译，南京大学出版社 2012 年版。

［美］门罗·C. 比厄斯利：《美学史：从古希腊到当代》，高建平译，高等教育出版社 2018 年版。

［美］曼纽尔·卡斯特尔：《网络社会的崛起》，夏铸九、王志弘等译，社会科学文献出版社 2001 年版。

［英］尼古拉斯·佩夫斯纳：《美术学院的历史》，陈平译，商务印书馆 2016 年版。

［英］尼古斯·斯坦戈斯编：《艺术与艺术家词典》，刘礼宾等译，生活·读书·新知三联书店 2010 年版。

［法］皮埃尔·布迪厄、［美］华康德：《实践与反思——反思社会学导引》，李猛等译，中央文献出版社 2004 年版。

［美］泰勒·考恩：《优良而丰盛：美国在艺术资助体系上的创造性成就》，魏鹏举译，东北财经大学出版社 2018 年版。

［美］Toby Miller、George Yudice：《文化政策》，蒋淑贞、冯建三译，中国台湾巨流图书公司 2006 年版。

［英］托尼·本尼特：《本尼特：文化与社会》，王杰、强东红等译，广西师范大学出版社 2007 年版。

［英］维多利亚·D. 亚历山大：《艺术社会学》，章浩、沈杨译，江苏美术出版社 2013 年版。

［澳］约翰·哈特利、贾森·波茨：《文化科学：故事、亚部落、知识与革新的自然历史》，何道宽译，商务印书馆 2017 年版。

［美］詹姆斯·海尔布伦、查尔斯·M. 格雷：《艺术文化经济学》（第 2 版），詹正茂等译，中国人民大学出版社 2007 年版。

(三) 期报刊及学位论文

[瑞士] 布鲁诺·弗雷:《文化经济学:个人视角》,张斌译,《国外理论动态》2007年第3期。

[瑞士] 布鲁诺·弗雷:《政府部门如何扶持艺术?》,张斌编译,《马克思主义与现实》2006年第5期。

蔡萍:《论文化赞助》,《中外文化交流》2004年第4期。

Christopher Madden:《艺术和文化政策指标:一种全球视角》,刘建蓉编译,《文化艺术研究》2010年第2期。

陈云等:《香港艺团竞争文化资源的困境》,《艺术界》2013年第2期。

段运冬:《"资金支持"到"政策转型"——美国国家艺术基金会执行力的挫折与重构》,《文艺研究》2014年第10期。

邓泽宏、董志汉:《香港艺术团体分类管理体制特点及启示》,《人民论坛》2015年第1期。

董峰:《当下艺术筹资的学理建构框架》,《南京艺术学院学报》(美术与设计版)2014年第1期。

董晨:《首家省级艺术基金在江苏成立,年基金规模达5000万——开门申报,高定位打造艺术精品》,《新华日报》2015年12月12日。

方华:《多蒂·斯科特-汉森关于制定文化政策的理论分析——为什么要制定城市文化政策》,《大家》2011年第12期。

傅才武、陈庚:《三十年来的中国文化体制改革进程》,《福建论坛》(人文社会科学版)2009年第2期。

傅远政:《积累·前瞻——帝门艺术教育基金会》,《艺术与投资》2009年第11期。

符成彦:《国外志愿服务及其对中国社会建设的经验启示》,《知识经济》2013年第20期。

郭灵凤:《欧盟文化政策与文化治理》,《欧洲研究》2007年第2期。

郭远远、陈世香:《改革开放40年来文化建设定位的历史演变与未来展望——基于历年国务院政策文本的分析》,《中南大学学报》(社会科学版)2018年第1期。

高小康：《非物质文化遗产的保护与公共文化服务》，《文化遗产》2009年第1期。

扈瑞鹏、马玉琪、赵彦云：《中国城镇居民文化消费的空间分析——基于混合地理加权回归模型口》，《消费经济》2016年第6期。

胡洪庆：《法国的文化艺术赞助政策及实践》，《上海艺术家》2012年第1期。

胡霁荣、张春美：《治理视域下中国文化政策的转型脉络》，《福建论坛》（人文社会科学版）2014年第8期。

贾康：《公私合作伙伴关系与混合所有制创新》，《上海证券报》2014年7月16日。

贾康：《构建现代公共文化服务体系的财政支持保障政策》，《中国财经报》2014年8月19日。

［英］贾斯汀·刘易斯：《公共艺术基金——谁从中受益？》，黄灿波译，《世界美术》2011年第4期。

江彗慈、林沛祺、洪达媛：《台湾艺术基金会在艺术推广的策略分析——以2014年富邦艺术基金会粉乐町计划为例》，《台湾艺术大学图文传播艺术学报》2015年6月。

教莹：《法国发表2016年度文化发展目标》，《中国文化报》2015年11月2日。

教莹：《2017年法国文化预算新增6500万欧元》，《中国文化报》2017年3月28日。

匡骁：《文化社会学视角下的艺术体制理论》，《文艺理论研究》2012年第6期。

刘国林：《当代美国艺术法综述》，《新美术》1989年第4期。

刘宜君、朱镇明、王俐容：《文化艺术补助政策之执行评估——政策德菲法之应用》，《中国行政评论》2011年第2期。

刘国华、王红国：《文化赞助中的关系衰落问题研究：社会网络视角》，《上海管理科学》2013年第5期。

刘玫：《香港创意文化中的当代社区艺术——荷李活大道与伙炭》，《科技致富向导》2013年第8期。

刘立明：《时代的选择，历史的责任——国家艺术基金治理体系的举措》，《艺术评论》2014年第7期。

刘俊裕：《欧洲文化治理的脉络与网络：一种治理的文化转向与批判》，《Intergrams》2011年第11卷第2期。

刘亮：《联合国教科文组织的阅读推广活动与图书馆》，《图书与情报》2011年第5期。

厉无畏、王慧敏：《创意社群与创意产业的持续发展》，《社会科学》2009年第7期。

吕睿：《艺术法体系构建研究》，《齐鲁艺苑》2014年第5期。

李婧：《纲要式专题数字资源库建设——以"欧洲文化政策与趋势纲要"网站为例》，《图书馆论坛》2017年第12期。

李蕊：《中国城镇居民文化消费：现状、趋势与政策建议》，《消费经济》2014年第6期。

李河、张晓明：《当代中国文化政策十年》，《中国社会科学院院报》2008年5月8日。

李丽：《文化公共性与社会和谐》，《马克思主义与现实》2009年第6期。

李少惠：《转型期中国政府公共文化治理研究》，《学术论坛》2013年第1期。

李蕾蕾、任珺：《城中村遗产价值——公共地理学视角与深圳案例》，《人文地理》2017年第5期。

聂长建、李国强：《哈贝马斯视域下的"交往权力"法律观》，《江汉学术》2013年第5期。

陆斯嘉：《中西艺术品捐赠为何冰火两重天》，《东方早报》2013年5月31日。

罗家德：《从江村经济到社区营造》，《中欧商业评论》2013年11月号。

罗怡：《何为博物馆建设的"正常体温"》，《中国艺术》2018年第7期。

孟迎辉、邓泉国：《西方国家对意识形态的管制措施及启示》，《党政干部学刊》2009年第8期。

马强:《基于文化融合视角的城中村改造路径探讨》,《经济研究导刊》2010年第26期。

马季:《正在消逝的"国家精神":美国志愿服务精神与传统面临挑战》,《21世纪经济报道》2014年6月27日。

彭微、张柯、金武刚:《当代瑞士文化法制建设新进展——〈文化促进联邦法〉述略》,《山东图书馆学刊》2012年第6期。

彭璟玮:《文化创意产业众筹融资研究:一个文献综述》,《岭南学刊》2017年第6期。

祁述裕:《国家文化治理建设的三大核心任务》,《探索与争鸣》2014年第5期。

钱志中:《文化工具主义与当代英国文化政策的实施效果评价》,《江苏社会科学》2015年第4期。

钱志中:《"全球艺术之都":新加坡创意产业发展战略检讨》,《江苏社会科学》2016年第6期。

任珺:《当代西方国家文化政策发展脉络》,载《中国文化产业评论》第14卷,上海人民出版社2011年版。

任明:《新加坡21世纪以来城市文化发展观测》,《上海文化》2014年第10期。

松雨:《中国国家艺术基金模式探析》,《艺术评论》2014年第7期。

单世联、刘述良:《政府资助艺术:支持与反对》,《上海财经大学学报》2016年第1期。

孙颖:《2017中国城市创意指数发布 快看你所在城市排第几》,《南方日报》2017年12月10日。

王志弘:《台北市文化治理的性质与转变:1967—2002》,《台湾社会研究季刊》2003年第52期。

王志弘:《文化如何治理?一个分析框架的概念性探讨》,《世新人文社会学报》2010年第11期。

王橡:《美国政府艺术资助机制的演变轨迹——以美国国家艺术基金会为探讨中心》,《吉林艺术学院学报》2012年第4期。

王为理、任珺:《农民工公共文化服务供给侧改革探析》,《特区实践与理论》2017 年第 2 期。

王寿来：《对于〈文化艺术奖助条例〉实施成效之醒思》，《艺术论坛》2006 年第 4 期。

王隆文：《〈日本文化基本法〉的考察及其对中国的启示》，《日本问题研究》2013 年第 4 期。

王雪祺：《文化创意产业众筹融资模式的优势和困境分析》，《商业经济研究》2016 年第 16 期。

王杰：《中国当代文艺政策的美学基础》，《思想战线》2018 年第 2 期。

王丽雅：《文化全球化与全球性文化公共领域》，《燕山大学学报》（哲学社会科学版）2006 年 2 月刊。

吴宁：《中国艺术基金会发展报告》，《美术研究》2011 年第 2 期。

吴福平、刘莉：《走向文化公共治理》，《思想战线》2014 年第 3 期。

万林艳：《公共文化及其在当代中国的发展》，《中国人民大学学报》2006 年第 1 期。

吴理财：《公共文化服务的运作逻辑及后果》，《江淮论坛》2011 年第 4 期。

吴理财：《文化治理的三张面孔》，《华中师范大学学报》（人文社会科学版）2014 年第 1 期。

吴高、韦楠华：《公共文化财政投入现状、问题及对策研究》，《图书与情报》2018 年第 2 期。

夏国锋：《从权利到治理：公共文化服务研究的话语转向》，《湘潭大学学报》（哲学社会科学版）2014 年第 5 期。

谢新松：《多元化社会的文化治理模式研究》，《云南社会科学》2013 年第 3 期。

谢涤湘、常江：《文化经济导向的城市更新：问题、模式与机制》，《昆明理工大学学报》（社会科学版）2015 年第 3 期。

徐贲：《阿伦特公民观述评》，《二十一世纪》（香港：中文大学中国文化研究所）2002 年 2 月号。

徐望：《文化赞助制度的前工业源泉——从前工业社会艺术供养模式

看文化赞助制度与文化生产变迁》,《文化艺术研究》2017年第1期。

徐冰:《我为什么会做出"英文方块字"》,《三联生活周刊》2018年第40期。

徐瑞哲:《"文教结合"助力打响文化品牌》,《解放日报》2018年2月5日。

肖怀德:《从多元文化到创意台湾——台湾文化创意产业考察透视与案例研究》,《现代传播》2012年第4期。

谢秋山、陈世香:《我国文化政策的演变与前瞻》,《中南大学学报》(社会科学版)2014年第4期。

姚达:《第三种文化创生力——中国的艺术基金会》,《艺术评论》2013年第1期。

杨小柳:《怀特和韦伯"文化科学"思想之比较研究》,《贵州民族研究》2002年第4期。

晏婵婵:《香港文艺基金分配为何相对透明?》,《南方都市报》2013年1月29日。

岳晓英:《资助艺术国际传播与塑造国家形象——新加坡的经验》,《东南亚南亚研究》2016年第4期。

尹丽、教莹:《法国公布2016文化领域关键词及优先政策》,《中国文化报》2016年2月17日。

张激:《经济衰退与艺术治理——政府、市场、慈善三部门的危机应对》,《美术》2015年第4期。

张一平:《试论艺术赞助的形式与其对艺术发展的影响》,《美术大观》2015年第12期。

张洪玲:《艺术学关键词的多维呈现》,《大学出版》2007年第4期。

张政文:《当代中国文论"关键词"构建的基本途径》,《文艺争鸣》2017年第1期。

张玉玲:《将文化体制改革推向纵深》,《光明日报》2017年5月13日。

周正兵:《我国文化政策演变历史研究——基于意识形态的视角》,

《中国出版》2013年第23期。

张鸿雁：《核心价值文化认同的建构与文化治理——深化改革文化治理创新的模式与路径》，《南京社会科学》2015年第1期。

钟宜：《文化发展的规律与历史定位问题》，《理论与改革》2001年第2期。

钟起万、邬家峰：《文化治理与社会重建：基于国家与社会互动的分析框架》，《江西社会科学》2013年第4期。

周建新：《人类学视野中宗族社会研究》，《民族研究》2006年第1期。

赵昆：《第十一届全国美展·当代美术创作论坛综述》，《美术家通讯》2010年第1期。

《朱兵谈文化立法：只有亲身经历才知文化立法不易》，《法治日报》2017年12月19日。

诸迪：《上海率先出台省一级美术馆管理办法，具有重要的意义》，《文汇报》2018年5月29日。

朱洁树：《新加坡艺术政策：不遗余力使其融入生活》，《东方早报》2014年9月3日。

郑苒编译：《美国国家艺术基金会报告：文化艺术的引擎作用被低估》，《中国文化报》2015年1月19日。

蔡佳琳：《典型在凤昔：明清时期文天祥忠节典型的形塑与流传》，硕士学位论文，台湾师范大学，2009年。

蔡妮：《艺术品国际流转法律规制研究》，硕士学位论文，华东政法大学，2015年。

匡骁：《西方艺术体制理论研究》，博士学位论文，华东师范大学，2013年。

刘登玲：《失衡与制衡——论文化事业中的文化赞助》，硕士学位论文，华中师范大学，2009年。

雷蓉蓉：《"理想"世界——国家赞助机制与艺术发展关系研究》，硕士学位论文，东北师范大学，2014年。

李韵：《中国艺术基金会运作管理研究——以北京民生文化艺术基金会及上海民生艺术基金会为例》，硕士学位论文，中央美术学院，

2017年。

吴翠明:《深圳凤凰村居民家庭生活的人类学研究》,硕士学位论文,中山大学,2005年。

王培:《非公募艺术基金会运作现状研究》,硕士学位论文,中国艺术研究院,2012年。

杨淼:《第三部门视角下的我国文化艺术类基金会发展模式探析》,硕士学位论文,中国音乐学院,2012年。

张澈:《国家艺术支持——现代西方艺术政策与运作机制研究》,博士学位论文,中国美术学院,2008年。

二 英文资料

Abigail Gilmore, "Raising Our Quality of Life: The Importance of Investment in Arts and Culture", *The Centre for Labour and Social Studies* (Class), November 2014.

Anthony M. Bertelli, Jennifer M. Connolly, Dyana P. Mason & Lilian C. Conover, "Politics, Management, and the Allocation of Arts Funding: Evidence from Public Support for the Arts in the UK", *International Journal of Cultural Policy*, Vol. 20, 2014 - Issue 3.

Ann Markusen, Cultural Planning and the Creative City, Paper presented at the annual American Collegiate Schools of Planning meetings, Ft. Worth, Texas, November 12, 2006.

Annamari Laaksonen, *Policy Research by IFACCA Members: A Report*, IFACCA, February 2015.

"Arts Council's RAISE Pilot Reports Increase in Private Funding", *The Arts Council of Ireland*, May 2015.

Arts Panorama: International Overview of Issues for Public Arts Administration, IFACCA, December 2013.

Beatriz Garcia, "Cultural Policy and Urban Regeneration in Western European Cities: Lessons from Experience, Prospects for the Future", *Local Economy*, Vol. 19, No. 4, November 2004.

Bloomberg Philanthropies BOP Consulting, MAYOR OF LONDON,

World Cities Culture Report 2015, London, 2016.

Charles Vallerand, Azadeh Lessard, "Rules of Good Participatory Governance in the Allocation of Public Funds to Artists and Cultural Organizations: a Practical Guide", *A Research Report for International Federation of Coalition for Cultural Diversity*, 2014.

Deborah Mills, "Cultural Planning-Policy Task, not Tool", *Artwork Magazine*, Issue 55, May 2003.

Financing the Arts and Culture in the EU, Brussels, European Parliament, 2006, 11.

Great Art and Culture for Everyone, Arts Council England, 30 October 2013.

How the US Funds the Arts, National Endowments for the Arts, 2012, 11.

Knowledge and Strategy: Cultural Policy Research and its Impact on Long-term Policy Planning, the International Conference of Cultural Policy Research, in Hildesheim, Germany, 9 – 12 September 2014.

Neil J. Smelser and Paul B. Baltes, Editor (s) – in-Chief,

International Encyclopedia of the Social & Behavioral Sciences, Pergamon, Oxford, 2001.

New Funding Model: 6 New Programs in 2017, Canada Council for the Arts, 2017.

Peter Stark, David Powell and Christopher Gordon, *The PLACE Report: Policy for the Lottery, the Arts and Community in England*, 25 April 2014.

Public Private Partnerships in the Culture Sector, UNESCO, 2013.

Robyn Jeffrey, *Conversations Towards Change: How Dialogue with the Arts Community is Informing the new Funding Model*, Canada Council for the Arts, May 2015.

State Arts Policy: Trends and Future Prospects, RAND Corporation, 2008.

This England: how Arts Council England Uses its Investment to Shape a National Cultural Ecology, Arts Council England, February 2014.

后　记

　　《文化艺术资助机制及政策研究》一书，除第三章内容以外，均为国家社会科学基金艺术学一般项目"文化艺术资助机制及政策研究"（批准号：15BH111）项目研究报告。第三章内容为国家社科基金艺术学重大项目"新兴城市文化流动与文化创新研究"（批准号：14ZD05）子课题"公共领域文化流动与文化创新研究"阶段性成果。第三章内容尽管没有具体涉及资助机制探讨，但它立足于公共领域，从理论到实践均论证了文化艺术发展不只涉及资金投入问题，还需要多元力量的支持；而有效的运作机制则更为关键，激发活力的关键是调动参与者的主体性。一项政策的效应与其运行方式关系密切，机制直接影响政策与实践效果。因此，文化政策需要考虑如何投入，如何整合力量与配置资源，也需要考虑与文化政策紧密相关的文化认同、情感认知等核心内容。而这些内容往往内在于公众参与及项目内容的具体运作过程中。我们从经验中可以发现：予以同样的资助时，好的机制可以激活更多的资源融合、可以激发新知识的生产和文化再造，其社会意义和文化价值更为深远。以渐进式改革实践促发展是中国改革开放 40 年的重要启示，未来中国深化文化体制改革之路依然如此。

　　"文化艺术资助机制及政策研究"课题的研究框架由任珺设计、统筹，课题组成员参与讨论交流。附录"中国艺术品公益捐赠政策法规及存在问题分析"为毛少莹、梁文婷独立完成的研究成果。任明参与新加坡案例研究，附录"新加坡文化艺术资助机制及政策实践"为任明独立完成的研究成果，任珺做了补充修改。书稿其余部分均为任珺独立完成，并对全书做了整体修改。黄玉蓉参与课题研究讨论，其独立完成的文化众筹及企业资助文化方面的研究成果，已纳入其专著《被资助的文化：中外文化资助体系及制度设计》一书中，故本书没有重复采用。该书与本书内容在相关议题上具有互补性，不仅系统介绍了美国、法国、英国、韩国的文化资助体系，而且对中国文化资助制度设计做了探讨。推荐对艺术资助政策有兴趣的同人可一起阅读。

本书一部分内容根据项目要求已经在专业学术期刊、报刊上发表过（发表时已标注项目编号），有些内容做了修改补充，有些为了案例需要未作更改。发表过的论文如下：任珺：《艺术资助政策：关于资源配置及可持续性发展议题》，《福建论坛》（社会科学版）2017年第4期；任珺：《艺术赞助研究的当代转向》，《中国社会科学报》2016年11月14日；任珺：《"文化科学"如何帮我们理解文化演化系统》，《中国图书评论》2018年第8期；任珺：《文化的公共性与新兴城市文化治理机制探讨》，《福建论坛》（人文社会科学版）2015年第2期；任珺：《文化流动与文化公共领域治理模式转型》，载《中国文化产业评论》第22卷，上海人民出版社2016年版；任珺、李蕾蕾：《流动与关联：城中村社区遗产价值重构》，载《中国文化产业评论》第24卷，上海人民出版社2017年版；毛少莹、梁文婷：《我国艺术品公益捐赠政策法规及存在问题分析》，载《深圳蓝皮书：深圳文化发展报告2017》，社会科学文献出版社2017年版。

本书主要从宏观文化制度层面切入文化艺术资助机制研究，并涉及政策设计、制度改革具体内容的探讨；较为微观的艺术体制内部机制分析相对缺乏。推动艺术自律领域发展的是艺术界，包括艺术评奖和奖励制度、展览制度、博物馆（美术馆）制度、艺术品的流通和销售制度等，这方面内容在本书中涉及不多。主要原因是当前中国艺术发展的阶段性决定了，艺术系统之外大的社会文化环境正在发挥着更大的作用。[①] 因此，宏观视角及文化制

[①] 徐冰曾在访谈中指出："我发现这种阶段性其实都不是艺术系统本身的事儿，都是艺术系统之外大的社会文化环境的事儿。所以，整个社会的共同拐点，一定也是左右艺术系统阶段的时间点。"徐冰：《我为什么会做出"英文方块字"》，《三联生活周刊》2018年第40期，第139页。

度建设显得尤为重要。中国当代艺术与市场发生直接联系的时间点，一般会追溯到1992年"广州双年展"，随后中国当代艺术家被邀请参加1993年的威尼斯双年展，开始进入全球艺术体制运行轨道。此后，中国当代艺术从某种程度上过度依赖于西方艺术制度——一些西方艺术团体或个人通过基金会收购中国艺术家作品或资助艺术家，一些新潮艺术家主动迎合西方策展人的"观看"，西方艺术市场也影响国内艺术评价及中国当代艺术的发展。如何让中国当代艺术回归，拥有自己的原创内容及本土化表达，并在一个制度化的艺术资助机制和艺术评价体系下自主发展，不受西方美学标准及商业化艺术市场影响，已成为中国艺术制度亟须解决的问题。[①] 国家艺术基金的设立，被视为向文化治理体系和治理能力现代化目标迈出的重要一步；各地方博物馆、美术馆也纷纷进入事业单位改革大潮中，但依然处于探索阶段，如何完善适合中国艺术发展的艺术机构、基金会、艺术赞助、艺术博览会、策展制度等艺术机制，仍将是一个亟待开展的重要议题。此外，本书中艺术资助机制涉及的内容，主要是行政活动中的技术创新和效率提升问题。实质上，其运作过程与文化政策的价值理念及所表征的身份认同密切相关，两者之间的关系，本书中还尚未进行深入研究，不足之处将在后续研究中予以进一步跟进。本书有幸被纳入《深圳学派建设丛书》，获得出版资助，谨此深表感谢。

任　珺

2020年8月26日

于深圳梅林

[①] 吕澎：《中国当代艺术的历史进程与市场化趋势》，北京大学出版社2010年版，第38页；张一平：《试论艺术赞助的形式与其对艺术发展的影响》，《美术大观》2015年第12期。